중졸 검정고시

타임검정고시연구회

인쇄일 2025년 1월 1일 4판 1쇄 인쇄
발행일 2025년 1월 5일 4판 1쇄 발행
등 록 제17-269호
판 권 시스컴2025

ISBN 979-11-6941-484-5 13370
정 가 15,000원

발행처 시스컴 출판사
발행인 송인식
지은이 타임검정고시연구회

주소 서울시 금천구 가산디지털1로 225, 514호(가산포휴) | **홈페이지** www.nadoogong.com
E-mail siscombooks@naver.com | **전화** 02)866-9311 | **Fax** 02)866-9312

발간 이후 발견된 정오사항은 나두공(시스컴) 홈페이지 도서정오표에서 알려드립니다.(나두공 홈페이지→자격증→도서정오표)

머리말 PREFACE

"교육과정이 변해도 핵심 내용은 유사하다"

검정고시는 정규 학교에 진학하지 않은 이들에게 계속 교육받을 기회를 제공하고 교육의 평등 이념을 구현하고자 국가에서 시행하는 제도입니다. 현재 시험은 일 년에 두 번 시행되며 배움의 때를 놓친 분들에게 기회의 손길을 내밀고 있습니다.

한국교육과정평가원에서 공개한 출제 계획을 보면, 가급적 최소 3종 이상의 교과서에서 공통으로 다루고 있는 내용을 바탕으로 최근 5년간의 평균 합격률을 고려하여 적정 수준에서 출제할 것임을 알 수 있습니다. 즉, 시험에 출제되는 핵심 내용은 크게 바뀌지 않았다는 것입니다. 따라서 시험에 반복 출제되는 부분들을 완벽히 이해하고, 새롭게 추가된 교과 내용을 공고히 익힌다면 평균 60점 이상을 획득하는 데에 큰 어려움이 없을 것입니다.

시스컴에서 선보이는 『중졸 검정고시 600제』는 시험에 자주 출제되는 유형을 분석하여 엄선한 예상문제를 수준별로 나눠 담은 문제집입니다. 또한 실전 대비 모의고사를 상세한 해설과 함께 수록하여 '기본문제 + 응용문제 + 모의고사'의 탄탄한 짜임을 자랑합니다. 따라서 기초를 다지려는 수험생도, 심화 문제 풀이로 합격을 굳히려는 수험생도 모두 만족시킬 수 있으리라 생각합니다.

"배움에 있어서 늙음이란 없다"

청춘이란 인생의 어느 기간을 말하는 것이 아니라 마음의 상태를 말하는 것이라는 어느 시인의 말처럼 배움의 열정을 놓지 않은 여러분의 지금 이 순간이 청춘입니다. 이 책이 여러분의 꿈을 이루는 데 도움이 되기를 바라며, 수험생 여러분 모두의 건투를 빕니다.

중졸 검정고시 국가고사 안내

검정고시 안내

검정고시란?

검정고시는 정규 학교에 진학하지 않은 사람들에게 계속 교육받을 기회를 제공하고 국가의 교육수준 향상을 위하며 교육의 평등 이념 구현에 기여하고자 국가에서 시행하는 제도를 말한다.

시험관리기관

– 시 · 도 교육청 : 시행공고, 원서교부 · 접수, 시험실시, 채점, 합격자발표
– 한국교육과정평가원 : 출제 및 인쇄 · 배포

시험 분야

– 초등학교 졸업학력(초등학교 과정)
– 중학교 졸업학력(중학교 과정)
– 고등학교 졸업학력(고등학교 과정)

검정고시 시험 안내

시행횟수 : 연2회

분 류	공고일	접수일	시험	합격자 발표	공고 방법
제1회	2월 초	2월 중	4월 초~중	5월 중	각 시 · 도 교육청 홈페이지
제2회	6월 초	6월 중	8월 초~중	8월 말	

고시과목

중졸학력	필수	국어, 수학, 영어, 사회, 과학 (5과목)	총 6과목
	선택	도덕, 기술 · 가정, 정보, 체육, 음악, 미술 중 1과목 선택	

시험시간표

교 시	과 목	시 간		문항수	비 고
1	국어	09:00~09:40	40분	25	각 과목별 100점 만점
2	수학	10:00~10:40	40분	20	
3	영어	11:00~11:40	40분	25	
4	사회	12:00~12:30	30분	25	
중식(12:30~13:30)					
5	과학	13:40~14:10	30분	25	
6	선택	14:30~15:00	30분	25	

》》 위의 내용은 한국교육과정평가원에서 발표한 내용을 바탕으로 하였습니다.

문제출제수준

중학교 졸업 정도의 지식과 그 응용 능력을 측정할 수 있는 수준으로 적정량의 학습을 해온 학생이면 누구나 답할 수 있는 평이한 문제로 출제

응시자격 및 응시제한

응시자는 현장 접수 또는 온라인 접수 중 한 가지 방법만을 이용하여 접수해야 하며, 중복접수는 인정하지 않습니다.

응시자격

1) 초등학교 졸업자 및 이와 동등 이상의 학력이 있는 자
2) 초 · 중등교육법시행령 제29조의 규정에 의하여 학적이 정원외로 관리되는 자
3) 3년제 고등공민학교 졸업자 및 졸업예정자
4) 중학교에 준하는 각종학교의 졸업자 또는 졸업예정자
5) 보호소년 등의 처우에 관한 법률 시행령 제69조 제2호에 해당하는 자

※ 본 공고문에서 졸업예정자라 함은 최종학년에 재학 중인 자를 말한다.

응시자격 제한

1) 중학교 또는 초 · 중등교육법시행령 제97조 제1항 제2호의 학교를 졸업한 자 또는 재학 중인 자
   ※ 응시자격은 시험시행일까지 유지하여야 함(공고일 현재 재학 중이 아닌 자여서 적법하게 응시원서를 접수하였다 하더라도, 그 이후 시험일까지 편입학 등으로 재학생의 신분을 획득한 경우에는 응시자격을 박탈함)
2) 공고일 이후 초등학교 졸업자
   ※ 단, 당해 연도 초등학교 졸업자는 2월 말까지 재학생 신분에 해당되어 1회 차 중졸 검정고시 응시가 제한됨
3) 공고일 이후 제 1)호의 학교에 재학 중 학적이 정원외로 관리되는 자
4) 공고일 기준으로 고시에 관하여 부정행위를 한 자로서 처분일로부터 응시자격 제한 기간이 경과되지 아니한 자

공통제출서류

- 응시원서(소정서식) 1부
- 동일원판 탈모 상반신 사진(3.5cm×4.5cm, 3개월 이내 촬영) 2매
- 본인의 해당 최종학력증명서 1부
- 응시수수료 : 무료
- 신분증 지참(주민등록증, 외국인등록증, 운전면허증, 대한민국여권(유효기간 확인), 청소년증, 주민등록번호가 포함된 장애인등록증(복지카드) 중 하나)

과목면제 해당자

해당자	응시과목	비 고
- 3년제 고등공민학교 및 중학교에 준하는 각종학교 졸업자 또는 졸업예정자 - 92.9.3 이전 사회교육법시행령 제7조제1항의 규정에 의한 중학교 교육과정에 상응하는 사회교육과정을 이수한 자	- 국어 - 수학 - 영어	국, 수, 영 이외 3과목 면제
만 18세 이후에 평생교육법 제23조 제2항에 따라 평가 인정한 학습 과정 중 시험과목에 관련된 과정을 교육부장관이 정하는 바에 따라 과목당 90시간 이상 이수한 자	- 국어 - 수학 - 영어	국, 수, 영 이외 이수한 해당 과목 면제

※ 해당자 추가 제출서류는 해당 시험의 공고문 참고

※ 과목면제 신청을 하지 않고 응시한 자는 본 고시에서 과목면제 혜택을 받을 수 없음

※ 검정고시 합격 및 과목합격증명을 전산으로 확인할 수 있도록 개인정보제공에 동의하거나 행정정보공동이용을 통하여 열람 가능한 구비서류에 대해 확인할 수 있도록 동의한 경우 서류 제출을 생략함(단, 전산 확인 미동의자는 별도서류 첨부)

응시자 시험 당일 준비물

필수

수험표, 신분증, 컴퓨터용 수성사인펜

선택

아날로그 손목시계, 수정테이프, 점심도시락

합격기준

고시합격

각 과목을 100점 만점으로 하여 평균 60점 이상을 취득한 자를 합격자로 결정

》》 단, 평균이 60점 이상이라 하더라도 결시과목이 있을 경우에는 불합격 처리

과목합격

1) 시험 성적 60점 이상인 과목에 대해서는 과목합격을 인정하고, 본인이 원하면 다음 회의 시험부터 해당 과목의 시험을 면제하고 그 면제되는 과목의 성적을 시험 성적에 합산함
2) 기존 과목합격자가 해당과목을 재 응시할 경우 기존 과목합격성적과 상관없이 재응시한 과목 성적으로 합격여부를 결정함

》》 과목합격자에게는 신청에 의하여 과목합격 증명서 교부

합격취소

- 응시자격에 결격이 있는 자
- 제출서류를 위조 또는 변조한 자
- 부정행위자

다음과 같은 행위는 부정행위로 간주한다.

- 다른 응시자의 답안지를 보거나 보여주는 행위
- 다른 응시자와 손동작, 소리 등으로 서로 신호를 하는 행위
- 대리로 시험을 보는 행위
- 시험시간 중 휴대전화, 전자담배, 블루투스 기능이 있는 이어폰 등 무선통신 기기를 소지하거나 사용하는 행위
- 다른 응시자에게 답을 보여주기를 강요하거나 폭력으로 위협하는 행위
- 시험 시작 전 또는 종료 후 답안지 작성 행위
- 시험 감독관의 지시에 불응하는 행위
- 기타 시험 감독관이 부정행위로 판단하는 행위

응시자 당일 준비사항

- 수험표 분실자 : 응시원서에 부착한 동일한 사진 1매를 지참하고 시험 당일 08시 20분까지 해당 고사장 시험본부에서 수험표를 재교부 받기 바람
- 주민등록증 분실자 : 주민등록증 발급신청확인서(주민자치센터에서 발급) 지참
- 청소년증 분실자 : 청소년증 발급신청 확인서(주민자치센터에서 발급) 지참
- 시험당일 고사장에는 차량을 주차할 수 없으므로 대중교통을 이용하기 바람

응시자 유의사항

기본 사항

- 응시자의 문제지는 회수하지 않음
- 휴대전화 등 모든 통신기기 및 전자기기를 전원을 끈 후 가방에 넣어서 매 교시 시작 전 전면에 제출하여야 함

시험 중 퇴실 금지

- 응시자는 시험이 시작되면 매 교시 시험시간이 끝날 때까지 퇴실할 수 없음
  다만, 긴급한 사유 등으로 불가피한 경우에는 퇴실할 수 있으나, 해당 교시 종료 시까지 재입실이 불가능하며 소지물품(문제지 포함) 없이 별도의 장소에서 대기하여야 함
- 퇴실 시 감독관의 조치 및 지시에 불응하거나 휴대전화, 전자담배, 블루투스 기능이 있는 이어폰 등 모든 통신기기 및 전자기기 등을 소지한 경우 부정행위로 간주 처리함
- 고사장 내에는 응시자 이외 가족, 친지, 친구, 학원 관계자 등은 출입 할 수 없음

기타

응시원서 등의 잘못된 기재, 제출서류 미비, 연락불능 등으로 인하여 발생한 불이익은 응시자의 귀책사유이며, 본 공고문에 명시되지 않거나 내용의 해석에 관한 사항은 서울특별시검정고시위원회의 결정에 따라야 함

문제 및 정답 공개

시험문제지 및 정답(가안)은 시험 종료 이후 한국교육과정평가원(http://www.kice.re.kr) 홈페이지에서 공개하며, 이의신청 및 최종 정답 확정 절차는 문제지 및 정답(가안) 공개 시 한국교육과정평가원 홈페이지 안내사항을 참고하기 바람

※ 상기 자료는 서울특별시 교육청의 안내 자료와 한국교육과정평가원, 국가평생교육진흥원의 공고를 기준으로 하고 있습니다.

중졸 검정고시 Q&A

Q1 중졸 검정고시 출제 범위는 어떻게 되나요?

2021년 제1회 검정고시부터 2015 개정 교육과정에서 출제됩니다.

〈중졸 검정고시 출제 범위 비교〉

이전 중졸 검정고시 출제범위	현재 중졸 검정고시 출제범위
2009 개정 교육과정	2015 개정 교육과정

››› '사회' 과목에 역사(한국사만 출제, 세계사 제외)도 출제됨

››› '사회' 과목의 역사 부분은 2021년도에도 2009 개정 교육과정에서 출제되었음

Q2 교과서 출제 경향이 어떻게 되나요?

- '2015개정 교육과정'부터 사라지거나 변경된 개념 및 내용을 포함하고 있는 교과의 경우 이전 교육과정과 공통 범위에서 출제하지 않고 새 교육과정 중심으로 출제됩니다.
- 교과의 출제 범위가 국정교과서에서 검정교과서로 변화되어, 최소 3종 이상의 교과서에서 공통으로 다루고 있는 내용으로 출제됩니다.(단, 국어와 영어의 경우 교과서 외의 지문 활용 가능)

Q3 세부 출제방향은 어떠한가요?

- 문제은행(기출문항 포함) 출제 방식을 학교 급별로 차등 적용하는데, 중졸은 30% 내외로 출제됩니다. 단 출제 비율은 과목에 따라서 달라질 수 있습니다.
- 최근 5년간 평균 합격률을 고려하여 적정 난이도를 유지하여 출제합니다.
- 문항형식은 객관식 4지 택1형이며 각 과목별 1문항 당 4점입니다(단, 수학은 1문항 당 5점).

Q4 시험점수 평균 60점이 통과인가요? 아니면 각 과목별로 60점을 받아야 통과인가요?

중졸 · 고졸 검정고시는 과락제도가 없이, 각 과목 전체 평균 60점 이상을 취득한 자를 합격자로 결정합니다. 단, 한 과목이라도 결시하는 경우 전체 평균이 60점 이상이라도 불합격 처리됩니다.

Q5 검정고시 제출용 최종학력증명서는 어떤 것을 제출하는 건가요?

- **졸업증명서 :** 상급학교 진학여부가 표시된 검정고시용에 한하며 졸업 후 배정받은 상급학교에 진학하지 아니한 자는 "미진학사실확인서" 추가 제출 필요
- **초 · 중 · 고등학교 재학 중 중퇴자 :** 제적증명서
- **중학교 의무교육 대상자 중 정원외 관리대상자 :** 정원외 관리증명서
- **중학교 의무교육 대상자 중 면제자 :** 면제증명서(소정서식)
- **초졸검정고시 합격자 :** 합격증서 사본(원본지참) 또는 합격증명서
- **평생교육법 제40조에 따른 학력인정 대상자 :** 학력인정서
- **초 · 중등교육법 시행령에 따른 학력인정 대상자 :** 학력인정증명서
- **검정고시 합격과목의 시험 면제를 원하는 자 :** 과목합격증명서 또는 성적증명서

Q6 과목 면제는 어떻게 받을 수 있나요?

- 과목면제 신청을 하지 않고 응시한 자는 본 고시에서 과목면제 혜택을 받을 수 없습니다.
- 과목에 합격한 수험생은 과목 합격증을 제출하지 않아도 기존의 과목 합격 중 가장 높은 점수를 반영합니다. 그러나 과목 합격 후 다시 그 과목을 응시하고자 할 경우 응시원서에 표기하여야 합니다.
- 과목 합격생은 반드시 과목 합격한 취득점수를 기재하여야 합니다.

››› 검정고시 출제 범위는 시험 전 반드시 한국교육과정평가원 또는 각 시 · 도 교육청의 홈페이지 공고를 참고하여 주시기 바랍니다.

이 책의 구성과 특징

1. 기본문제

과목별로 시험에 출제될 가능성이 높은 기본문제들로 구성되어 있습니다.

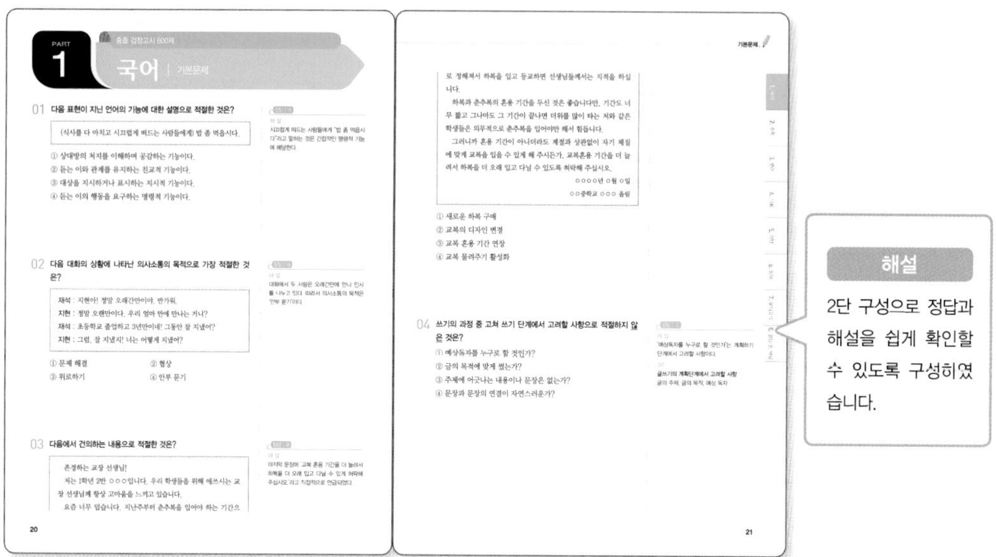

PART 1
국어 | 기본문제
해설
2단 구성으로 정답과 해설을 쉽게 확인할 수 있도록 구성하였습니다.

2. 응용문제

기본문제보다 좀 더 난이도 있는 문제들로 구성되어 심화학습이 가능하도록 하였습니다.

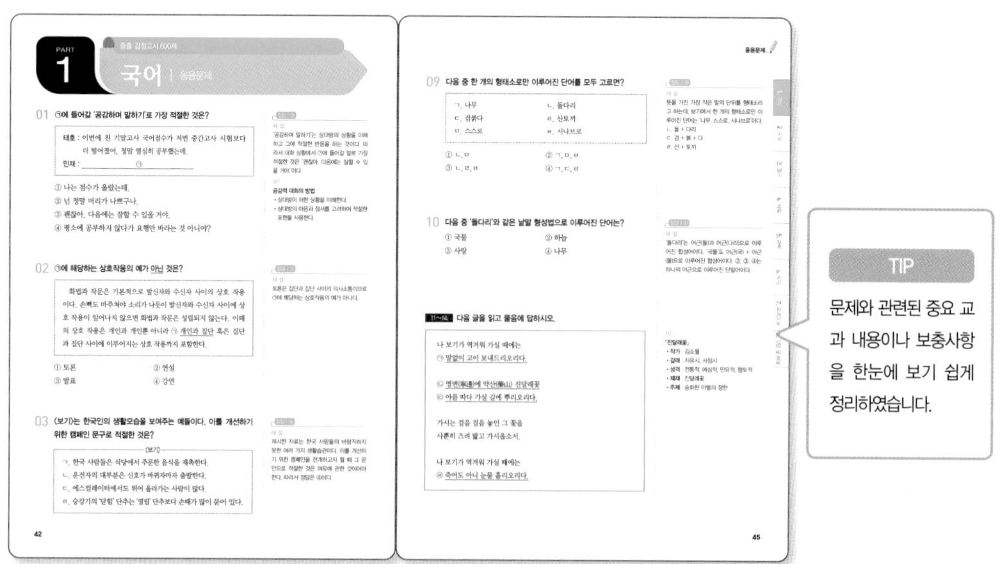

PART 1
국어 | 응용문제
TIP
문제와 관련된 중요 교과 내용이나 보충사항을 한눈에 보기 쉽게 정리하였습니다.

3. 모의고사

최신 기출문제를 분석 · 연구하여 만든 실전 대비 모의고사를 수록하여 시험 직전 자신의 실력을 최종 점검할 수 있도록 하였습니다.

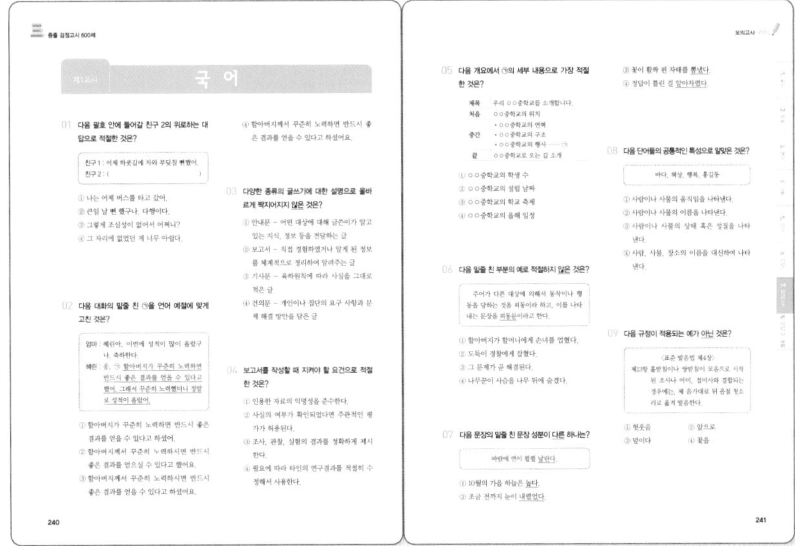

4. 정답 및 해설

상세한 해설과 풍부한 학습 TIP으로 꼼꼼한 학습이 가능하도록 하였습니다.

Contents

PART 1 | 국어

기본문제 20
응용문제 42

PART 2 | 수학

기본문제 68
응용문제 82

PART 3 | 영어

기본문제 100
응용문제 117

PART 4 | 사회

기본문제 136
응용문제 153

PART 5 | 과학

기본문제 ······ 170
응용문제 ······ 187

PART 6 | 도덕

기본문제 ······ 206
응용문제 ······ 223

PART 7 | 모의고사

모의고사 ······ 240

PART 8 | 정답 및 해설

정답 및 해설 ······ 274

30일 만에 검정고시 정복하기 PLAN

과 목	국 어				
날 짜	1	2	3	4	5
Check	☐	☐	☐	☐	☐

과 목	수 학				
날 짜	6	7	8	9	10
Check	☐	☐	☐	☐	☐

과 목	영 어				
날 짜	11	12	13	14	15
Check	☐	☐	☐	☐	☐

과 목	사 회				
날 짜	16	17	18	19	20
Check	☐	☐	☐	☐	☐

과 목	과 학				
날 짜	21	22	23	24	25
Check	☐	☐	☐	☐	☐

과 목	도 덕				
날 짜	26	27	28	29	30
Check	☐	☐	☐	☐	☐

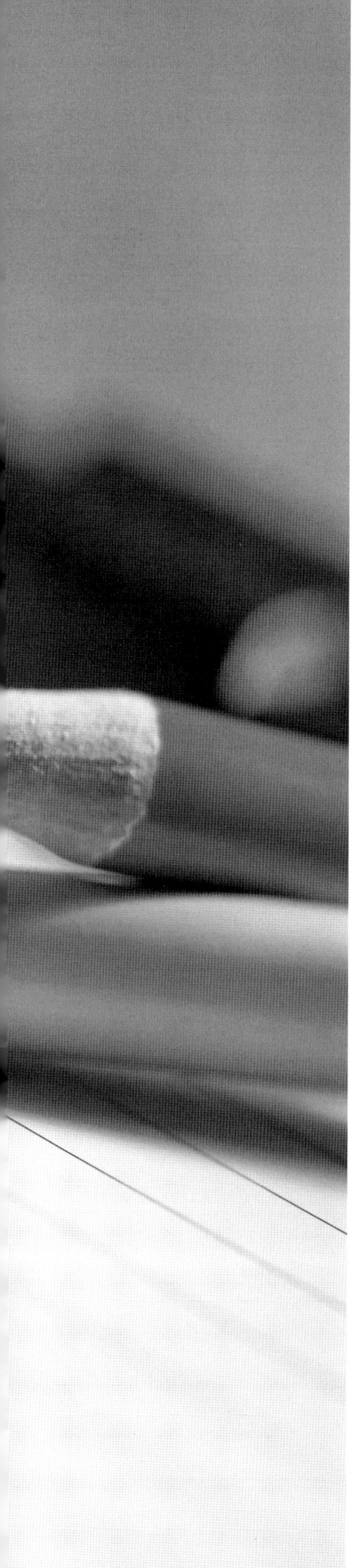

PART 1

국어

STEP1. 기본문제

STEP2. 응용문제

01 다음 표현이 지닌 언어의 기능에 대한 설명으로 적절한 것은?

> (식사를 다 마치고 시끄럽게 떠드는 사람들에게) 밥 좀 먹읍시다.

① 상대방의 처지를 이해하며 공감하는 기능이다.
② 듣는 이와 관계를 유지하는 친교적 기능이다.
③ 대상을 지시하거나 표시하는 지시적 기능이다.
④ 듣는 이의 행동을 요구하는 명령적 기능이다.

정답 | ④

해 설
시끄럽게 떠드는 사람들에게 "밥 좀 먹읍시다"라고 말하는 것은 간접적인 명령적 기능에 해당한다.

02 다음 대화의 상황에 나타난 의사소통의 목적으로 가장 적절한 것은?

> 재석 : 지현아! 정말 오래간만이야. 반가워.
> 지현 : 정말 오랜만이다. 우리 얼마 만에 만나는 거니?
> 재석 : 초등학교 졸업하고 3년만이네! 그동안 잘 지냈어?
> 지현 : 그럼, 잘 지냈지! 너는 어떻게 지냈어?

① 문제 해결　② 협상
③ 위로하기　④ 안부 묻기

정답 | ④

해 설
대화에서 두 사람은 오래간만에 만나 인사를 나누고 있다. 따라서 의사소통의 목적은 '안부 묻기'이다.

03 다음에서 건의하는 내용으로 적절한 것은?

> 존경하는 교장 선생님!
> 저는 1학년 2반 ㅇㅇㅇ입니다. 우리 학생들을 위해 애쓰시는 교장 선생님께 항상 고마움을 느끼고 있습니다.
> 요즘 너무 덥습니다. 지난주부터 춘추복을 입어야 하는 기간으

정답 | ③

해 설
마지막 문장에 '교복 혼용 기간을 더 늘려서 하복을 더 오래 입고 다닐 수 있게 허락해 주십시오.'라고 직접적으로 언급되었다.

로 정해져서 하복을 입고 등교하면 선생님들께서는 지적을 하십니다.

하복과 춘추복의 혼용 기간을 두신 것은 좋습니다만, 기간도 너무 짧고 그나마도 그 기간이 끝나면 더위를 많이 타는 저와 같은 학생들은 의무적으로 춘추복을 입어야만 해서 힘듭니다.

그러니까 혼용 기간이 아니더라도 계절과 상관없이 자기 체질에 맞게 교복을 입을 수 있게 해 주시든가, 교복혼용 기간을 더 늘려서 하복을 더 오래 입고 다닐 수 있도록 허락해 주십시오.

○○○○년 ○월 ○일

○○중학교 ○○○ 올림

① 새로운 하복 구매
② 교복의 디자인 변경
③ 교복 혼용 기간 연장
④ 교복 물려주기 활성화

04 쓰기의 과정 중 고쳐 쓰기 단계에서 고려할 사항으로 적절하지 않은 것은?

① 예상독자를 누구로 할 것인가?
② 글의 목적에 맞게 썼는가?
③ 주제에 어긋나는 내용이나 문장은 없는가?
④ 문장과 문장의 연결이 자연스러운가?

정답 | ①

해 설
'예상독자를 누구로 할 것인가'는 계획하기 단계에서 고려할 사항이다.

TIP
글쓰기의 계획단계에서 고려할 사항
글의 주제, 글의 목적, 예상 독자

05~06 **다음 글을 읽고 물음에 답하시오.**

> 제목 : (   )
>
> 안녕하세요. ㅇㅇ중학교 학생회입니다.
>
> 밝고 명랑한 학교 분위기를 조성하고자 갈등해결 매니저를 모집합니다.
>
> 갈등 해결 매니저는 학생들 사이의 갈등을 대화로 해결할 수 있게 도와주는 ㉠ 일입니다.
>
> 우리들은 학교생활을 하면서 ㉡ 친구들 사이에서 많은 갈등을 겪기도 합니다. ㉢ 이 외에도 우리가 겪는 갈등에는 부모님과의 갈등, 선생님과의 갈등 등이 있습니다. 이때 도움을 줄 수 있는 사람들은 많습니다. ㉣ 왜냐하면 우리들을 같은 눈높이로 바라봐 주는 사람은 옆에 있는 친구들일 것입니다. 바로 여러분이 갈등을 겪고 있는 친구들을 도울 수 있습니다. 친구들에 대해 관심과 배려가 깊은 학생들의 지원을 기다리겠습니다.

05 다음 글을 고쳐 쓰기 위한 방안으로 적절하지 않은 것은?

① ㉠은 문장성분 간의 호응을 고려하여 '일을 합니다.'로 고친다.

② ㉡은 수식 관계가 불분명하므로 '많은 친구들 사이의 갈등'으로 고친다.

③ ㉢은 논지에서 벗어난 내용이므로 삭제한다.

④ ㉣은 문장 간의 연결 관계를 고려하여 '하지만'으로 고친다.

정답 | ②

해 설

수식 관계를 고려하여 ㉡을 '많은 친구들 사이의 갈등'으로 고치면 관형어 '많은'이 '친구들'과 '갈등'을 모두 꾸며 중의적 의미를 가진다.

TIP

관형어

체언 앞에 놓여 체언을 수식하는 문장성분

06 글의 전체 내용을 고려할 때 괄호 안에 들어갈 제목으로 가장 적절한 것은?

① 원만한 갈등해결 방법

② 갈등의 발생원인

③ 친목 도모 회원 모집

④ 갈등 해결 매니저 모집

정답 | ④

해 설

글의 서두 부분에서 '갈등해결 매니저를 모집합니다.'라고 언급하였고, 갈등해결 매니저의 역할과 필요성에 대해 설명하였다. 따라서 제목으로 적절한 것은 '갈등해결 매니저 모집'이다.

07 다음은 글을 쓰기 위해 작성한 개요표이다. ㉠~㉣ 중 적절하지 않은 것은?

제목	도시 농업의 활성화 방안
처음	도시 농업의 긍정적 부분 언급
중간	• 도시 농업의 문제점 분석 – ㉠ 도시 농업에 필요한 경작 공간의 부족 – 도시 농업 관련 연구 및 기술 부족 – ㉡ 선진국의 도시 농업 성공사례 • ㉢ 도시 농업의 문제점 개선 방안 – 도심지 내 마을 텃밭 조성 – 도시 농업 전문 인력 양성 및 교육 – 도시 농업 관련 제도적 기반 구축
끝	㉣ 도시 농업에 대한 관심 촉구

① ㉠　　② ㉡
③ ㉢　　④ ㉣

정답 | ②

해 설
도시 농업의 문제점이 아닌 긍정적 사례이므로 내용을 바꾸거나 처음 부분으로 옮겨야 한다.

08 〈보기〉의 그림을 활용하여 '바람직한 인간관계'에 관한 글을 쓰고자 한다. 연상한 내용으로 가장 적절한 것은?

〈보기〉

① 지나친 경쟁은 가급적 자제해야 한다.
② 상대방을 인격적으로 대우해 주어야 한다.
③ 전체를 위해 희생하는 자세를 가져야 한다.
④ 상대의 단점보다는 장점을 보기 위해 노력해야 한다.

정답 | ④

해 설
〈보기〉의 그림에서 두 사람은 같은 나무를 바라보면서 각각 다른 생각을 하고 있다. 한 사람은 대상의 단점을 보는 반면, 한 사람은 장점을 보고 있다. 따라서 바람직한 인간관계에 관한 글을 쓰고자 할 때, ④와 같은 내용을 연상할 수 있다.

09 다음 글에서 말하고자 하는 바는?

> 오늘날 많은 가정에서 부모와 자식 간에 대화가 사라지고 있다. 부모는 일로, 자녀는 공부로 바빠서 서로 얼굴을 보기도 힘들기 때문이다. 그러나 가정에서 원만한 대화가 이루어져야 한다. 가족은 대화를 통해 서로의 지친 마음을 위로할 수 있기 때문이다. 이제부터 가족이 함께하는 시간을 만들어 대화를 해보자.

① 개인 여가시간의 확보 방안
② 가족 간 대화의 필요성
③ 가족 봉사활동의 의의
④ 이웃 간 의사소통의 중요성

정답 | ②

해 설
주어진 제시문은 부모와 자식 간의 원만한 대화가 이루어져야 함을 주장하고 있다. 따라서 '가족 간 대화의 필요성'이 글의 주제로 적절하다.

10 다음의 밑줄 친 단어와 품사가 <u>다른</u> 하나는?

> 그는 걸음이 매우 <u>느리다</u>.

① 꽃이 <u>아름답다</u>. ② 음식이 <u>맵다</u>.
③ 약이 <u>쓰다</u>. ④ 꽃에 물을 <u>주다</u>.

정답 | ④

해 설
'느리다'의 품사는 형용사이고 '아름답다', '맵다', '쓰다'도 형용사이지만 '주다'는 동사이다.

11 〈보기〉에서 밑줄 친 단어들의 공통된 특징으로 적절한 것은?

〈보기〉

- 연이 <u>높이</u> 떴다.
- 기차가 <u>빠르게</u> 달린다.
- 꽃이 <u>매우</u> 아름답다.

① 사람이나 사물의 이름을 대신하여 나타낸다.
② 사람이나 사물의 움직임을 나타내는 단어이다.
③ 체언을 꾸미는 역할을 한다.
④ 주로 용언을 꾸며준다.

정답 | ④

해 설
'높이', '빠르게', '매우'는 모두 부사에 해당하므로, 부사의 특징에 해당하는 ④가 적절하다.
① 대명사에 대한 설명이다.
② 동사에 대한 설명이다.
③ 관형사에 대한 설명이다.

TIP
부사
주로 용언을 꾸며 주며, 홀로 쓰이기도 하고 조사와 결합하여 쓰이기도 한다.

12 밑줄 친 말의 문장 성분이 다른 것은?

① 동생이 밥을 먹는다.
② 집에 어머니가 계신다.
③ 보름달이 두둥실 떠있다.
④ 기차가 빠르게 달린다.

정답 | ②

해 설
'-에'는 장소나 시간을 나타내는 부사격 조사이므로 '집에'는 부사어에 해당한다. 나머지는 모두 주어이다.

TIP
문장 성분의 종류
- 주어 : 동작이나 상태, 성질의 주체가 되는 성분
- 서술어 : 주어의 동작, 상태, 성질 등을 설명해 주는 성분
- 목적어 : 서술어의 동작 대상이 되는 성분
- 보어 : 서술어 앞에 위치하는 성분
- 관형어 : 주로 체언을 수식하는 성분
- 부사어 : 용언, 부사 또는 문장 전체를 수식하는 성분

13 다음 문장의 밑줄 친 품사와 다른 하나는?

밤하늘에 떠 있는 별이 아름답게 빛난다.

① 소녀의 얼굴은 매우 곱다.
② 진눈깨비가 바람에 흩날린다.
③ 10월의 가을 하늘은 높다.
④ 우리 학급의 반장은 행실이 바르다.

정답 | ②

해 설
'빛난다'는 형용사이고, '곱다', '높다', '바르다' 모두 형용사로 '흩날린다'는 동사에 해당한다.

TIP
동사와 형용사
- 동사 : 사람이나 사물의 움직임을 나타내는 단어
  예 달리다, 먹다, 자다
- 형용사 : 사람이나 사물의 상태나 성질을 나타내는 단어
  예 예쁘다, 착하다, 파랗다

14 다음 문장을 형태소로 바르게 나눈 것은?

오늘은 나무를 심었다.

① 오늘은/나무를/심었다.
② 오늘/은/나무/를/심었다.
③ 오늘/은/나무/를/심/었/다.
④ 오늘/은/나/무/를/심/었다.

정답 | ③

해 설
'오늘'과 '나무'는 더 나누면 뜻을 잃어버리는 경우이며, '심었다'에서 '심-'은 '풀 · 나무의 뿌리나 씨앗 따위를 땅속에 묻다.'는 의미, '-었-'은 '과거'를 뜻하는 형식적 의미, '-다'는 문장을 종결하는 형식적 의미를 각각 가지므로 각각이 하나의 형태소이다.

15 다음 중 합성어의 예가 아닌 것은?

① 군소리　　② 군밤
③ 불장난　　④ 날짐승

정답 | ①

해 설
'군소리'는 '군+소리'로서 '하지 않아도 될 쓸데없는 말'이라는 뜻이다. 이때 '군'은 접두사이므로 어근에 접사가 결합한 '군소리'는 파생어에 해당한다.

16 다음 중 단어의 형성법이 <u>다른</u> 하나는?

① 봄바람　　② 풋과일

③ 개살구　　④ 햇나물

정답 | ①

해 설

'봄바람'은 '봄(어근)'과 '바람(어근)'이 결합된 합성어이고, 나머지는 모두 어근과 접사가 결합된 파생어이다.

② 풋(접사)+과일(어근)

③ 개(접사)+살구(어근)

④ 햇(접사)+나물(어근)

17 다음 중 홑문장이 <u>아닌</u> 것은?

① 비가 왔다.

② 나는 도서관에 갔다.

③ 동생은 감기에 걸렸다.

④ 그는 밥을 먹고 학교에 갔다.

정답 | ④

해 설

'그는 밥을 먹었다.'와 '그는 학교에 갔다.'의 2개의 문장이 접속어미 '–고'에 의해 연결된 것이므로 홑문장이 아닌 겹문장이다.

TIP

문장의 종류

- **홑문장** : 주어와 서술어의 관계가 한 번 나타나는 문장
  예 영희는 학생이다.
- **겹문장** : 주어와 서술어의 관계가 두 번 이상 나타나는 문장
  예 봄이 오면 꽃이 핀다.('봄이 온다.' + '그러면 꽃이 핀다.')

18 밑줄 친 문장 성분 중, 주성분이 <u>아닌</u> 것은?

① <u>언니는</u> 새 옷을 입었다.

② <u>어머나</u>, 키가 많이 자랐구나.

③ 나는 도서관에서 <u>책을</u> 읽었다.

④ 작년 겨울에는 눈이 많이 <u>내렸다</u>.

정답 | ②

해 설

'어머나'는 감탄사이므로, 다른 문장 성분과 직접적인 관계없이 독립적으로 사용할 수 있는 독립성분이다.

① 문장의 주체가 되는 주어이다.

③ 서술어 '읽었다'의 대상이 되는 목적어이다.

④ 서술어이다.

19~21 다음 글을 읽고 물음에 답하시오.

내 고장 칠월은
청포도가 익어 가는 시절.

이 마을 전설이 주저리주저리 열리고
먼 데 하늘이 꿈꾸며 알알이 들어와 박혀,

하늘 밑 푸른 바다가 가슴을 열고
흰 돛단배가 곱게 밀려서 오면,

TIP

「청포도」

- **작가** : 이육사
- **갈래** : 자유시, 서정시
- **성격** : 감각적, 상징적
- **제재** : 청포도
- **주제** : 평화롭고 풍요로운 삶에 대한 소망

내가 바라는 손님은 고달픈 몸으로
청포를 입고 찾아온다고 했으니,

내 그를 맞아, 이 포도를 따 먹으면 두 손을 흠뻑 적셔도 좋으련.

아이야 우리 식탁엔 ㉠ 은쟁반에
하이얀 ㉡ 모시 수건을 마련해 두렴.

19 윗글에 대한 설명으로 적절하지 않은 것은?

① 수미상관의 기법으로 운율을 형성하고 있다.
② 6연 2행으로 구성되어 있다.
③ 계절적 배경이 드러나 있다.
④ 시각적 이미지의 대비가 나타나 있다.

정답 | ①

해 설
'청포도'는 수미상관의 기법이 사용되지 않았다.

TIP
수미상관
시가에서 첫 연을 끝 연에 다시 반복하는 문학적 구성법

20 이 시의 주제로 가장 적절한 것은?

① 과거에 대한 회고와 반성
② 유년 시절에 대한 그리움
③ 이념 극복과 인간애 회복
④ 풍요롭고 평화로운 삶에 대한 소망

정답 | ④

해 설
이육사의 '청포도'는 조국이 독립된 상태의 풍요롭고 평화로운 세상에 대한 소망이라는 주제를 담고 있다.

21 ㉠, ㉡의 공통된 성격으로 가장 적절한 것은?

① 순결함을 나타낸다.
② 암울한 시대를 표현한다.
③ 기다림의 대상이다.
④ 생명의 존엄성을 강조한다.

정답 | ①

해 설
㉠의 은쟁반과, ㉡의 모시 수건은 백의민족의 밝고 순수한 이미지로 순결함을 나타낸다.

22~24 다음 글을 읽고 물음에 답하시오.

㉠ <u>돌담에 속삭이는 햇발같이</u>
풀 아래 웃음 짓는 샘물같이
내 마음 고요히 고운 봄 길 위에
오늘 하루 하늘을 우러르고 싶다.

새악시 볼에 떠오는 부끄럼같이
시의 가슴에 살포시 젖는 물결같이
보드레한 에메랄드 얇게 흐르는
실비단 하늘을 바라보고 싶다.

TIP
「돌담에 속삭이는 햇발」
- **작가** : 김영랑
- **갈래** : 자유시, 서정시, 순수시
- **성격** : 유미적, 감각적, 낭만적, 관조적
- **제재** : 봄 하늘
- **주제** : 봄 하늘에 대한 동경과 예찬

22 위 시에 대한 이해로 적절하지 <u>않은</u> 것은?

① 시적 화자가 표면에 드러나 있다.
② 대구법을 통해 운율을 형성하고 있다.
③ 계절적 배경이 나타나 있다.
④ 대화체를 사용하여 신선한 느낌을 준다.

정답 | ④

해 설
주어진 시에서 대화체를 사용한 부분은 찾을 수 없다.
① '나'에 해당하는 시적화자가 표면에 등장하고 있다.
② 비슷한 문장구조가 서로 대응하는 대구법이 사용되고 있다.
③ '봄' 이라는 계절적 배경이 나타나 있다.

23 ㉠과 같은 표현 방법이 사용된 예로 가장 적절한 것은?

① 내 마음은 호수요. ② 너는 태양처럼 빛난다.
③ 영희야, 집에 가자. ④ 노오란 배추꽃 이랑을.

정답 | ②

해 설
㉠에서 사용된 표현 방법은 직유법에 해당한다. 직유법은 대상을 '~처럼, ~같이, ~양' 등의 매개어를 이용해 다른 대상에 직접 빗대어 표현하는 방법이다.

24 위 시에서 〈보기〉에 해당하는 시어로 적절한 것은?

〈보기〉
시적화자가 동경하는 대상으로서 시상이 집약되어있는 시어

① 하늘 ② 풀
③ 물결 ④ 하루

정답 | ①

해 설
'돌담에 속삭이는 햇발'은 지상의 세계에서 천상의 세계인 하늘을 동경하는 마음을 그리고 있는 서정시이다.

25~28 다음 글을 읽고 물음에 답하시오.

> [A] ㉠ 나는 나룻배
> ㉡ 당신은 행인
>
> 당신은 흙발로 나를 짓밟습니다.
> 나는 당신을 안고 물을 건너갑니다.
> 나는 당신을 안으면 깊으나 옅으나 급한 여울이나 건너갑니다.
>
> 만일 당신이 아니 오시면 나는 바람을 쐬고 눈비를 맞으며 밤에서 낮까지 당신을 기다리고 있습니다.
> 당신은 물만 건너면 나를 돌아보지도 않고 가십니다그려.
>
> 그러나 당신이 언제든지 오실 줄만은 알아요.
> 나는 당신을 기다리면서 날마다 날마다 낡아 갑니다.
>
> 나는 나룻배
> 당신은 행인

TIP
「나룻배와 행인」
- 작가 : 한용운
- 갈래 : 서정시, 자유시
- 성격 : 명상적, 상징적
- 제재 : 나룻배와 행인
- 주제 : 참된 사랑의 본질인 희생과 믿음

25 이 시의 화자에 대한 설명으로 옳지 않은 것은?

① '나'를 '나룻배'에 비유하였다.
② 여성적인 어조를 사용한다.
③ '임'에 대한 체념적 태도를 보인다.
④ '나'와 '당신'의 태도는 서로 상반된다.

정답 | ③

해 설
화자는 '당신'에 대하여 헌신적, 희생적 태도를 보인다. 또한 체념하지 않고 꿋꿋하게 기다리는 인내를 통해 '당신'에 대한 절대적 믿음과 사랑을 드러낸다.

26 ㉠과 ㉡에 대한 설명으로 옳지 않은 것은?

① ㉠과 ㉡은 서로 사랑하는 사이이다.
② ㉠은 시적 화자에 해당한다.
③ ㉠은 ㉡에 대하여 헌신적인 태도를 보인다.
④ ㉡은 조국의 광복으로도 해석할 수 있다.

정답 | ①

해 설
'당신'을 대하는 '나'의 태도를 볼 때 '나'와 '당신'은 서로 사랑하는 사이가 아니라 '나'가 '당신'을 일방적으로 사랑하는 것이다. '나'는 '당신'에게 헌신적이고 희생적인 반면 '당신'은 '나'에게 무심한 태도를 보인다.

27 3연의 밑줄 친 '바람'이 상징하는 것으로 옳은 것은?

① 희망과 의지　　② 시기와 질투
③ 고난과 시련　　④ 사랑과 그리움

정답 | ③

해 설
바람은 화자가 '당신'을 기다리는 과정에서 겪게 되는 고난과 시련을 의미한다. 동시에 바람을 쐬고 눈비를 맞으면서까지 사랑하는 임을 기다리겠다는 굳센 의지를 드러낸다.

28 [A]에서 쓰인 표현 방법을 바르게 짝지은 것은?

① 과장법, 도치법　　② 은유법, 대구법
③ 직유법, 영탄법　　④ 대유법, 의인법

정답 | ②

해 설
'나는 나룻배', '당신은 행인'에는 은유법이 사용되었고, 두 개의 비슷한 통사 구조를 가진 문장을 반복적으로 나열하였으므로 대구법이 사용되었다.

29~31 다음 글을 읽고 물음에 답하시오.

새침하게 흐린 품이 눈이 올 듯하더니, 눈은 아니 오고 얼다가 만 비가 추적추적 내리었다.

이 날이야말로 동소문 안에서 인력거꾼 노릇을 하는 김첨지에게는 오래간만에도 닥친 운수 좋은 날이었다. 문안에(거기도 문밖은 아니지만) 들어간답시는 앞집 마나님을 전찻길까지 모셔다 드린 것을 비롯하여 행여나 손님이 있을까 하고 정류장에서 어정어정하며, 내리는 사람 하나하나에게 거의 비는 듯한 눈길을 보내고 있다가, 마침내 교원인 듯한 양복쟁이를 동광학교(東光學校)까지 태워다 주기로 되었다.

첫 번에 삼십 전, 둘째 번에 오십 전 — 아침 댓바람에 그리 흉하지 않은 일이었다. 그야말로 재수가 옴 붙어서, 근 열흘 동안 돈 구경도 못한 김 첨지는 십 전짜리 백통화 서 푼, 또는 다섯 푼이 찰깍하고 손바닥에 떨어질 제 거의 눈물을 흘릴 만큼 기뻤었다. 더구나 이 날 이때에 이 팔십 전이라는 돈이 그에게 얼마나 유용한지 몰랐다. 컬컬한 목에 모주 한 잔도 적실 수 있거니와, 그보다도 앓는 아내에게 설렁탕 한 그릇도 사다 줄 수 있음이다.

(중략)

발로 차도 그 보람이 없는 걸 보자, 남편은 아내의 머리맡으로 달려들어 그야말로 까치집 같은 환자의 머리를 들어 흔들며,

TIP
「운수 좋은 날」
- 작가 : 현진건
- 갈래 : 단편 소설, 현대 소설, 사실주의 소설
- 성격 : 반어적, 사실적, 비극적, 현실 고발적
- 배경
  - 시간적 : 1920년대 일제 강점기
  - 공간적 : 서울
- 제재 : 김첨지의 하루 일과와 아내의 죽음
- 주제 : 일제강점기 가난한 사람들의 비참한 생활

"이년아, 말을 해, 말을! 입이 붙었어?"

"……."

"으으, 이것 봐, 아무 말이 없네."

"……."

"이년아, 죽었단 말이냐. 왜 말이 없어?"

"……."

"응으, 또 대답이 없네. 정말 죽었나 보이."

이러다가, 누운 이의 흰 창이 검은 창을 덮은, 위로 치뜬 눈을 알아보자마자,

"이 눈깔! 이 눈깔! 왜 나를 바루 보지 못하고 천정만 보느냐, 응?"

하는 말끝엔 목이 메었다. 그러자, 산 사람의 눈에서 떨어진 닭똥 같은 눈물이 죽은 이의 뻣뻣한 얼굴을 어룽어룽 적신다. 문득 김 첨지는 미친 듯이 제 얼굴을 죽은 이의 얼굴에 한데 비비대며 중얼거렸다.

"설렁탕을 사다 놓았는데 왜 먹지를 못하니, 왜 먹지를 못하니……? 괴상하게도 오늘은 운수가 좋더니만……."

29 이 글의 '김첨지'에 대한 설명으로 가장 적절한 것은?

① 어려운 상황 속에서도 긍정적인 사고를 지니고 있다.

② 아픈 아내에게 욕을 하고, 심지어 때리기까지 하는 매정한 사람이다.

③ 열심히 일하면 누구든지 성공할 수 있다는 희망을 보여준다.

④ 겉으로는 무뚝뚝해 보이지만 마음 속 깊이 아내를 사랑하고 있다.

정답 | ④

해 설

'김첨지'는 겉으로는 아내에게 욕도 하고 거칠게 대하지만 아내를 걱정하는 모습과 아내를 위해 설렁탕을 사오는 등의 행동을 통해 그가 아내를 무척 사랑하고 속정이 매우 깊은 사람임을 알 수 있다.

30 글의 제목에 대한 설명이다. ( ) 안에 들어갈 말로 가장 적절한 것은?

> 제목 '운수 좋은 날'은 가장 비극적인 날을 ( )으로 표현한 것이다. 작품의 제목은 '운수 좋은 날'이지만, 그 내용은 가장 운수가 나쁜 날이다. 이것은 외면적 행운 뒤에 비극적 결말이 준비되어 있다는 모순된 현실을 극적으로 제시한다.

정답 | ②

해 설

이 소설은 김 첨지가 운이 좋은 날을 맞아 그의 즐거운 모습을 그리려는 것이 아니라 1920년대 일제강점기 도시 빈민의 비극적 생활상을 보여 주려는 것이다. 따라서 그들의 비참한 모습을 극적으로 표현하기 위해 '운수 좋은 날'이라는 반어적 제목을 붙인 것이라고 할 수 있다.

① 객관적　　② 반어적
③ 설득적　　④ 체험적

31 이 소설에 대한 설명으로 알맞지 않은 것은?

① 전지적 작가 시점의 소설로 서술자의 개입이 드러난다.
② 현진건의 작품으로 1920년대 사실주의 소설을 대표한다.
③ 전체적으로 밝고 가벼운 느낌의 분위기로 전개되고 있다.
④ 비속어를 통해 빈곤한 하층민의 삶을 생생히 전달한다.

정답 | ③

해 설
이 글에서 추적추적 내리는 '비'는 우울한 분위기 조성과 비극적 결말을 암시하는 역할을 한다. 밝고 가벼운 느낌으로 전개된다고 볼 수 없다.

32~34 다음 글을 읽고 물음에 답하시오.

(가) "소인이 대감의 정기를 받아 태어났으니 어찌 낳고 길러 주신 부모의 은혜를 잊겠습니까. 하오나 소인이 서러워하는 것은…… 서러워하는 것은…… 아버지를 '아버지'라고 부르지 못하고 형을 '형'이라고 못하오니 이 어찌 사람이라 하오리까?"

어느새 길동의 목이 메었다. 홍 판서가 그 말을 들으니 불쌍한 생각이 들었다. 그러나 만일 그 마음을 달래 주면 제멋대로 될까 염려하여 일부러 크게 꾸짖었다.

"양반 집안에 첩이나 종의 자식이 너뿐만이 아니거늘, 조그만 아이가 어찌 이리도 방자하냐? 앞으로 또 그런 말을 하면 다시는 너를 보지 않으리라!"

홍 판서가 그렇게 다그치는 바람에 길동은 감히 한마디도 더 하지 못하고 고개를 푹 떨구었다. 조금 있다 홍 판서가 물러가라고 하자 길동은 제 방으로 돌아와 그만 참았던 눈물을 주르르 흘리고 말았다.

(나) 이 때 길동은 도적들을 다 모아 놓고 말하였다. "여러분은 이제 조선 팔도를 다니며, 백성을 괴롭히는 벼슬아치나 양반들을 다스

TIP
「홍길동전」
- **작가** : 허균
- **갈래** : 고전 소설, 영웅 소설, 한글 소설
- **성격** : 현실 비판적, 우연적, 전기적
- **배경**
  - 시간적 : 조선 시대
  - 공간적 : 조선과 율도국
- **제재** : 적서 차별
- **주제** : 적서차별 제도에 대한 홍길동의 저항과 입신양명 의지

리시오. 저들이 백성을 괴롭히며 빼앗은 재물은 가난하고 의지할 데 없는 백성에게 되돌려 주어 이제부터 우리는 활빈당이 될 것이오."

도적들은 저마다 "㉠ 활빈당? 활빈당!"하고 되뇌다가 머리를 끄덕였다. 바야흐로 저의 우두머리로 길동을 믿고 따르게 된 것이다. 길동이 다시 말하였다.

"우리도 또한 이 나라의 백성이니 때가 되면 나라를 위해 나설 것이오. 다만 때를 만날 때까지 산속에 숨어 살되 백성을 해치고 재물만 축내면 이는 역적의 무리와 다를 바 없소. 이에 활빈당이 큰 법을 세워 만일 우리 중에 옳지 못한 짓을 하는 자가 있으면 군법으로 엄히 다스릴 것이니 조심하여 죄를 짓지 마시오!"

도적들이 모두 그 영을 따르겠다고 굳게 맹세하였다. 그리하여 몇 달 뒤 활빈당은 몰라보게 질서가 잡히고 의젓해졌다. 이제는 한낱 도적 떼가 아니었다.

32 윗글에 대한 설명으로 적절하지 않은 것은?

① 시대의 현실을 반영한 사회 소설이다.
② 우리 문학 사상 최초의 국문 소설이다.
③ 영웅 소설의 전형적인 구조를 따르고 있다.
④ 실존 인물의 이야기를 사실 그대로 전달하고 있다.

정답 | ④

해 설
「홍길동전」은 '길동'이라는 허구적 인물을 통해 당시의 모순된 사회 제도를 비판하였다.
① 「홍길동전」은 적서차별이 심하고 탐관오리들이 많아 혼란했던 당대의 사회상을 반영한 사회소설이다.
② 「홍길동전」은 현존하는 최초의 국문 소설이다.
③ 「홍길동전」은 영웅 소설의 전형적 구조를 따르고 있다.

33 윗글에 나타난 시대적 상황이 아닌 것은?

① 종을 거느리고 사는 집이 있었다.
② 적서 차별 제도와 축첩제가 존재하였다.
③ 능력에 따라 사회적 지위를 얻을 수 있었다.
④ 백성들의 재물을 빼앗는 탐관오리가 있었다.

정답 | ③

해 설
홍길동이 서자라는 이유로 호부호형을 할 수 없었던 것으로 보아 당대 사회에 적서차별 제도와 축첩제가 존재하였음을 알 수 있다. 따라서 '능력에 따라 사회적 지위를 얻을 수 있었다'는 적절하지 않은 내용이다.

34 홍길동이 ㉠을 만든 이유로 가장 적절한 것은?

① 부정한 관리를 응징하고 백성을 돕기 위해

② 도적 사회의 무너진 기강을 바로잡기 위해

③ 양반의 재물을 약탈하여 부를 축적하기 위해

④ 도적들이 새롭게 살 수 있는 기회를 주기 위해

정답 | ①

해 설

홍길동이 ㉠ '활빈당'을 만든 이유는 백성을 괴롭히는 양반들을 다스리고 가난한 백성들에게 빼앗긴 재물을 돌려주고자 함이다.

35~38 다음 글을 읽고 물음에 답하시오.

(가) 한데, 토끼를 보던 용왕이,

"어, 그놈 뱃속에 간 많이 들었겠다. 토끼 배 따고 간 내어 소금 찍어 올려라."

이렇게 분부를 했으면 아무 탈이 없었을 것인데, 토끼가 타국에서 온 귀한 짐승이라 말을 시켜 본 것이 탈이다.

"㉠ 토끼 너 듣거라. 내 우연히 병을 얻어 어떤 약도 소용이 없게 되었느니라. 마침 하늘로부터 도사가 내려와서 진맥하고 하는 말이, '살아 있는 토끼의 간을 구하여 먹으면 금방 나으리라.'하기에 어진 신하를 보내어 너를 잡아 왔느니라. 죽는다고 한탄하지 마라. 네가 죄 없는 줄이야 알지만 ㉡ 과인의 한 몸이 너와 달라, 만일 내가 불행해지면 한 나라의 백성과 신하들을 보존하기 어려운 줄 넌들 설마 모르겠느냐. 너 죽고 과인이 살아나면, 수국의 모든 백성 다 살리는 것이니 네가 바로 일등 충신이로다. ㉢ 너 죽은 후에 네 몸을 곱게 묻고 나무 비석이라도 만들어서 세울 것이니라. 또 설, 한식, 단오, 추석 제사를 착실히 지내 줄 것이니 죽는 것을 조금도 한탄하지 마라. 할 말이 있거든 하고 그냥 죽어라."

(나) 토끼가 더 당돌하게 말한다.

"㉣ 소토의 간은 달의 정기를 받아 만들어진 것이라, 보름이면 간을 꺼냈다가 그믐이면 다시 넣습니다. 간을 꺼낼 때마다 세상의 병든 사람들이 간을 달라고 보채기로, 꺼낸 간을 파초 잎에다 꼭꼭 싸서 칡넝쿨로 칭칭 동여, 영주산 바위 위계수나무 늘어진 가지 끝

TIP

「토끼전」

- **작가** : 작자 미상
- **갈래** : 우화 소설, 판소리계 소설
- **성격** : 교훈적, 우화적, 풍자적, 해학적
- **배경**
  - 시간적 : 옛날 옛적(막연한 시간적 배경)
  - 공간적 : 용궁, 바닷가, 육지
- **제재** : 용왕의 병과 토끼의 간
- **주제** : 위기 극복의 지혜와 허욕에 대한 경계

에다 매달아 두는 것이옵니다. 이번에도 간을 꺼내 나무에 달아 놓고 계곡 사이를 흐르는 맑은 물에 발 씻으러 내려왔다가 우연히 별주부를 만나 수국 흥미가 좋다고 하기로 구경 차 왔나이다."
여기까지 말하던 토끼가 갑자기 별주부를 노려본다.

(다) 용왕이 크게 꾸짖는다.
[A] "이놈, 네 말이 당찮은 말이로다. 사람이나 짐승이나 한 몸에 든 내장은 다를 바가 없는 것이다. 어찌 간을 내고 들이고 마음대로 한단 말이냐? 내 당초에 듣기 좋은 말로 너를 타일렀건만, 너 같이 미친한 것이 요망한 말로 나를 속이니 이제는 죽어도 공이 없으리라."

35 윗글에 대한 설명으로 적절하지 않은 것은?

① 작가에 의하여 창작된 소설이다.
② 동물들을 의인화하여 주제를 드러낸다.
③ 위기와 극복이 반복되어 흥미를 유발한다.
④ 당시 사람들의 생각과 사상이 반영되어 있다.

정답 | ①

해 설
「토끼전」은 판소리가 문자로 정착된 판소리계 소설로 작가에 의하여 창작된 게 아니다.

36 ㉠~㉣ 중 가리키는 대상이 다른 하나는?

① ㉠ ② ㉡
③ ㉢ ④ ㉣

정답 | ②

해 설
㉡의 '과인'은 용왕을 가리키는 말이고 ㉠, ㉢, ㉣은 '토끼'를 가리키는 말이다.

37 윗글의 성격으로 적절하지 않은 것은?

① 해학적 ② 풍자적
③ 설득적 ④ 교훈적

정답 | ③

해 설
제시된 작품은 판소리계 소설로 풍자적, 교훈적, 우화적 성격을 특징으로 한다. '설득적'은 논설문의 주된 특징이다.

38 [A]를 통해 짐작할 수 있는 당시의 사회 · 문화적 상황은?

① 신분의 차별이 있었다.

② 사람과 짐승의 차이가 없었다.

③ 왕의 이야기에 무조건 복종하였다.

④ 왕은 올바른 일을 위해 엄격하게 판단하였다.

정답 | ①

해 설

[A]에서 '너같이 미천한 것이'라는 부분을 통해서 당시에는 신분계층에 따른 차별이 있었음을 짐작할 수 있다.

39~41 다음 글을 읽고 물음에 답하시오.

(가) 그럼 내가 한 짓은 도둑질이었단 말인가. 그리고 나는 도둑질을 하면서 그렇게 기쁨을 느꼈더란 말인가.

수남이는 몸을 부르르 떨면서 낮에 자전거를 갖고 달리면서 맛본 공포와 함께 그 까닭 모를 쾌감을 회상한다.

마치 참았던 오줌을 시원하게 눌 때처럼 무거운 긴장감이 갑자기 풀리면서 온몸이 날아갈 듯이 가벼워지는 상쾌한 해방감이었다.

한 번 맛보면 도저히 잊혀질 것 같지 않은 그 짙은 쾌감…….

아아, 도둑질하면서도 나는 죄책감보다는 쾌감을 더 짙게 느꼈던 것이다.

(나) 수남이는 지금도 그날 밤 일이 생생하다. 그날 밤 형의 누런 똥빛 얼굴은 정말로 못 잊겠다. 꼭 악몽 같다.

(중략)

다음에 수남이가 큰형을 본 것은 읍내에 현장 검증 인가를 나왔을 때다. 도둑질한 것을 다시 한 번 되풀이해서 보여주는 것인데, 딴 구경꾼들 틈에 섞여 수남이는 덜덜 떨면서 그 장면을 봤다. 그 도둑놈과 형제간이란 게 두고두고 생각해도 몸서리가 쳐졌다.

아버지는 화병으로 몸져눕고, 집안 형편은 말이 아니었다. 이번에는 수남이가 지난날 형이 그랬던 것처럼 서울 가서 돈을 벌어 오겠다며 집을 나섰다. 아버지는 말리지 않았다. 문지방을 짚고 일어나 앉아서 띄엄띄엄 수남이를 타일렀다.

"무슨 짓을 하든지 그저 도둑질은 하지 마라, 알았냐?"

TIP

「자전거 도둑」

- 작가 : 박완서
- 갈래 : 현대 소설, 단편 소설, 성장 소설
- 성격 : 교훈적
- 배경
  - 시간적 : 1970년대
  - 공간적 : 서울 청계천 세운상가
- 제재 : 자전거
- 주제 : 물질적 이익만을 추구하는 현대인들의 부도덕성에 대한 비판

(다) 소년은 아버지가 그리웠다. ⓐ 도덕적으로 자기를 견제해 줄 어른이 그리웠다.
주인 영감님은 자기가 한 짓을 나무라기는 커녕 손해 안 난 것만 좋아서 "너 오늘 운 텄다."하며 좋아하지 않았던가.
수남이는 짐을 꾸렸다.
'아아 내일도 바람이 불었으면. 바람이 물결치는 보리밭을 보았으면…….'
ⓑ 마침내 결심을 굳힌 수남이의 얼굴은 누런 똥빛이 말끔하게 가시고 소년다운 청순함으로 빛났다.

39 (가)에 나타난 갈등 양상으로 옳은 것은?

① 수남이의 내적 갈등
② 영감의 내적 갈등
③ 수남이와 주인 영감의 외적 갈등
④ 수남이와 아버지의 외적 갈등

정답 | ①

해 설
(가)에는 자전거를 훔친 것에 대한 수남의 죄책감으로 인한 내적 갈등이 나타난다.

40 이 글에서 ⓐ의 인물에 해당하는 사람으로 옳은 것은?

① 아버지
② 아버지, 큰형
③ 큰형, 주인 영감
④ 아버지, 구경꾼들

정답 | ①

해 설
이 소설에서 양심을 지키라고 도덕적으로 견제하게 해주는 인물은 '아버지'뿐이다. 그 외의 인물들은 수남이를 도덕적으로 타락하도록 부추긴다.

41 ⓑ에서 수남이 느꼈을 심리로 옳은 것은?

① 슬픔 ② 죄책감
③ 서운함 ④ 평온함

정답 | ④

해 설
수남의 얼굴이 청순함으로 빛났다는 것은 도덕적 양심을 회복하겠다는 결심을 통해 죄책감을 벗어냄으로써 마음의 평온과 안정을 되찾았다는 것을 의미한다.

42~44 **다음 글을 읽고 물음에 답하시오.**

"이 바보."

Ⓐ 조약돌이 날아왔다.

소년은 저도 모르게 벌떡 일어섰다.

단발머리를 나풀거리며 소녀가 막 달린다. 갈밭 사잇길로 들어섰다. 뒤에는 청량한 가을 햇살 아래 빛나는 Ⓑ 갈꽃뿐.

이제 저쯤 갈밭머리로 소녀가 나타나리라. 꽤 오랜 시간이 지났다고 생각됐다. 그런데도 소녀는 나타나지 않는다. 발돋움을 했다. 그러고도 상당한 시간이 지났다고 생각했다.

저 쪽 갈밭머리에서 갈꽃이 한 움큼 움직였다. 소녀가 갈꽃을 안고 있었다. 그리고 이제는 천천한 걸음이었다. 유난히 맑은 Ⓒ 가을 햇살이 소녀의 갈꽃머리에서 반짝거렸다. 소녀 아닌 갈꽃이 Ⓓ 들길을 걸어가는 것만 같았다.

㉠ 소년은 이 갈꽃이 아주 뵈지 않게 되기까지 그대로 서 있었다. 문득, 소녀가 던진 조약돌을 내려다보았다. 물기가 걷혀 있었다. 소년은 조약돌을 집어 주머니에 넣었다.

TIP

「소나기」
- 작가 : 황순원
- 갈래 : 단편 소설, 순수 소설
- 성격 : 서정적
- 배경
  - 시간적 : 여름
  - 공간적 : 어느 시골 마을
- 제재 : 소나기
- 주제 : 소년과 소녀의 맑고 순수한 사랑

42 위 글에 대한 설명으로 적절하지 않은 것은?

① 계절적 배경은 가을이다.
② 서술자는 작품 속 인물이다.
③ 향토적 분위기를 잘 살리고 있다.
④ 비교적 간결한 문장으로 표현했다.

정답 | ②

해 설
이 글의 주된 시점은 3인칭 작가 관찰자 시점이고, 부분적으로 전지적 작가 시점으로 서술자는 작품 속 인물이 아닌 작가이다.

43 ㉠으로 짐작할 수 있는 소년의 마음은?

① 아쉬움 ② 지루함
③ 두려움 ④ 무서움

정답 | ①

해 설
소녀가 보이지 않을 때까지 지켜보는 소년의 모습으로 보아 소녀가 더 이상 보이지 않게 되는 것에 대한 아쉬움을 느낄 수 있다.

44 Ⓐ~Ⓓ 중 <보기>의 의미를 담고 있는 것은?

<보기>

인물의 마음을 표현한 상징물이면서 인물간의 순진무구한 사랑의 의미를 나타내는 매개체

① Ⓐ　　② Ⓑ
③ Ⓒ　　④ Ⓓ

정답 | ①

해 설

'조약돌'은 소녀가 자신의 마음을 몰라주는 소년에 대한 야속함을 표현한 소재이면서 순진무구한 사랑을 나타내는 매개체이다.

45~47 다음 글을 읽고 물음에 답하시오.

텔레비전은 직접 경험하기 어려운 다양한 사회적 관계를 경험하게 해 주고 일깨워 주는 좋은 인간관계의 장이다. 현대 사회는 다양한 사람들과 관계들이 얽혀 돌아가는 복잡성 때문에, 이에 대한 적절한 ㉠ 대비나 교육 없이는 올바른 사회생활을 기대할 수 없다. 그런데 텔레비전에 등장하는 여러 가지 인간형과 인간관계를 통해서 시청자는 올바른 사회관계의 방향과 실천 과제를 익힐 수 있다.

텔레비전은 올바른 정치적 판단을 할 수 있도록 도와주는 역할을 할 수도 있기 때문에 올바른 민주 시민으로서의 자질과 ㉡ 안목을 기르는 데 도움을 주기도 한다. 전자민주주의라는 말이 나올 만큼 오늘날의 정치는 텔레비전을 비롯한 각종 대중 매체를 이용하여 이루어진다.

(　　) 방송 특히 텔레비전을 잘 활용할 경우에 참다운 민주주의를 ㉢ 실현할 수 있게 된다. 각종 선거 때마다 방송을 통해 입후보자의 면면을 미리 알려 준다든지 갖가지 정치적 화제들에 대한 정보와 국회의원들의 활동 상황을 ㉣ 제공하기도 한다. 이와 같이 텔레비전은 시청자가 올바른 정치적 입장과 이념을 정립하는 데 도움을 주는 수단이라고 할 수 있다.

– 김기태, 「우리의 친구, 텔레비전」 –

45 (   ) 안에 들어갈 알맞은 말은?

① 비록　　② 따라서
③ 그러나　　④ 하지만

정답 | ②

해 설

빈칸의 앞 문장에서는 텔레비전의 장점에 대해서 나열하며 빈칸의 뒤에서는 이를 더욱 구체화하는 근거를 제시하고 있으므로 앞에서 말한 일이 뒤에서 말할 일의 원인, 이유, 근거가 됨을 나타내는 접속 부사인 '따라서'가 들어가는 것이 적절하다.

46 위 글에서 텔레비전을 대하는 글쓴이의 태도는?

① 반어적　　② 긍정적
③ 비판적　　④ 풍자적

정답 | ②

해 설

이 글의 제목에서도 알 수 있듯이 텔레비전은 좋은 인간관계의 장이며 올바른 민주 시민이 되는 데 도움을 준다고 하는 등의 텔레비전이 주는 장점에 대해 설명하며 긍정적인 태도를 보이고 있다.

47 ㉠~㉣의 뜻풀이로 옳지 않은 것은?

① ㉠ 대비 : 앞으로 있을 일에 대하여 준비하는 것
② ㉡ 안목 : 사물의 가치를 판단하거나 분별하는 능력
③ ㉢ 실현 : 일이 잘못되어 뜻한 대로 되지 않는 상황
④ ㉣ 제공 : 무엇을 내주거나 가져다 바치는 것

정답 | ③

해 설

㉢ 실현 : 꿈, 기대 따위를 실제로 이룸

48~50 다음 글을 읽고 물음에 답하시오.

(가) 설화나 민화 속에서 우리는 ㉠ 무서운 호랑이, ㉡ 익살스러운 호랑이, ㉢ 정이 철철 넘치는 호랑이, ㉣ 신이(神異)한* 호랑이를 만날 수 있다. 여기에서는 우리 민족의 삶의 모습이 설화 속의 호랑이를 통해 어떻게 형상화되어 있는지 살펴볼 것이다.

(나) 호랑이는 가축을 해치고 사람을 다치게 하는 일이 많았던 모양이다. 그래서 설화 중에는 사람이나 가축이 호랑이한테 해를 당하는 이야기가 많이 있다.

(다) 우리 민족에게 효는 인간이 지켜야 할 가장 큰 도리였다. 이처럼 인간의 효성에 감동한 호랑이 이야기가 많이 있다. 여름철에 홍시를 구하려는 효자를 등에 태워 홍시가 있는 곳으로 데려다 준 호랑이 이야기, 고개를 넘어 성묘 다니는 효자를 날마다 태워다 준 호랑이 이야기 등이 있다.

– 최운식, 「설화 속의 호랑이」 –

*신이한 : 사람의 생각으로는 짐작할 수 없이 이상하고 신비로운.

48 글 전체에서 (가)의 역할로 알맞은 것은?

① 글쓴이의 당부
② 앞의 내용 요약
③ 이어질 내용 소개
④ 주장에 대한 근거 제시

정답 | ③

해 설
(가)에서는 설화나 민화 속 호랑이의 모습을 제시하고 있으며 이어지는 내용에서 우리 민족의 삶이 설화 속 호랑이를 통해 어떻게 형상화되었는지 살펴본다고 소개하고 있다.

49 ㉠~㉣ 중, (나)의 내용과 관련 있는 것은?

① ㉠ ② ㉡
③ ㉢ ④ ㉣

정답 | ①

해 설
(나)는 무서운 호랑이에 대해 이야기하고 있다.

50 (다)에 쓰인 설명 방법은?

① 분석 ② 예시
③ 정의 ④ 과정

정답 | ②

해 설
(다)는 인간의 효성에 감동한 호랑이 이야기에 대해 예를 들어 설명하고 있다.

01 ㉠에 들어갈 '공감하며 말하기'로 가장 적절한 것은?

태호 : 이번에 친 기말고사 국어점수가 저번 중간고사 시험보다 더 떨어졌어, 정말 열심히 공부했는데.
민재 : ________㉠________

① 나는 점수가 올랐는데.
② 넌 정말 머리가 나쁘구나.
③ 괜찮아, 다음에는 잘할 수 있을 거야.
④ 평소에 공부하지 않다가 요행만 바라는 것 아니야?

정답 | ③

해 설
'공감하며 말하기'는 상대방의 상황을 이해하고 그에 적절한 반응을 하는 것이다. 따라서 대화 상황에서 ㉠에 들어갈 말로 가장 적절한 것은 '괜찮아, 다음에는 잘할 수 있을 거야.'이다.

TIP
공감적 대화의 방법
- 상대방이 처한 상황을 이해한다.
- 상대방의 마음과 정서를 고려하여 적절한 표현을 사용한다.

02 ㉠에 해당하는 상호작용의 예가 아닌 것은?

화법과 작문은 기본적으로 발신자와 수신자 사이의 상호 작용이다. 손뼉도 마주쳐야 소리가 나듯이 발신자와 수신자 사이에 상호 작용이 일어나지 않으면 화법과 작문은 성립되지 않는다. 이때의 상호 작용은 개인과 개인뿐 아니라 ㉠ 개인과 집단 혹은 집단과 집단 사이에 이루어지는 상호 작용까지 포함한다.

① 토론 ② 연설
③ 발표 ④ 강연

정답 | ①

해 설
토론은 집단과 집단 사이의 의사소통이므로 ㉠에 해당하는 상호작용의 예가 아니다.

03 〈보기〉는 한국인의 생활모습을 보여주는 예들이다. 이를 개선하기 위한 캠페인 문구로 적절한 것은?

〈보기〉

ㄱ. 한국 사람들은 식당에서 주문한 음식을 재촉한다.
ㄴ. 운전자의 대부분은 신호가 바뀌자마자 출발한다.
ㄷ. 에스컬레이터에서도 뛰어 올라가는 사람이 많다.
ㄹ. 승강기의 '닫힘' 단추는 '열림' 단추보다 손때가 많이 묻어 있다.

정답 | ④

해 설
제시한 자료는 한국 사람들의 바람직하지 못한 여러 가지 생활습관이다. 이를 개선하기 위한 캠페인을 전개하고자 할 때 그 문안으로 적절한 것은 여유에 관한 것이어야 한다. 따라서 정답은 ④이다.

① 목표를 향해 끊임없이 전진합시다.
② 승리는 노력하는 자만의 것입니다.
③ 인생의 패배자는 할 말이 없습니다.
④ 잠깐의 여유가 때로는 경쟁력이 됩니다.

04 다음 중 글의 통일성을 깨뜨리는 문장을 찾으면?

㉠ 텔레비전은 인간 생활에 유용한 매체이다. ㉡ 텔레비전은 대화 상대가 필요한 현대인에게 좋은 친구가 될 수 있으며, 그리고 복잡한 일상 속에서 지친 현대인이 휴식을 취할 수 있도록 도와주는 오락 수단이 되기도 한다. ㉢ 텔레비전은 세상을 살아가는 데 필요한 정보를 얻는 창구이기도 하다. ㉣ 이처럼 텔레비전에 중독되면 실제와 가상현실을 식별하는 능력을 잃을 수도 있다.

① ㉠ ② ㉡
③ ㉢ ④ ㉣

정답 | ④

해 설
주어진 제시문은 전체적으로 텔레비전의 긍정적인 면에 대해 이야기하고 있다. 그러나 ㉣은 텔레비전의 부정적인 면을 언급하며 글의 통일성을 깨뜨리고 있다.

05 다음 대화에서 드러난 리포터의 화법에 대한 설명으로 적절한 것은?

리포터 : (국밥집 안으로 들어가 아주머니를 만나서)안녕하쇼잉?
아주머니 : 오메, 반갑구먼. 여까정 웬일이당가?
리포터 : 여그 국밥이 맛내다고 서울에서 소문났응께 내려와 보았지라.
아주머니 : 저그 앉아서 국밥 한 그럭 드셔보쇼. 여가 시골서 20년이나 된 국밥집이랑께.
리포터 : 오메, 국그릇이 뭐땀시 이리 크다냐? 인심이 참말로 끝내주는구마잉. 와따, 뜨끈뜨끈허니 땀이 겁나게 빠지겄어야.

정답 | ②

해 설
리포터는 지역 방언을 사용하고 있다. 지역 방언을 사용하면 같은 지역 방언을 사용하는 사람끼리 친근감을 느낄 수 있고, 다른 지역 사람들에게는 현장감을 전달할 수 있다.

① 다른 지역 사람들에게 친근감을 줄 수 있다.
② 다른 지역 사람들에게 현장감을 전달할 수 있다.
③ 모든 지역, 모든 계층의 사람들이 이해할 수 있는 화법을 사용하였다.
④ 전국의 시청자들이 모두 내용을 이해할 수 있게 정보를 전달하기에 적합한 화법이다.

06 밑줄 친 ㉠의 특징으로 적절하지 않은 것은?

> 한 취업 사이트에서 회원들을 대상으로 설문 조사를 한 결과, 올해를 대표하는 유행어로 '흙수저'가 꼽혔다. '흙수저'는 '가난한 가정환경과 조건을 가지고 태어난 사람'이라는 뜻으로 심각한 빈부 격차 문제를 일컫는 말이다. 이 외에도 많은 사람들이 'N포 세대', '헬조선' 등과 같은 말을 올해를 대표하는 ㉠ 유행어로 꼽았다.

① 당대의 사회 상황을 반영한다.
② 생명이 길고 쉽게 변하지 않는다.
③ 적절히 사용하면 대화의 분위기를 좋게 만든다.
④ 무분별하게 사용할 경우 가벼운 사람이란 인상을 준다.

정답 | ②

해설
유행어는 비교적 짧은 시기에 사람들의 입에 오르내리며 유행하는 말로 생명이 짧고 쉽게 변하는 것이 특징이다.

07 다음의 자음 중 울림소리가 아닌 것은?

① ㄴ　② ㅈ
③ ㅇ　④ ㅁ

정답 | ②

해설
우리말의 자음 중 울림소리는 비음인 'ㅁ, ㄴ, ㅇ'과 유음인 'ㄹ'이다.

08 다음 밑줄 친 단어의 공통적인 품사로 알맞은 것은?

> 학교에서 돌아오는 때는 발걸음이 매우 즐거운 시간이다.

① 명사　② 수사
③ 조사　④ 형용사

정답 | ③

해설
밑줄 친 '에서, 는, 이, 이다'는 모두 조사이며 독립적으로 쓰일 수 없다는 특징이 있다.

09 다음 중 한 개의 형태소로만 이루어진 단어를 모두 고르면?

ㄱ. 나무	ㄴ. 돌다리
ㄷ. 검붉다	ㄹ. 산토끼
ㅁ. 스스로	ㅂ. 시나브로

① ㄴ, ㅁ　　② ㄱ, ㅁ, ㅂ
③ ㄴ, ㄹ, ㅂ　　④ ㄱ, ㄷ, ㄹ

정답 | ②

해 설
뜻을 가진 가장 작은 말의 단위를 형태소라고 하는데, 보기에서 한 개의 형태소로만 이루어진 단어는 '나무, 스스로, 시나브로'이다.
ㄴ. 돌 + 다리
ㄷ. 검 + 붉 + 다
ㄹ. 산 + 토끼

10 다음 중 '돌다리'와 같은 낱말 형성법으로 이루어진 단어는?

① 국물　　② 하늘
③ 사랑　　④ 나무

정답 | ①

해 설
'돌다리'는 어근(돌)과 어근(다리)으로 이루어진 합성어이다. '국물'도 어근(국) + 어근(물)으로 이루어진 합성어이다. ②, ③, ④는 하나의 어근으로 이루어진 단일어이다.

11~14 다음 글을 읽고 물음에 답하시오.

나 보기가 역겨워 가실 때에는
㉠ 말없이 고이 보내드리오리다.

㉡ 영변(寧邊)에 약산(藥山) 진달래꽃
㉢ 아름 따다 가실 길에 뿌리오리다.

가시는 걸음 걸음 놓인 그 꽃을
사뿐히 즈려 밟고 가시옵소서.

나 보기가 역겨워 가실 때에는
㉣ 죽어도 아니 눈물 흘리오리다.

TIP
「진달래꽃」
- **작가** : 김소월
- **갈래** : 자유시, 서정시
- **성격** : 전통적, 애상적, 민요적, 향토적
- **제재** : 진달래꽃
- **주제** : 승화된 이별의 정한

11 이 시에 대한 설명으로 적절하지 않은 것은?

① 시적 화자는 애이불비(哀而不悲)의 인고적 자세를 나타낸다.
② 직설적 표현을 통해 이별의 슬픔을 여과없이 드러낸다.
③ 여성적 어조를 취하면서 완곡한 자세를 보인다.
④ 향토적 소재를 이용하여 향토적 정감을 드러낸다.

정답 | ②

해설
'말없이 고이 보내드리오리다.', '죽어도 아니 눈물 흘리오리다.'와 같은 반어적 표현을 통해 이별의 슬픔을 절제하고 있다.

12 이 시의 제재인 '진달래꽃'의 상징적 의미로 알맞은 것은?

① 슬픔의 극복
② 임에 대한 원망과 한
③ 임에 대한 사랑과 정성
④ 홀로 지내야 하는 고독함

정답 | ③

해설
이 시에서 시적 화자는 이별의 상황에서 진달래꽃을 뿌리면서 임에 대한 헌신과 희생정신을 드러낸다. 이는 임에 대한 사랑이 영원함을 나타내므로 '진달래꽃'의 상징적 의미는 임에 대한 사랑과 정성이다.

13 다음 중 이 시의 화자의 정서와 가장 유사한 것은?

① 가시리 가시리 잇고 / 버리고 가시리 잇고 / 날러는 엇디 살라고 바리고 가시리 잇고 / 잡사와 두어리마는 / 선하면 아니올셰라 / 설온 님 보내옵나니 / 가시는 듯 도셔 오소서.
② 그러나 겨울이 지나고 나의 별에도 봄이 오면 / 무덤 우에 파란 잔디가 피어나듯이 내 이름자 묻힌 언덕 우에도 / 자랑처럼 풀이 무성할 게외다
③ 오 축복받은 새여 / 우리가 발디딘 / 이땅이 다시 /꿈같은 선경처럼 보이는구나 / 네게 어울리는 집인양
④ 까마득한 날에 / 하늘이 처음 열리고 / 어디 닭우는 소리 들렸으랴. / 모든 산맥이 바다를 연모(戀慕)해 휘달릴 때에도 / 차마 이곳을 범하던 못하였으리라.

정답 | ①

해설
①은 고려 가요인 '가시리'로 두 시에는 공통적으로 임에 대한 '한(恨)'의 정서가 드러난다.

14 ㉠~㉣에 대한 감상으로 적절하지 않은 것은?

① ㉠ : 겉으로는 체념하고 있지만 그 이면에 원망의 감정이 담겨 있다.

② ㉡ : 특정 지역을 거론함으로써 진달래꽃이 특별한 꽃임을 암시하고 있다.

③ ㉢ : 떠나는 임을 오히려 축복해 주는 뜨거운 사랑을 나타낸다.

④ ㉣ : 반어적 표현으로, 속으로는 몹시 울겠다는 뜻을 내포하고 있다.

정답 | ①

해 설

㉠에서 화자는 겉으로는 현실에 체념적으로 순응하는 모습을 보이고 있지만, 그 이면에는 임을 떠나보내고 싶지 않은 간절한 바람이 담겨 있으며 임을 원망하고 있다고 볼 수 없다.

15~17 다음 글을 읽고 물음에 답하시오.

(가) ㉠ 봄은 / 남해에서도 북녘에서도
오지 않는다.

너그럽고 / 빛나는
봄의 그 눈짓은,
제주에서 두만까지
우리가 디딘
㉡ 아름다운 논밭에서 움튼다.

겨울은, / 바다와 대륙 밖에서
그 매서운 눈보라 몰고 왔지만
이제 올 / 너그러운 봄은, 삼천리 마을마다
우리들 가슴 속에서 / 움트리라.

움터서, / 강산을 덮은 그 미움의 쇠붙이들
눈 녹이듯 흐물흐물 / 녹여 버리겠지.

(나) 꽃가루와 같이 부드러운 고양이의 털에
㉢ 고운 봄의 향기가 어리우도다.

TIP

「봄은」
- 작가 : 신동엽
- 갈래 : 자유시, 참여시
- 성격 : 상징적, 저항적, 참여적, 의지적
- 제재 : 겨울과 봄(분단과 통일)
- 주제 : 자주적이고 평화적인 통일에 대한 염원

「봄은 고양이로다」
- 작가 : 이장희
- 갈래 : 자유시, 서정시
- 성격 : 감각적, 즉물적
- 제재 : 봄, 고양이
- 주제 : 봄의 모습과 분위기

금방울과 같이 호동그란 고양이의 눈에
미친 봄의 불길이 흐르도다.

15 ㉠과 ㉡이 각각 상징하는 것이 바르게 짝지어진 것은?

① 우리나라 – 남한
② 통일 – 조국
③ 분단 후 조국 – 분단 전 조국
④ 남한 – 곧 다가올 통일

정답 | ②

해 설
'봄'은 통일의 시대를, '아름다운 논밭'은 조국을 각각 상징한다.

16 ㉢에 나타나는 심상은?

① 시각 ② 후각
③ 청각 ④ 공감각

정답 | ②

해 설
'고운 봄의 향기'에 나타나는 심상은 후각적 심상으로 봄의 포근함을 표현하고 있다.

17 (가)에 대한 설명으로 알맞지 않은 것은?

① 통일이 이루어지는 시대를 '봄'으로 표현하고 있다.
② '미움의 쇠붙이'는 군사적 대립을 의미한다.
③ 자주적 통일을 염원하고 있다.
④ 남해와 북녘은 모두 분단의 고통을 의미한다.

정답 | ④

해 설
이 시에서 '남해'와 '북녘'은 모두 한반도를 둘러싼 외부 세력의 힘을 나타낸다.

18~20 다음 글을 읽고 물음에 답하시오.

(가) ㉠ 묏버들 가려 꺾어 보내노라. 님의손대
자시는 창 밖에 심어 두고 보쇼셔
밤비에 새잎곧 나거든 나인가도 여기소서.

TIP
「묏버들 가려~」
- 작가 : 홍랑
- 갈래 : 평시조, 서정시
- 성격 : 감상적, 애상적
- 제재 : 묏버들
- 주제 : 이별의 슬픔, 임에 대한 그리움

「별」
- 작가 : 이병기
- 갈래 : 현대시조, 평시조, 연시조
- 성격 : 서정적, 묘사적
- 제재 : 달과 별
- 주제 : 달과 별을 보며 느낀 반가움과 정감

(나) 바람이 서늘도 하여 뜰앞에 나섰더니
서산 머리에 하늘은 구름을 벗어나고
산뜻한 초사흘 달이 별과 함께 나오더라.

달은 넘어가고 별만 서로 반짝인다.
저 별은 뉘 별이며 내 별 또한 어느 게오.
잠자코 호올로 서서 별을 헤어 보노라.

18 (가)와 (나)의 공통점으로 알맞은 것은?

① 여러 개의 연으로 구성되어 있다.
② 현재까지 널리 창작되고 있는 갈래의 노래들이다.
③ 후렴구가 삽입되어 전체적인 내용에 통일감을 준다.
④ 임과의 이별을 제재로 하여 슬픔을 승화시키는 내용이다.

정답 | ②

해설
(가)와 (나) 모두 시조로 현재까지 창작되고 있는 갈래이다.

19 (가)의 종장을 바르게 끊어 읽는 것은?

① 밤비에∨새잎곧∨나거든∨나인가도 여기소서
② 밤비에∨새잎곧∨나거든 나인가도∨여기소서
③ 밤비에∨새잎곧 나거든∨나인가도∨여기소서
④ 밤비에 새잎곧∨나거든∨나인가도∨여기소서

정답 | ③

해설
종장의 첫 구는 3글자로 한 마디, 두 번째 구는 5~6글자가 한 마디로 매 장마다 4음보이다.

20 (가)에서 ㉠이 의미하는 바로 바른 것은?

① 임의 사랑이 담긴 임의 분신
② 화자의 사랑이 담긴 이별의 정표
③ 임과 이별한 슬픔을 달래줄 수 있는 대상
④ 자신을 떠난 임에 대한 원망이 담긴 소재

정답 | ②

해설
㉠은 이별의 정표인 화자의 사랑이 담긴 분신이다.

21~23 다음 글을 읽고 물음에 답하시오.

> ㉠ "얘, 우리 학 사냥이나 한번 하구 가자."
> 성삼이가 불쑥 이런 말을 했다.
> 덕재는 무슨 영문인지 몰라 어리둥절해 있는데,
> "내 이걸루 올가미를 만들어 놓을게. 너 ㉡ 학을 몰아 오너라."
> 포승줄을 풀어 쥐더니, 어느새 잡풀 새로 기는 걸음을 쳤다. 대번 덕재의 얼굴에서 핏기가 걷혔다. 좀 전에, 너는 총살감이라던 말이 퍼뜩 머리를 스치고 지나갔다. 이제 성삼이가 기어가는 쪽 어디서 총알이 날아오리라.
> 저만치서 성삼이가 홱 고개를 돌렸다.
> "어이, 왜 멍추같이 서 있는 거야? 어서 학이나 몰아 오너라."
> 그제서야 덕재도 무엇을 깨달은 듯 잡풀 새를 기기 시작했다.
> 때마침 단정학 두세 마리가 높푸른 가을 하늘에 큰 날개를 펴고 유유히 날고 있었다.

TIP
「학」
- 작가 : 황순원
- 갈래 : 단편 소설
- 성격 : 휴머니즘, 심리적 사실주의
- 배경
  - 시간적 : 1950년 한국 전쟁 당시의 가을
  - 공간적 : 삼팔선 가까운 곳, 북쪽 마을
- 제재 : 한국 전쟁, 학 사냥
- 주제 : 사상과 이념을 초월한 인간애의 실현

21 밑줄 친 ㉠의 의도로 옳은 것은?

① 덕재와 함께 학을 잡기 위해
② 덕재에 대한 오해를 풀기 위해
③ 덕재를 풀어 주기 위해
④ 덕재를 죽이기 위해

정답 | ③

해 설
성삼은 덕재를 풀어주고자 학 사냥을 제안한다.

22 이 글의 전체 주제로 가장 적절한 것은?

① 생명의 존엄성
② 전쟁으로 인한 민족의 수난
③ 자유와 평화에 대한 갈망
④ 이념 극복과 인간애 회복

정답 | ④

해 설
이 글은 성삼과 덕재라는 두 인물을 통해 좌우 이념을 초월한 우정의 아름다움과 민족의 동질성 회복에 대한 소망을 보여준다.

23 윗글과 관련하여 다음 내용에서 설명하는 소재로 옳은 것은?

- 어린 시절에 대한 회상과 우정의 환기
- 갈등 해소와 이념대립 해소의 매개체
- 우리민족의 자유, 백의민족의 순수함과 깨끗함을 상징

① 학　　② 잡풀
③ 포승줄　　④ 올가미

정답 | ①

해 설

'학'은 덕재와 성삼의 과거 회상을 통해 두 사람 사이의 우정을 환기하는 역할을 하며 동시에 갈등 해소와 이념 극복의 매개체가 된다.

24~27 다음 글을 읽고 물음에 답하시오.

(가) 양반이란, 선비를 높여서 부르는 말이다. 강원도 정선군에 ㉠ 한 양반이 살고 있었다. 이 양반은 어질고 글 읽기를 좋아하여, 군수가 새로 부임할 때마다 몸소 그 집을 찾아가서 인사를 드렸다. 그런데 이 양반은 가난하여 해마다 관청의 환곡(還穀)을 꾸어다 먹었다. 그 빚을 갚지 못하고 해매다 쌓여서 천 섬에 이르렀다.

(나) 양반은 빚을 갚을 길이 없어서 밤낮으로 울기만 하였다. ㉡ 그의 아내가 양반을 몰아붙였다. "당신은 평소에 글 읽기만 좋아하더니, 환곡을 갚는 데는 전혀 도움이 안 되는구려. 쯧쯧, 양반이라니……, 한 푼어치도 안 되는 그놈의 양반!"

(다) 그 때 마을에 사는 ㉢ 부자가 그 양반의 소문을 듣고 가족과 의논하였다.
"양반은 아무리 가난해도 늘 귀한 대접을 받고, 우리는 아무리 잘살아도 항상 천한 대접을 받는다. 양반이 아니므로 말이 있어도 말을 타지 못한다. 또한 양반만 보면 굽실거리며 제대로 숨소리도 내지 못하고, 뜰아래 엎드려 절해야 하고, 코를 땅에 박고 무릎으로 기어가야 한다. 우리 신세가 가엾지 않느냐? 지금 저 양반이 환곡을 갚지 못해서 아주 난처하다고 한다. 그 형편으로는 도저히 양반의 신분을 지키지 못할 것이다. 그러니 우리가 그의 양반을

TIP

「양반전」

- 작가 : 박지원
- 갈래 : 한문 소설, 단편 소설, 풍자 소설
- 성격 : 풍자적, 비판적, 사실적
- 배경
  - 시간적 : 조선 후기
  - 공간적 : 강원도 정선
- 제재 : 양반 신분의 매매
- 주제 : 양반들의 무능과 위선적인 태도, 허위의식 풍자

사서 양반 신분으로 살아보자."

부자는 곧 양반을 찾아가 환곡을 대신 갚아주겠다고 청하였다. 양반은 크게 기뻐하며 승낙하였다.

(라) ㉣ 군수는 감탄해서 말하였다.

"군자로구나, 부자여! 양반이로구나, 부자여! 부자이면서도 재물을 아끼지 않으니 의로운 일이요, 남의 어려움을 도와주니 어진 일이요, 천한 것을 싫어하고 귀한 것을 바라니 지혜로운 일이다. 이야말로 진짜 양반이로구나! 그러나 양반을 사고팔면서 증서를 작성하지 않으니, 소송(訴訟)의 꼬투리가 될 수 있다. 그러니 고을 사람들을 불러 모아 증인으로 세우고, 증서를 만들어 양반을 사고판 일을 모두에게 알리도록 하자. 나도 당연히 증서에 서명을 하겠다."

24 윗글에 대한 설명으로 적절한 것은?

① 인물 간의 갈등이 첨예하게 나타난다.
② 인물의 심리를 섬세하게 묘사하고 있다.
③ 대상을 풍자하여 주제 의식을 드러내고 있다.
④ 초월적 공간을 배경으로 사건이 전개되고 있다.

정답 | ③

해설
'양반전'은 조선 시대의 양반을 풍자하는 소설로 전지적 작가 시점으로 서술되었다.
①, ② 인물 간의 갈등이나 섬세한 심리 묘사는 나타나지 않는다.
④ 「양반전」의 공간적 배경은 강원도 정선군으로 초월적 공간이 아니다.

25 윗글의 시점으로 알맞은 것은?

① 1인칭 주인공 시점　② 1인칭 관찰자 시점
③ 3인칭 관찰자 시점　④ 3인칭 전지적 작가 시점

정답 | ④

해설
서술자가 등장인물의 생각을 서술하고 있으므로 3인칭 전지적 작가 시점이 사용되었다.

26 밑줄 친 ㉠~㉣에 대한 설명으로 적절하지 않은 것은?

① ㉠ : 어질지만 경제적으로 무능한 사람이다.
② ㉡ : ㉠의 가난을 부도덕한 세상의 탓으로 보고 이를 안타깝게 여긴다.

정답 | ②

해설
㉡은 양반의 아내로, 생활 능력이 없는 남편을 노골적으로 질타하고 있으므로 양반의 가난을 부도덕한 세상의 탓으로 보고 이를 안타깝게 여긴다는 진술은 적절하지 않다.

③ ㉢ : ㉠의 어려운 처지를 이용하여 신분 상승을 이루고자 한다.
④ ㉣ : ㉠과 ㉢이 양반을 사고판 일에 관한 증서를 만들어 주고자 한다.

27 '부자'가 양반 신분을 사려는 이유로 알맞은 것은?

① 양반의 딱한 상황을 돕고 싶어서
② 양반이 되어 벼슬을 하기 위해서
③ 사회적으로 귀한 대접을 받기 위해서
④ 양반의 품위와 지성을 흠모해 왔기 때문에

정답 | ③

해 설
(다)에서 '부자'가 가족들에게 말하는 내용에서 그가 양반이 되려는 이유를 알 수 있다. 즉 '부자'는 사회적으로 귀한 대접을 받는 양반이 부러워 양반 신분을 산 것이다.

28~30 다음 글을 읽고 물음에 답하시오.

㉠ 그런데 이게 웬일입니까? 벌써 두 사람이나 살기가 싫어서 스스로 목숨을 끊었습니다. 얼마나 사는 게 행복하지 않으면 목숨을 끊고 싶어지나 궁전 아파트 사람들은 상상도 할 수 없습니다. 궁전 아파트 사람들이 생각할 수 있는 건 앞으로 이런 일이 다시는 일어나선 안 된다는 겁니다. 이런 일이 자꾸 일어나 소문이 퍼져 보십시오. 사람들은 궁전 아파트 사람들의 행복이 가짜일 거라고 의심할지도 모릅니다. 그렇게 되면 큰일입니다. 그런 생각만으로도 궁전 아파트 사람들은 금방 불행해지고 맙니다. 궁전 아파트 사람들이 여태껏 행복했던 것은 다른 사람들이 그렇게 알아주었기 때문이니까요.

(중략)

봄에 엄마 아빠와 함께 야외로 소풍가서 본 ㉡ 민들레꽃이었습니다. 나는 하도 이상해서 톱니 같은 이파리를 들치고 밑동을 살펴보았습니다. 옥상의 시멘트 바닥이 조금 파인 곳에 한 숟갈도 안 되게 흙이 조금 모여 있었습니다. 그건 어쩌면 흙이 아니라 먼지일지도 모릅니다. 하늘을 날던 먼지가 축축한 날, 몸이 무거워 옥상에 내려앉았다가 비를 맞고 떠내려가면서 그 곳이 움푹하여 모이게 된 것입니다. 그 먼지

TIP
「옥상의 민들레꽃」
- 작가 : 박완서
- 갈래 : 현대 소설, 단편 소설
- 성격 : 현실 비판적, 상징적
- 배경
  - 시간적 : 1980년대
  - 공간적 : 궁전 아파트
- 제재 : 민들레꽃
- 주제 : 이기주의와 물질만능주의에 대한 비판과 가족 사랑의 소중함

중에 민들레 씨앗이 있었나 봅니다. 싹이 나고 잎이 돋고 꽃이 피게 하기에는 너무 적은 흙이어서 잎은 시들시들하고 꽃은 작은 단추만 했습니다. 그러나 흙을 찾아 공중을 날던 수많은 민들레 씨앗 중에서 그래도 뿌리내릴 수 있는 한 줌의 흙을 만난 게 고맙다는 듯이 꽃은 샛노랗게 피어서 달빛 속에서 곱게 웃고 있었습니다.

28 밑줄 친 ㉠과 가장 관련 있는 속담은?

① 소 잃고 외양간 고친다.
② 아닌 밤중에 홍두깨
③ 가까운 남이 먼 친척보다 낫다.
④ 하나를 보면 열을 안다.

정답 | ②

해설
② 아닌 밤중에 홍두깨 : 별안간 엉뚱한 말이나 행동을 하거나 뜻밖의 일을 당한다는 뜻

29 서술자를 어린아이로 한 이유로 적절한 것은?

① 순수한 눈으로 어른들의 세계 부각
② 독자가 대부분 어린아이이기 때문
③ 객관적 사실을 강조하기 위해
④ 시간의 흐름을 확실히 보여주기 위해

정답 | ①

해설
이 소설은 서술자를 1인칭 주인공 어린아이인 '나'로 설정하여 때 묻지 않은 어린아이의 시선으로 물질 만능주의 어른들의 왜곡된 모습을 선명하게 부각시키고 있다.

30 밑줄 친 ㉡이 의미하지 않는 것은?

① 삶의 희망
② 끈질긴 생명력
③ 생명의 소중함
④ 자기희생

정답 | ④

해설
글에서 '민들레꽃'은 척박한 땅에서도 싹을 틔우는 모습을 통해 희망, 생명력, 생명 등을 상징하고 있지만, 자기희생에 관한 내용은 글에 나타나 있지 않다.

31~33 다음 글을 읽고 물음에 답하시오.

(가) 형 : 난 아직 집은 못 그렸어. 그런데 너는 벌써 우리가 사는 집까지 그렸구나. 들판 한가운데 빨간색 양철지붕과 하얀 연기가 피어오르는 굴뚝…….

아우 : 난 이 곳에서 평생토록 형님과 함께 살고 싶어요.

형 : 나도 너와 함께 아름다운 이곳에서 행복하게 살고 싶어.

(나) 측량 기사 : (먼저, 형에게 다가가서 묻는다.) 측량을 끝냈으니 다음엔 무슨 일을 할까요?

형 : 그걸 왜 나에게 묻죠?

측량 기사 : 일을 정확히 하기 위해서죠. 처음 약속대로 ㉠ 말뚝과 밧줄을 치워 드릴까요?

형 : 아니, 그냥 둬요. (중략)

아우 : 젖소들이 넘어가지 못할 만큼 튼튼한 것이 필요해요.

측량 기사 : 그거야 ㉡ 철조망도 있고, ㉢ 높다란 벽도 있죠.

형 : (아우를 향하여 꾸짖는다.) 너, 지금 무슨 짓을 하려는 거냐?

아우 : 형님은 내 일에 상관하지 마세요!

(다) 측량 기사, 퇴장한다. 번개가 치고 천둥이 울리면서 비가 쏟아진다. 형과 아우, 비를 맞으며 벽을 지킨다. 긴장한 모습으로 경계하면서 벽 앞을 오고 간다. 그러다 차츰차츰 걸음이 느려지더니, 벽을 사이에 두고 멈춰 선다.

형 : 어쩌다가 이런 꼴이 된 걸까! 아름답던 들판은 거의 다 빼앗기고, 나 혼자 벽 앞에 있어.

아우 : 내가 왜 이렇게 됐지? 비를 맞으며 벽을 지키고 있다니…….

형 : ⓐ 저 요란한 천둥소리! 부모님께서 날 꾸짖는 거야!

아우 : 빗물이 눈물처럼 느껴져!

(라) 형과 아우, ㉣ 민들레꽃을 여러 송이 꺾는다. 그리고 벽으로 다가가서 민들레꽃을 벽 너머로 서로 던져준다. 형은 아우가 던져 준 꽃들을 주워들고 반색하고, 아우는 형이 던진 꽃들을 주워들고 기뻐한다. 서로 벽을 두드리며 외친다.

TIP

「들판에서」
- 작가 : 이강백
- 갈래 : 희곡, 단막극
- 성격 : 교훈적, 상징적, 우의적
- 배경
  - 시간적 : 봄
  - 공간적 : 들판
- 주제 : 분단에 대한 극복의지

> 아우 : 형님, 내 말 들려요?
> 형 : 들린다, 들려! 너도 내 말 들리냐?
> 아우 : 들려요!
> 형 : 우리, 벽을 허물기로 하자!
> 아우 : 네, 그래요. 우리 함께 빨리 허물어요!

31 이와 같은 문학 작품의 특징이 아닌 것은?

① 대사와 행동의 문학이다.
② 시간적, 공간적 제약이 따른다.
③ 영화 상영을 목적으로 쓰였다.
④ 등장인물 수의 제한을 받는다.

정답 | ③

해 설
제시된 작품의 장르는 희곡으로 영화가 아닌 공연을 목적으로 쓰였다.

32 ㉠~㉣ 중 의미하는 바가 다른 것은?

① ㉠ ② ㉡
③ ㉢ ④ ㉣

정답 | ④

해 설
민들레꽃은 화해의 소재로 형제간의 우애를 상징하고 갈등을 해소하는 실마리를 제공한다. ㉠, ㉡, ㉢은 형제의 대립을 상징하는 소재들로 국토 분단, 민족의 대립을 상징하기도 한다.

33 ⓐ에서 알 수 있는 형의 심정은?

① 자책감 ② 해방감
③ 분노 ④ 두려움

정답 | ①

해 설
자신의 잘못을 깨달은 형이 천둥소리가 부모님의 꾸중이라고 여기는 것은 자신의 행동에 대한 자책감 때문이다.

34~36 다음 글을 읽고 물음에 답하시오.

(가) 그 시절 나의 또 다른 별명은 '오줌싸개'이다. 그런데 이것이야말로 심히 억울한 별명이다.

그날 우리 학교에는 장학사가 시찰(視察)을 나온다고 했다. 진작부터 우리 선생님은 우리들에게 주의를 주고 있던 터였다.

청소도 구석구석 잘하라, 복도를 다닐 때도 발부리 걸음으로 사뿐사뿐 걸어야 한다, 공부 시간에는 '네, 네.' 대답을 크게 하라 하고.

그래서 ㉠ <u>나는 그날 발소리가 나지 않게 그야말로 고양이 걸음으로 걸었다.</u> 변소에 가서도 얌전히 줄을 섰는데, 내 차례가 오기 전에 종이 울렸다. 할 수 없이 교실에 들어왔지만 그 시간 내내 오줌이 마려웠다. 나중에 선생님 말씀에 큰 소리로 대답을 하다 보니 질금질금 오줌이 새기까지 했다.

나는 ㉡ <u>바지 주머니 속으로 손을 넣어 오줌 자루 끝을 꼭 쥐고 있었다.</u> 맙소사! 그런데 공부 시간이 끝나자 반장이 '차렷!'이라는 구령을 하지 않는가.

마침 ㉢ <u>손님이 있었기 때문에 나는 손을 바로 할 수밖에 없었다.</u> 그러자 오줌이 톡 쏟아지고 만 것이다. 짝꿍 순애가 소리를 질렀다.

"선생님, 얘가 오줌 쌌어요."

(나) 이 오줌 사건으로 ㉣ <u>나는 완전히 선생님의 눈 밖으로 밀려나게 되었다.</u>

손님들이 떠난 후 선생님은 울음을 터뜨릴 듯 한 얼굴로 "누가 오줌을 누러 가지 말라 했느냐."라고 소리를 질렀다. 그리고 다음 날부터 친구들은 나를 부를 때 '오줌싸개'라고 했다.

TIP
「별명을 찾아서」
- 작가 : 정채봉
- 갈래 : 현대수필, 경수필
- 성격 : 회상적, 자기 성찰적
- 제재 : 별명
- 주제 : 별명에 얽힌 어린 날의 추억과 그 시절에 대한 그리움

34 윗글의 내용과 일치하지 <u>않는</u> 것은?

① '나'는 수업시간에 오줌이 마려웠지만 참았다.
② 짝꿍 '순애'는 '나'의 행동을 선생님께 알렸다.
③ '선생님'은 오줌을 싼 '나'를 걱정하며 위로해주었다.
④ '나'는 '오줌싸개'라는 별명이 생긴 것을 억울해 한다.

정답 | ③

해 설
'나'는 '오줌사건'으로 인해 완전히 선생님의 눈 밖에 밀려나게 된다. 그러므로 '나'가 오줌을 싸는 순간 선생님은 걱정과 염려보다 당황과 원망의 감정이 앞섰을 것이다.

35 이와 같은 글의 특성으로 적절하지 않은 것은?

① 형식에 구애 받지 않고 자유롭게 쓴 글이다.
② 글쓴이의 경험이 진솔하게 드러나는 글이다.
③ 글쓴이의 개성이 드러나는 자기 고백적인 글이다
④ '발단-전개-위기-절정-결말'의 구성을 갖는다.

정답 | ④

해 설
제시된 글의 갈래는 '수필'로 정해진 형식이 없이 자유롭게 쓸 수 있으며, 독자에게 잔잔한 감동과 깨달음을 준다.

36 ㉠~㉣중 아이다운 모습이나 생각으로 웃음을 자아내는 부분이 아닌 것은?

① ㉠ ② ㉡
③ ㉢ ④ ㉣

정답 | ④

해 설
㉠에서는 선생님의 말을 잘 들으려는 아이의 순진한 모습이 드러나고 ㉡에서는 바지 주머니 속에 손을 넣어 오줌자루를 쥐고 있던 아이다운 모습이 웃음을 자아낸다. 또한 ㉢에서는 손님 때문에 손을 바로 할 수 밖에 없었다는 아이다운 생각이 웃음을 자아낸다. ㉣의 경우, 오줌사건 이후의 경위에 대해 평이하게 진술한 문장이다.

37~39 다음 글을 읽고 물음에 답하시오.

배의 구조와 기능을 설명하는 글은 뱃사람에게는 쉽게 이해되지만, 다른 사람에게는 잘 이해되지 않을 것이다. 야구를 좋아하는 사람들은 야구 중계를 잘 이해하지만 야구에 관심이 없는 사람들은 그렇지 못하다. 또, 요리를 즐겨 하는 이들은 요리에 관한 글을 잘 이해하지만 요리에 관심이 없거나 요리를 해 보지 않은 이들은 이해하는 데 어려움을 느낄 수도 있다. 이런 여러 예들은 모두 배경지식이 글 내용 이해에 얼마나 중요하게 작용하는지를 잘 보여 준다.

글 읽기는 글쓴이와 읽는 이의 정신적 만남이다. 이 만남을 효율적으로 하기 위해서 읽는 이는 글쓴이의 생각과 느낌을 파악할 수 있어야 하고, 또한 자기의 생각과 느낌을 적극적으로 활용할 수 있어야 한다. 이런 점에서 글 읽기는 ⓐ 상대를 알고 나를 아는 지피지기(知彼知己)이며, 더 나아가 이런 상황에서 최선의 전략을 선택하는 정신작용이라고 말할 수 있다.

– 최영환, 「읽기란 무엇인가」 –

37 위와 같은 글을 읽는 방법으로 알맞은 것은?

① 글 속의 사건을 통해 감동을 느낀다.

② 글쓴이의 의도를 파악하고 비판적으로 읽는다.

③ 주장의 근거가 타당한지 판단하여 읽는다.

④ 정보를 정확히 파악하고 해석하며 읽는다.

정답 | ④

해 설

주어진 글은 설명문으로 정보 전달을 목적으로 한다.

① 시, 소설, 희곡, 수필 등

②, ③ 논설문, 사설 등

38 글에 주로 쓰인 설명 방법이 바르게 묶인 것은?

① 분류, 분석 ② 정의, 비교

③ 구분, 예시 ④ 예시, 대조

정답 | ④

해 설

글 읽기에서 배경 지식이 중요함을 예를 들어 설명하고 있고, 배경 지식을 적극적으로 동원하는 것과 하지 않는 것을 대조하고 있다.

39 ⓐ가 의미하는 것은?

① 글쓴이와 읽는 이의 정신적 만남

② 글의 제재와 주제

③ 글쓴이의 생각과 느낌

④ 읽는 이의 지식과 경험

정답 | ③

해 설

글쓴이와 읽는 이의 만남을 효율적으로 하기 위해 읽는 이는 글쓴이의 생각과 느낌을 파악할 수 있어야 한다고 했다. 따라서 글 읽기의 상대는 글쓴이의 생각과 느낌을 알 수 있다.

40~42 다음 글을 읽고 물음에 답하시오.

(가) 한복은 한국인들이 널리 입어 온 고유의 옷을 통틀어 이르는 말이다. 한복의 모양은 시대에 따라 조금씩 변하여 왔다. 현재는 '한복'이라고 하면 일반적으로 조선 시대에 입었던 옷을 가리키며, 그 모양도 대체로 조선 시대의 것을 따르고 있다.

(나) 한편, 여자는 평상시에 저고리와 긴 치마를 입었다. 여자의 저고리는 기본 모양이 남자의 저고리와 같은데, 조금 더 몸에 붙는 형

태이며 길이가 더 짧다. 그러나 고름은 남자 저고리의 고름보다 더 길다. 치마는 가슴 위에서부터 입어 발목 아래에까지 이르는데, 치마폭이 넓어서 풍성하다는 느낌을 준다. 여자 옷은 저고리가 짧고 몸에 붙는 데 비해 치마는 길고 넉넉하여 전체적인 옷차림이 단아해 보인다. 이처럼 여자의 평상복은 단정한 직선과 부드러운 곡선이 조화를 이루고 있어서 아름다운 윤곽선을 만들어 내는 한복의 특성을 잘 보여 준다.

(다) 한복을 입을 때에는 속옷을 잘 갖추어 입은 후 저고리와 바지 또는 치마를 입는데, 여자의 경우는 특히 여러 겹의 속옷을 입어 건강도 지키고 모양도 예쁘게 하였다. 남녀 모두 추위를 막기 위해서 저고리 위에 조끼를 덧입었다. 특히, 남자는 마고자라고 하는 방한복을 저고리 위에 덧입기도 하였다. 마고자는 저고리와 비슷하게 생겼으나 따로 앞을 여미지 않으며, 단추를 달아 입는 옷이다. 이 밖에도 아름다움을 더하기 위해 노리개를 달기도 하였으며, 남녀 모두 외출할 때나 예의를 갖추어야 할 때에는 긴 덧옷인 두루마기를 입었다. 또 발에는 버선을 신었다.

–「우리 옷, 한복」–

40 윗글의 목적으로 알맞은 것은?

① 정보 전달을 위해
② 독자들을 설득하기 위해
③ 교훈을 주기 위해
④ 어떤 주장을 반론하기 위해

정답 | ①

해 설
제시된 글은 한복을 제재로 한복이란 무엇인지를 정의하고 남녀 한복의 특징에 대해 설명하여 한복의 중요성을 인식시키고자 하는 설명문으로 주로 정보 전달을 목적으로 한다.

41 (나) 단락의 앞에 올 내용으로 알맞은 것은?

① 한복의 정의와 기준
② 한복을 발전시켜야 하는 이유
③ 남자 한복의 특징
④ 여자 평상복의 특징

정답 | ③

해 설
(나)의 단락은 '한편'이라고 시작하며 여자 한복의 특징을 남자의 한복과 비교하여 설명하고 있다. 이는 두 가지의 상황을 말할 때 한 가지의 상황을 말한 다음 다른 상황에 대해 말하는 것이므로 앞에서는 '남자 한복의 특징'에 대해 언급했음을 알 수 있다.

42 글의 내용과 일치하지 않는 것은?

① 현재의 한복은 조선 시대의 것을 기준으로 한다.
② 한복을 입을 때 속옷 대신 바지 또는 치마를 입었다.
③ 남자 저고리의 고름은 여자 저고리의 고름보다 짧다.
④ 여자 저고리는 남자 저고리보다 품이 좁다.

정답 | ②

해 설
한복을 입을 때에는 속옷을 잘 갖추어 입은 후 저고리와 바지 또는 치마를 입었다.

43~45 다음 글을 읽고 물음에 답하시오.

(가) 개미가 냄샛길을 그릴 때에 사용하는 화학 물질은 일종의 페로몬(pheromone)이다. 개미의 페로몬은 종류가 무척 다양하다. 이는 개미의 몸속에 수많은 페로몬을 생산하는 크고 작은 온갖 화학 공장들이 있기 때문이다. 그래서 개미는 마치 걸어 다니는 페로몬 공단과도 같다.

(나) 냄샛길을 그릴 때 사용하는 페로몬은 대개 배 끝에 있는 외분비샘에서 만들어진다. 정확히 어느 분비샘에서 만들어진 페로몬으로 냄샛길을 그리는지 찾아내는 일은 그리 어렵지 않다. 가능성이 있는 몇몇 분비샘들을 따로 해부한 후, 각 분비샘에서 나온 페로몬들로 각각 다른 방향의 냄샛길을 그려 본다. 그리고 개미들에게 먹이를 찾아가게 해 보면 어느 분비샘의 페로몬을 따라가는지 쉽게 알 수 있다.

(다) 개미가 사용하는 화학 언어는 어떤 점에서 보면 우리 인간의 음성 언어에 비해 훨씬 경제적이다. 잎꾼개미의 냄샛길 페로몬은 독침샘에서 분비되며, 화학적으로 매우 복잡한 구조를 가지고 있다. 그런데 이 화학 물질은 매우 민감하여 1mg만으로도 지구를 세 바퀴 반이나 돌 만큼 긴 냄샛길을 만들 수 있다. 또, 냄샛길 페로몬은 휘발성이 매우 강한데, 그 또한 경제적이다. 먹이를 다 거둬들이고 난 후에도 오랫동안 냄샛길이 없어지지 않는다면, 그만큼 많은 일개미들이 아직도 먹이가 남아 있는 줄 알고 헛걸음질을 할 것이 아

닌가? 그래서 먹이를 물고 돌아오는 개미들이 이미 희미해지기 시작한 냄샛길 위에 페로몬을 더 뿌려 길의 모습을 유지한다.

-「개미와 말한다」-

43 위와 같은 글을 읽는 방법으로 알맞지 않은 것은?

① 제시된 정보의 정확성과 객관성을 판단한다.
② 자신의 생각이나 의문점을 메모하며 읽는다.
③ 각 문단의 핵심내용을 정리하며 읽는다.
④ 글쓴이의 의견을 비판하며 읽는다.

정답 | ④

해 설
윗글의 갈래는 '설명문'으로, 글의 목적은 정보 전달이다. 따라서 글의 내용과 정보를 파악하는 것에 중점을 두어야 한다. 글쓴이의 의견을 비판하며 읽는 글은 '논설문'에 해당한다.

TIP
설명문 읽기의 유의점
• 필요한 정보는 메모하며 읽는다.
• 정보를 파악하고 해석하며 읽는다.
• 정보가 객관적인지 판단하며 읽는다.
• 대상에 대한 설명이 정확한지 살핀다.

44 (가)~(다)에서 알 수 있는 내용이 아닌 것은?

① 개미의 몸은 화학 물질들로만 구성되어 있다.
② 개미가 만드는 페로몬의 종류는 매우 다양하다.
③ 외분비샘에서는 냄샛길을 그리는 페로몬을 만들어낸다.
④ 냄샛길 페로몬은 휘발성이 매우 강하다.

정답 | ①

해 설
개미의 몸은 페로몬이라는 화학물질로 구성되어 있지만, 개미의 몸이 화학 물질들로만 구성되어 있는지에 대해서는 윗글을 통해 알 수 없다.
② (가)문단의 '개미의 페로몬의 종류가 무척 다양하다.'에서 알 수 있다.
③ (나)문단의 '냄샛길을 그릴 때 사용하는 페로몬은 대개 배 끝에 있는 외분비샘에서 만들어진다.'에서 알 수 있다.
④ (다)문단의 '또, 냄샛길 페로몬은 휘발성이 매우 강한데, 그 또한 경제적이다.'에서 알 수 있다.

45 글의 내용으로 미루어 보아, 제목인 '개미와 말한다'의 의미는?

① 개미들의 인간 언어 습득
② 종류가 다른 개미들 간의 공존
③ 인간의 후각을 이용한 언어 사용
④ 개미와 인간 사이의 의사소통 가능성

정답 | ④

해 설
이 글은 개미도 특정 수단을 통해 언어의 기본적인 구조를 갖춘 의사소통을 하고 있음을 보여주면서, 훗날 인간과의 의사소통도 가능해질 수 있음을 암시하고 있다.

46~48 다음 글을 읽고 물음에 답하시오.

(가) 음성 언어는 소리의 속성 때문에 말하는 이와 듣는 이가 대면한 상태에서 사용한다. 말하는 이는 듣는 이를 마주 보고 있기 때문에 손짓이나 억양, 몸짓, 표정, 어조 등 부수적인 표현 방법을 활용하기도 한다.

이에 비해 문자 언어는 상대방이 없는 상태에서 충분한 시간을 가지고 사용하게 된다. 문자 언어는 사전에 계획이 가능하며, 다 적은 후에도 계속 수정이 가능하다. 또, 음성 언어를 사용할 때보다 복잡한 내용을 논리적으로 전달할 수 있는 특성이 있다.

– 김용석, 「음성 언어와 문자 언어」 –

(나) 표준어도 여러 방언 중에서 대표로 정해진 것이다. 따라서, 방언이 없으면 표준어의 제정이 무의미하다. 예를 들면, '(㉠)'는 '무수, 무시, 무우, 무'와 같은 방언 중에서 표준어 규정에 따라서 표준어가 된 것이다.

– 성낙수, 「표준어와 방언」 –

46 (가), (나)의 공통점으로 적절한 것은?

① 실제 겪은 경험을 소개한다.
② 전해 오는 이야기를 서술한다.
③ 의견에 대한 반론을 주장한다.
④ 대상에 대한 정보를 전달한다.

정답 | ④

해 설

(가)와 (나)의 갈래는 모두 설명문이다. 설명문은 어떤 대상에 대해 독자를 이해시키기 위해 글쓴이가 알고 있는 정보를 쉽게 풀어 쓴 글이다.

47 (㉠)에 들어갈 말로 적절한 것은?

① 무 ② 무수
③ 무시 ④ 무우

정답 | ①

해 설

'무수, 무시, 무우, 무' 중에서 표준어 규정에 따라 표준어가 된 것은 '무'이다.

48 (가)에서 설명하고 있는 '문자 언어'의 특성은?

① 소리의 속성 때문에 대면한 상태에서 사용한다.
② 억양, 몸짓 등 부수적인 표현 방법을 사용한다.
③ 음성 언어보다 내용을 논리적으로 전달하기 어렵다.
④ 사전 계획을 할 수 있고, 적은 후에도 수정이 가능하다.

정답 | ④

해설
①, ② 음성 언어의 특징에 대한 설명이다.
③ 문자 언어는 음성 언어보다 내용을 논리적으로 전달하는 데 용이하다.

49~50 다음 글을 읽고 물음에 답하시오.

(가) 그 골목길에서의 일이다. 초등학교 1학년 때였던 것 같다. 하루는 우리 반이 좀 일찍 끝나서 나는 혼자 집 앞에 앉아 있었다. 그런데 그때 마침 깨엿 장수가 골목길을 지나고 있었다. 그 아저씨는 가위만 쩔렁이며 내 앞을 지나더니 다시 돌아와 내게 깨엿 두 개를 내밀었다. 순간 그 아저씨와 내 눈이 마주쳤다. 아저씨는 아무 말도 하지 않고 아주 잠깐 미소를 지어 보이며 말했다.

㉠ "괜찮아."

무엇이 괜찮다는 것인지는 몰랐다. 돈 없이 깨엿을 공짜로 받아도 괜찮다는 것인지, 아니면 목발을 짚고 살아도 괜찮다는 것인지……. 하지만 그건 중요하지 않다. 중요한 건 내가 그날 마음을 정했단 것이다. 이 세상은 그런대로 살 만한 곳이라고. 좋은 사람들이 있고, 착한 마음과 사랑이 있고, '괜찮아.'라는 말처럼 용서와 너그러움이 있는 곳이라고 믿기 시작했다는 것이다.

(나) '그만하면 참 잘했다.'라고 용기를 북돋워 주는 말, '너라면 뭐든지 다 눈감아 주겠다.'라는 용서의 말, '무슨 일이 있어도 나는 네 편이니 넌 절대 외롭지 않다.'라는 격려의 말, '지금은 아파도 슬퍼하지 마라.'라는 나눔의 말, 그리고 마음으로 일으켜 주는 부축의 말, 괜찮아.

참으로 신기하게도 힘들어서 주저앉고 싶을 때마다 난 내 마음속에서 작은 속삭임을 듣는다. 오래전 따뜻한 추억 속 골목길 안에서 들은 말, '괜찮아! 조금만 참아. 이제 다 괜찮아질 거야.'

그래서 '괜찮아.'는 이제 다시 시작할 수 있다는 희망의 말이다.

TIP

「괜찮아」
- 작가 : 장영희
- 갈래 : 경수필
- 성격 : 회상적, 체험적, 교훈적
- 제재 : 어린 시절 골목길에서 있었던 일
- 주제 : 다른 사람에 대한 배려와 격려의 소중함

49 밑줄 친 ㉠의 의미로 가장 적절한 것은?

① 깨엿을 공짜로 받아도 된다.

② 타인의 시선을 신경 쓰지 않아도 된다.

③ 끝까지 참고 이겨내야 한다.

④ 장애는 살아가는 데 전혀 문제 될 것이 없다.

정답 | ④

해 설

"괜찮아"는 골목길의 깨엿 장수가 다리가 불편한 '나'에게 목발을 짚고 살아도 괜찮다는 위로와 격려의 의미로 한 말이다.

50 이 글을 통해 '나'가 말하고자 하는 바로 가장 적절한 것은?

① 자신의 잘못을 인정하는 자세

② 타인을 용서하는 자세

③ 인생에 힘이 될 수 있는 말 한마디의 중요성

④ 고난을 극복하기 위한 노력의 중요성

정답 | ③

해 설

'나'는 괜찮다는 깨엿장수의 말을 듣고 용기와 희망을 가지게 된다. 따라서 이 글은 인생에 힘이 될 수 있는 말 한마디의 중요성을 일깨운다.

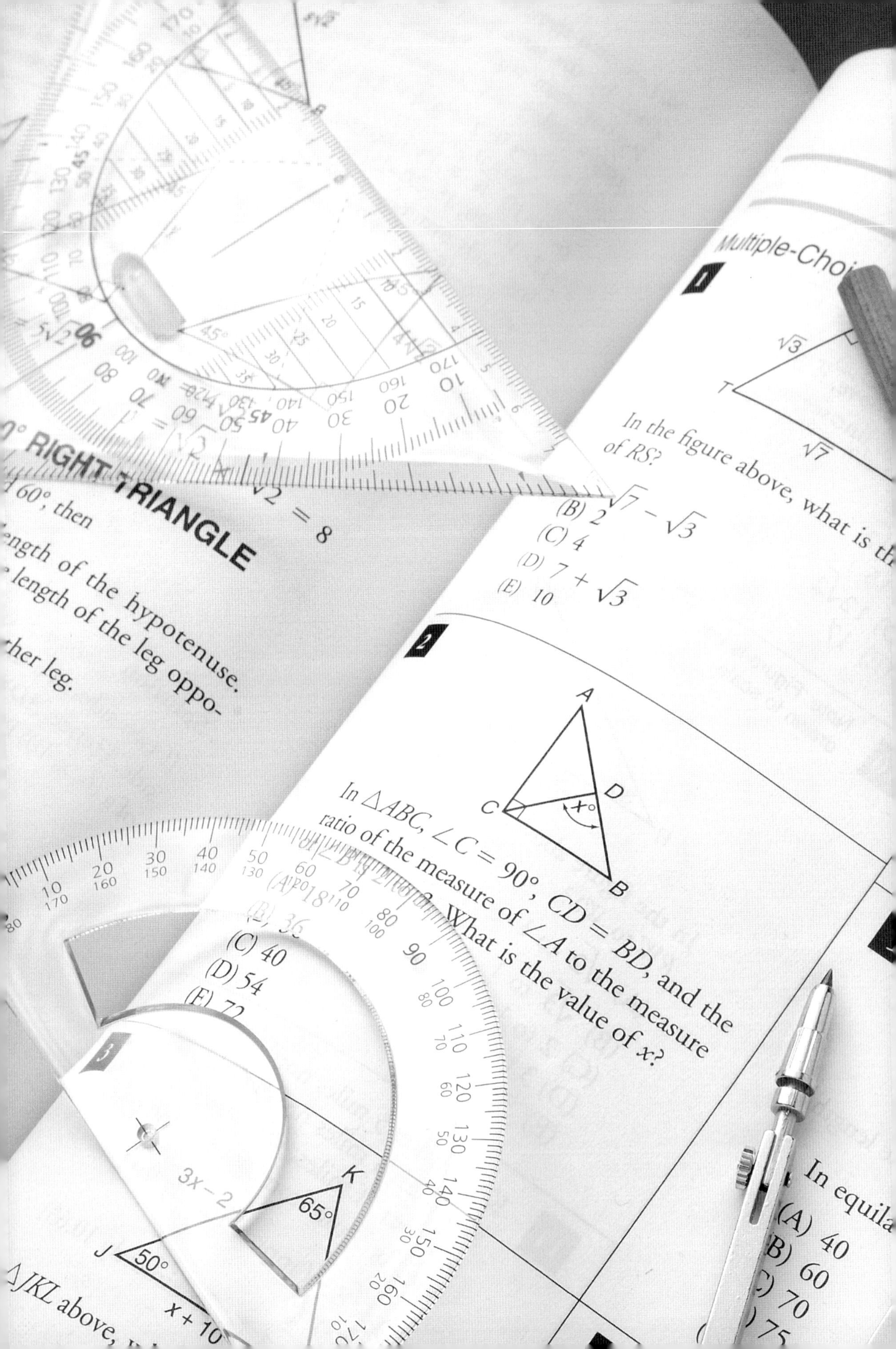

RIGHT TRIANGLE
60°, then
ngth of the hypotenuse.
length of the leg oppo-
her leg.
Multiple-Choi
In the figure above, what is th
of RS?
(C) 4
(E) 10
In △ABC, ∠C = 90°, CD = BD, and the
ratio of the measure of ∠A to the measure
What is the value of x?
(C) 40
(D) 54
In equila
(A) 40
60
70
△JKL above,

PART 2

수학

STEP1. 기본문제

STEP2. 응용문제

수학 | 기본문제

01 $(-12)\div 3$의 값은?

① 4　② 3
③ -3　④ -4

정답 | ④
해 설
$(-12)\div 3=(-12)\times\frac{1}{3}=-4$

02 수의 대소 관계가 옳은 것은?

① $-2>5$　② $3>4$
③ $-2<0$　④ $-2<-5$

정답 | ③
해 설
대소 관계는 숫자가 큰 쪽으로 부등호가 벌어져야 한다.
① $-2<5$
② $3<4$
④ $-2>-5$

03 $0<a<b$일 때, 다음 중 옳은 것은?

① $a+5>b+5$　② $2a<2b$
③ $\frac{a}{4}>\frac{b}{4}$　④ $-3a<-3b$

정답 | ②
해 설
② $2a<2b$
① $a+5<b+5$
③ $\frac{a}{4}<\frac{b}{4}$
④ $-3a>-3b$

04 $0.125+\frac{3}{8}$을 계산하면?

① 0.25　② 0.5
③ 0.75　④ 1

정답 | ②
해 설
$0.125+\frac{3}{8}=0.125+0.375=0.5$

05 -3의 절댓값을 a라 하고, $|2|$의 값을 b라고 하면 $a+b$의 값은?

① -5　　② -1

③ 1　　④ 5

정답 | ④

해 설

-3의 절댓값은 $|-3|=3$

$|2|$의 값은 2

$a=3$, $b=2$

$\therefore 3+2=5$

06 40을 소인수분해한 결과로 옳은 것은?

① 2×20　　② $2^2\times10$

③ $2^3\times5$　　④ $2^3\times3\times5$

정답 | ③

해 설

40을 소인수분해한 결과는

$$\begin{aligned}40&=5\times8\\&=5\times2\times4\\&=5\times2\times2\times2\\&=2^3\times5\end{aligned}$$

07 72를 소인수분해하면 $2^a\times3^b$이다. 이때, $a+b$의 값은?

① 5　　② 4

③ 3　　④ 2

정답 | ①

해 설

72를 소인수분해하면 $72=8\times9=2^3\times3^2$이다.

따라서 $a=3$, $b=2$

$\therefore a+b=5$

08 $x=-2$일 때, $\frac{1}{2}x+3$의 값은?

① 1　　② 2

③ 3　　④ 4

정답 | ②

해 설

$x=-2$를 $\frac{1}{2}x+3$에 대입하면

$\frac{1}{2}\times(-2)+3=(-1)+3=2$

TIP

일차식

차수가 1인 다항식 예 $3x$, $5x+4$

09 일차방정식 $4x-3=x+3$의 해는?

① 1　② 2
③ 3　④ 4

정답 | ②

해 설
일차방정식 $4x-3=x+3$에서 동류항끼리 좌변과 우변으로 이동하면
$4x-(+x)=3-(-3)$
$3x=6$
$\therefore x=2$

10 매일 6개씩 x일 동안 윗몸일으키기를 한 총 횟수를 y개라고 할 때, x와 y 사이의 관계식은?

x(일)	1	2	3	4	⋯
y(횟수)	6	12	18	24	⋯

① $y=4x$　② $y=3x+3$
③ $y=6x$　④ $y=6x+3$

정답 | ③

해 설
$x=1$(일)일 때, $y=6$(회)
$x=2$(일)일 때, $y=12$(회)
$x=3$(일)일 때, $y=18$(회)
$x=4$(일)일 때, $y=24$(회)
y값은 x값의 6배이므로
x와 y 사이의 관계식은 $y=6x$이다.

11 다음 중 x, y의 관계가 정비례관계인 것은?

① $y=1$　② $y=2x$
③ $y=-3x^2$　④ $y=\dfrac{2}{x}$

정답 | ②

해 설
정비례관계는 x의 값이 2배, 3배, 4배가 되면 y의 값 역시 2배, 3배, 4배가 되는 관계이므로, ②의 '$y=2x$'가 정비례관계이다.

12 좌표평면에서 점 $(2, -4)$의 위치는?

① 제1사분면　② 제2사분면
③ 제3사분면　④ 제4사분면

정답 | ④

해 설
점 $(2, -4)$의 x좌표는 양수이고, y의 좌표는 음수이므로 점 $(2, -4)$는 제4사분면에 위치한다.

13 좌표평면 위의 점 P의 좌표로 옳은 것은?

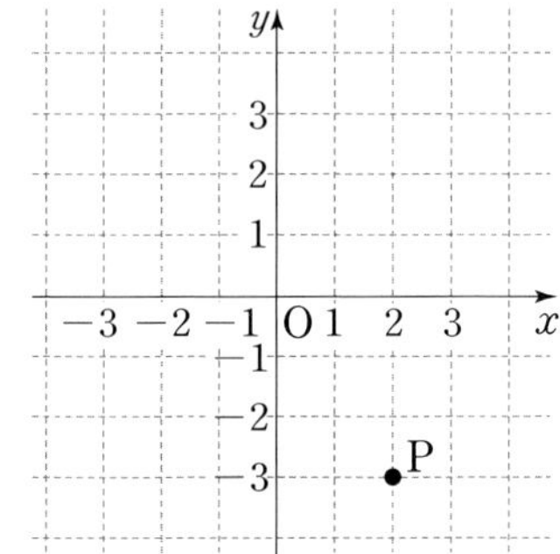

① P(−2, 3) ② P(−2, −3)
③ P(2, 3) ④ P(2, −3)

정답 | ④

해 설

좌표평면 위의 점 P의 x좌표는 2, y좌표는 −3이므로 P(2, −3)이다.

14 6개의 변량 0, 2, a, 6, 8, 10의 평균이 7일 때, a의 값은?

① 16 ② 17
③ 18 ④ 19

정답 | ①

해 설

평균$=\dfrac{(\text{변량의 총합})}{(\text{변량의 개수})}$이므로

$7=\dfrac{26+a}{6}$이다.

따라서 $42=26+a$

$\therefore a=16$

15 다음 자료의 최빈값은?

1, 5, 3, 7, 4, 4, 7, 4

① 3 ② 4
③ 5 ④ 7

정답 | ②

해 설

최빈값은 가장 많이 나온 숫자이므로

2, 3, 5는 1번, 4는 3번, 7은 2번

∴ 최빈값=4

16 다음 표는 한국을 방문한 외국인 100명을 대상으로 선호하는 우리나라 음식을 조사하여 나타낸 것이다. 이 자료의 최빈값은?

음식	도수(명)
김치찌개	7
삼계탕	8
삼겹살	15
불고기	45
비빔밥	25
합계	100

① 김치찌개 ② 삼계탕
③ 불고기 ④ 비빔밥

정답 | ③

해 설

주어진 표에서 김치찌개, 삼계탕, 불고기, 비빔밥의 도수는 7, 8, 45, 25이다. 최빈값은 변량 중 가장 많이 나타나는 값으로 한국을 방문한 외국인 100명을 대상으로 선호하는 우리나라 음식의 최빈값은 '불고기'이다.

17 표는 자격증 시험에서 받은 점수에 따른 상위 30명을 조사하여 나타낸 도수분포표이다. 시험에서 영준이는 89점을 받았다면 이 점수가 속하는 계급의 도수는?

점수(점)	사람 수(명)
50이상 ~ 65미만	10
65 ~ 80	5
80 ~ 95	7
95 ~100	8
합계	30

① 5 ② 7
③ 8 ④ 10

정답 | ②

해 설

영준이는 89점을 받았으므로 계급이 80이상 95미만 점수에 해당된다. 따라서 이때 계급의 도수는 7이다.

TIP

도수분포표

주어진 자료를 몇 개의 구간으로 나누고 각 계급에 속하는 도수를 조사하여 나타낸 표로 이때 계급은 변량을 일정한 간격으로 나눈 구간이고, 도수는 각 계급에 속하는 자료의 수를 나타낸다.

18 표는 20명의 학생이 하루 동안 컴퓨터를 사용한 시간을 조사하여 나타낸 도수분포표이다. A의 값은?

시간(분)	학생 수(명)
0이상 ~ 30미만	2
30 ~ 60	5
60 ~ 90	8
90 ~ 120	A
120 ~ 150	1
합계	20

① 2 ② 4
③ 6 ④ 8

정답 | ②

해 설
주어진 도수분포표의 합계는 20이므로 학생 수를 모두 더한 값이 20이 되어야 한다.
$16+A=20$
$\therefore A=4$

19 서점에 소설책 4권과 수필집 5권을 추천해 진열해 놓았다. 이 중에 한권을 선택할 경우의 수는? (단, 모든 책은 서로 다르다.)

① 4 ② 5
③ 9 ④ 20

정답 | ③

해 설
모든 책은 서로 다르므로 총 9권의 책 중에 한 권을 고르는 경우의 수와 같다. 따라서 구하고자 하는 경우의 수는 9가지이다.

20 어떤 산에 정상까지의 등산로가 4가지 있다고 한다. 내려올 때는 올라갈 때와 다른 길을 택한다고 할 때, 모두 몇 가지의 코스가 있는가?

① 4가지 ② 9가지
③ 12가지 ④ 16가지

정답 | ③

해 설
올라가는 길이 4가지이고, 내려올 때는 $4-1=3$(가지)이므로 구하는 경우의 수는 $4\times3=12$(가지)이다.

21 100원짜리 동전 3개와 500원짜리 동전 1개가 들어 있는 저금통에서 임의로 동전을 꺼낼 때, 500원짜리 동전을 꺼낼 확률은?

① $\frac{1}{4}$　② $\frac{1}{2}$
③ $\frac{3}{4}$　④ 1

정답 | ①

해 설
동전을 꺼낼 수 있는 모든 경우의 수는 4가지이고, 500원짜리 동전을 꺼낼 경우의 수는 1가지이다.
$\therefore \frac{1}{4}$

22 웅태와 종찬이가 가위, 바위, 보를 한 번 했을 때, 둘이 비길 확률은?

① $\frac{1}{4}$　② $\frac{1}{3}$
③ $\frac{1}{2}$　④ $\frac{3}{4}$

정답 | ②

해 설
웅태와 종찬이가 각각 낼 수 있는 것은 3가지이고, 총 경우의 수는 $3\times3=9$(가지)이다.
따라서 둘이 비길 확률은 $\frac{3}{9}=\frac{1}{3}$이다.

23 일차부등식 $3x-1<8$을 풀면?

① $x<3$　② $x>3$
③ $x<4$　④ $x>4$

정답 | ①

해 설
$3x-1<8$
$3x<9$
$x<3$

24 일차함수 $y=2x+4$의 x절편은?

① -2　② -1
③ 1　④ 2

정답 | ①

해 설
x절편은 y의 값이 0일 때, x의 값을 말한다.
$0=2x+4$
$2x=-4$
$x=-2$

25 일차함수 $y=\frac{2}{3}x-2$의 그래프가 다음과 같을 때, $a+b$의 값은?

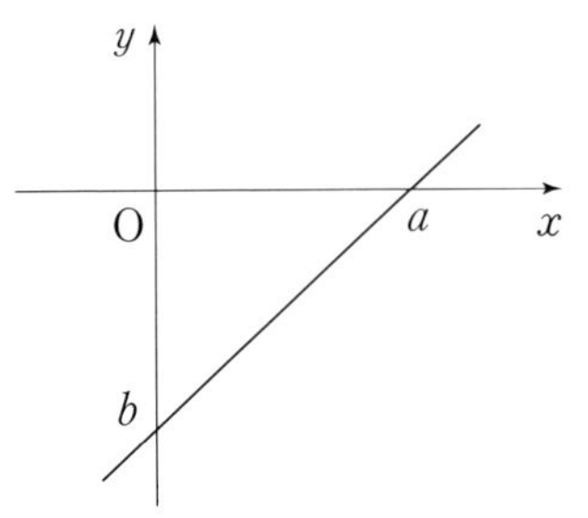

① -1　② $-\frac{1}{3}$

③ 1　④ $\frac{8}{3}$

정답 | ③

해 설

주어진 일차함수 $y=\frac{2}{3}x-2$의 y절편은 -2이므로 $b=-2$이다.

또한 $y=\frac{2}{3}x-2$의 x절편은 3이므로 $a=3$이다.

$\therefore a+b=3+(-2)=1$

26 순환소수 15.23131313131…에서 순환마디는?

① 1　② 31

③ 311　④ 133

정답 | ②

해 설

순환마디는 순환소수에서 같은 차례로 되풀이 되는 몇 개 숫자의 마디를 말한다. 주어진 '15.23131313131…'에서 같은 차례로 되풀이 되는 숫자는 '31'이다.

27 다음 중 옳은 것은?

① 한 변의 길이가 a인 정사각형의 둘레 : a^2

② 한 변의 길이가 b인 정사각형의 넓이 : $4b$

③ 한 변의 길이가 c인 정삼각형의 둘레 : $3c$

④ 가로가 d, 세로가 e인 직사각형의 넓이 : $2de$

정답 | ③

해 설

한 변의 길이가 c인 정삼각형의 둘레는 $3c$이다.

① $4a$

② b^2

④ de

28 그림과 같이 $\angle C=90^\circ$인 직각삼각형 ABC에서 $\overline{AC}=\overline{BC}$이다. $\angle x$의 크기는?

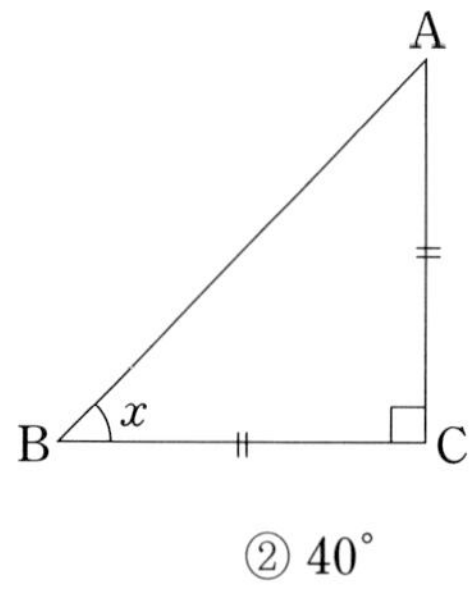

① 35°　② 40°
③ 45°　④ 50°

정답 | ③

해 설
직각삼각형 ABC에서 $\overline{AC}=\overline{BC}$이므로 직각이등변삼각형이다. 따라서 $\angle x$의 크기는 45°이다.

29 그림의 삼각형 ABC에서 $\angle A=100^\circ$, $\angle C=30^\circ$일 때, $\angle x$의 크기는?

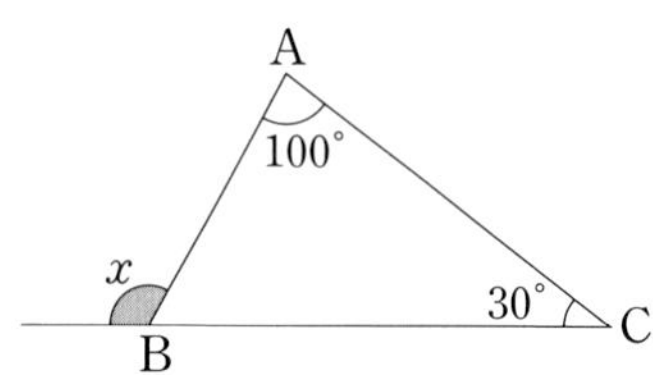

① 115°　② 120°
③ 125°　④ 130°

정답 | ④

해 설
한 외각의 크기는 이와 이웃하지 않는 두 내각의 크기의 합과 같다.
따라서 $\angle x=100^\circ+30^\circ=130^\circ$이다.

30 그림과 같은 평행사변형 ABCD에서 $\overline{CD}$의 길이는?

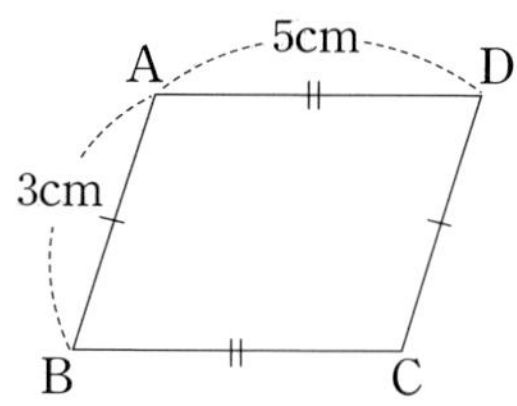

① 3cm　② 4cm
③ 5cm　④ 6cm

정답 | ①

해 설
평행사변형은 서로 마주보는 대변의 길이가 같다.
따라서 $\overline{AB}=\overline{CD}$, $\overline{AD}=\overline{BC}$이므로 $\overline{CD}=3\text{cm}$이다.

31 그림과 같은 직육면체에서 모서리 GH와 평행하지 않은 것은?

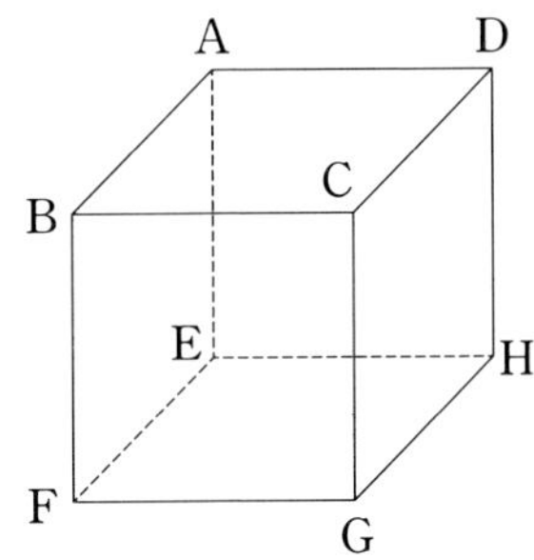

① 모서리 AB　　② 모서리 FG
③ 모서리 CD　　④ 모서리 EF

정답 | ②

해 설
$\overline{AB} // \overline{CD} // \overline{GH} // \overline{EF}$이고, $\overline{AD} // \overline{BC} // \overline{FG} // \overline{EH}$이므로 모서리 GH와 평행하지 않은 모서리는 $\overline{FG}$이다.

32 다음 중 나머지 셋과 다른 수는?

① $\sqrt{2^2}$　　② $\sqrt{4}$
③ $2\sqrt{2}$　　④ $\sqrt{(-2)^2}$

정답 | ③

해 설
①, ②, ④의 값은 모두 2이고, ③의 값은 $2\sqrt{2}$이다.

33 36의 제곱근은?

① $\pm 3\sqrt{2}$　　② ± 6
③ $\pm 2\sqrt{3}$　　④ ± 36

정답 | ②

해 설
36의 제곱근은 어떤 수를 제곱해서 36이 나오는 수이다.
따라서 $\pm\sqrt{36} = \pm 6$이다.

34 세 변의 길이가 각각 다음과 같은 삼각형 중에서 직각삼각형인 것은?

① 2cm, 4cm, 8cm　　② 2cm, 4cm, 5cm
③ 3cm, 4cm, 5cm　　④ 3cm, 4cm, 6cm

정답 | ③

해 설
직각삼각형은 피타고라스의 정리에 의하여
$(\text{밑변})^2 + (\text{높이})^2 = (\text{빗변})^2$
만족하는 길이를 가진 삼각형은
'3cm, 4cm, 5cm'이다.

35 세 변의 길이가 a, 15, 17인 직각삼각형과 세 변의 길이가 b, 3, 5인 직각삼각형이 있다. 이때 $\frac{a}{b}$의 값은?

① 2　② $\frac{5}{2}$

③ 3　④ $\frac{7}{2}$

정답 | ①

해 설

$15^2=225$, $17^2=289$이므로

$a^2=289+225$ 또는 $289-225$

514는 제곱수가 아니므로

$a^2=64$, $a=8$

$3^2=9$, $5^2=25$이므로

$b^2=25+9$ 또는 $25-9$

34는 제곱수가 아니므로

$b^2=16$, $b=4$

$\therefore \frac{a}{b}=\frac{8}{4}=2$

36 가로가 12cm이고, 세로의 길이가 5cm인 직사각형의 대각선의 길이는?

① 13cm　② 15cm

③ 17cm　④ 19cm

정답 | ①

해 설

가로가 12cm이고, 세로의 길이가 5cm인 직사각형의 대각선의 길이는 피타고라스의 정리에 의하여

$(\text{대각선의 길이})^2=12^2+5^2$

$=144+25$

$=169$

∴ 대각선의 길이는 13cm이다.

37 $a^3\times b^2\times b^4\times a$를 간단히 하면?

① a^3b^6　② a^4b^6

③ a^5b^5　④ a^6b^4

정답 | ②

해 설

주어진 식을 알파벳 순서대로 배열하면

$a^3\times a\times b^2\times b^4$

$=a^{3+1}\times b^{2+4}$

$=a^4\times b^6$

$=a^4b^6$

38 $5^2\times 5^5\div 5$를 간단히 한 것은?

① 5^7　② 5^6

③ 5^5　④ 5^4

정답 | ②

해 설

$5^2\times 5^5\div 5=5^2\times 5^5\times \frac{1}{5}$

$=5^2\times 5^4$

$=5^{2+4}$

$=5^6$

39 넓이가 $2x^2+5x+2$인 직사각형 모양의 그림이 있다. 가로가 $2x+1$일 때, 세로의 길이는?

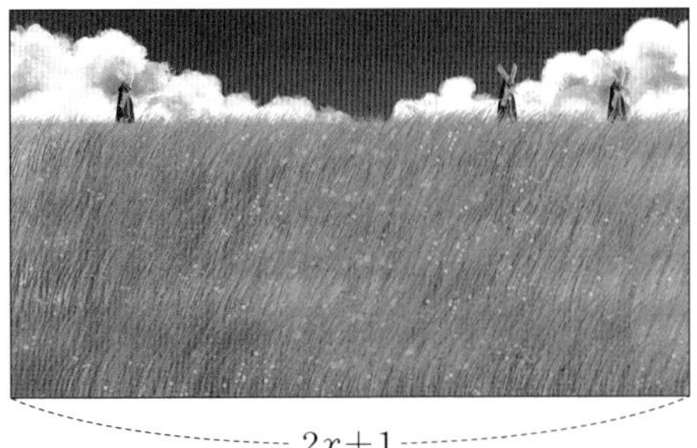

$2x+1$

① $2x+2$ ② $2x+1$
③ $x+2$ ④ $x+1$

정답 | ③

해 설
넓이가 $2x^2+5x+2$인 직사각형에서 가로가 $2x+1$이므로 인수분해를 해보면 $2x^2+5x+2=(2x+1)(x+2)$이다. 따라서 세로의 길이는 $x+2$이다.

40 $(x+2)(x+4)$를 전개하였을 때, x의 계수는?

① 2 ② 4
③ 6 ④ 8

정답 | ③

해 설
$(x+2)(x+4)$를 전개하면
x^2+6x+8
따라서 x의 계수는 6이다.

41 이차방정식 $x^2-x-12=0$을 풀면?

① $x=3$ 또는 $x=4$ ② $x=-3$ 또는 $x=4$
③ $x=3$ 또는 $x=-4$ ④ $x=-3$ 또는 $x=-4$

정답 | ②

해 설
$x^2-x-12=(x-4)(x+3)$이므로
$\therefore x=4$ 또는 $x=-3$

42 $x=2$가 이차방정식 $x^2-x+2a=0$의 한 해일 때, a의 값은?

① -1 ② -2
③ -3 ④ -4

정답 | ①

해 설
$x=2$가 이차방정식의 한 해이므로,
대입하면
$2^2-2+2a=2+2a=0$
$\therefore a=-1$

43 이차방정식 $x^2+2x-8=0$을 만족하는 x의 값은?

① $-2,\ 4$　② $2,\ 4$
③ $-2,\ -4$　④ $2,\ -4$

정답 | ④

해 설
$x^2+2x-8=0$
$(x+4)(x-2)=0$
$x+4=0$ 또는 $x-2=0$
$\therefore x=2,\ -4$

44 이차방정식 $x^2+2x-1=0$의 양의 해는?

① $-1+\sqrt{2}$　② $1-\sqrt{2}$
③ $-1-\sqrt{2}$　④ $1+\sqrt{2}$

정답 | ①

해 설
근의 공식에 의하여
$x=\frac{-1\pm\sqrt{1^2-(-1)}}{1}$
$=-1\pm\sqrt{2}$
따라서 양의 해는 $-1+\sqrt{2}$

45 꼭짓점의 좌표가 $(2,\ 3)$이고 한 점 $(1,\ 4)$를 지나는 이차함수의 식을 구하면?

① $y=-x^2-4x+7$　② $y=2x^2-x+7$
③ $y=2x^2-2x+7$　④ $y=x^2-4x+7$

정답 | ④

해 설
꼭짓점의 좌표가 $(2,\ 3)$이므로
$y=a(x-2)^2+3$
점 $(1,\ 4)$를 지나므로
$4=a(1-2)^2+3$
$4=a+3$
$a=1$
구하는 이차함수의 식은 $y=(x-2)^2+3$
$y=x^2-4x+4+3=x^2-4x+7$

46 다음의 이차함수에 대한 설명으로 옳지 않은 것은?

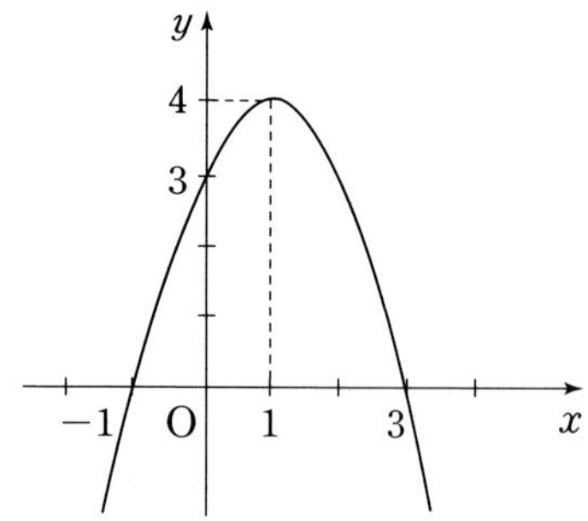

① 꼭짓점은 $(1,\ 4)$이다.
② 위로 볼록이다.
③ 점 $(2,\ 3)$을 지난다.
④ $x=1$을 대입하면 $y=0$이 나온다.

정답 | ④

해 설
$x=1$을 대입하면 $y=4$가 나온다.

47 다음 이차함수 중에서 그래프의 폭이 가장 큰 것은?

① $y=2x^2$ ② $y=\frac{1}{2}x^2$

③ $y=-4x^2$ ④ $y=-\frac{1}{4}x^2$

정답 | ③

해 설

이차함수 중에서 그래프의 폭이 가장 크기 위해서는 이차항 즉, x^2 앞의 수(계수)의 크기가 커야 한다. 따라서 폭이 가장 큰 함수는 ③ '$y=-4x^2$'이다.

48 가로의 길이가 8cm이고, 넓이가 48cm²인 직사각형 ABCD에서 대각선 BD의 길이는?

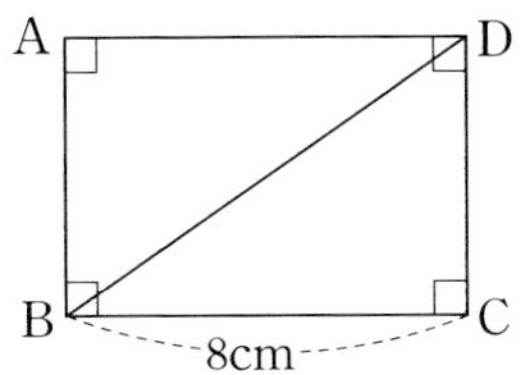

① 10cm ② 11cm

③ 12cm ④ 13cm

정답 | ①

해 설

$8\times\overline{CD}=48$

$\therefore \overline{CD}=6(cm)$

△BCD가 직각삼각형이므로 피타고라스 정리를 이용하면

$\overline{BD}^2=8^2+6^2=100$

$\therefore \overline{BD}=10(cm)$

49 $\tan45^\circ\times\tan0^\circ+\cos45^\circ\times\sin45^\circ$를 계산하면?

① $-\frac{1}{2}$ ② 0

③ $\frac{1}{2}$ ④ 1

정답 | ③

해 설

$\tan45^\circ\times\tan0^\circ+\cos45^\circ\times\sin45^\circ$

$=1\times0+\frac{\sqrt{2}}{2}\times\frac{\sqrt{2}}{2}$

$=0+\frac{2}{4}$

$=\frac{1}{2}$

50 그림과 같은 $\angle C=90^\circ$인 직각삼각형 ABC에서 sinB의 값은?

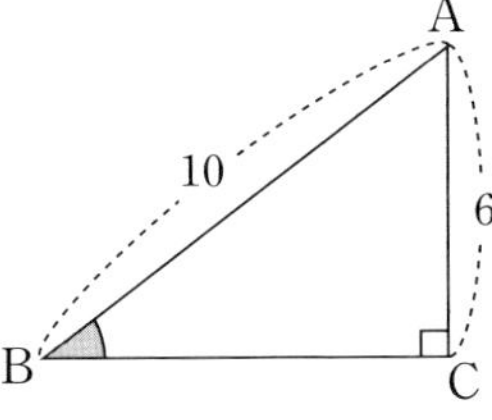

① $\frac{5}{3}$ ② $\frac{3}{5}$

③ $\frac{3}{4}$ ④ $\frac{4}{3}$

정답 | ②

해 설

$\sin B=\frac{(\text{높이})}{(\text{빗변의 길이})}=\frac{\overline{AC}}{\overline{AB}}=\frac{6}{10}=\frac{3}{5}$

01 다음 〈보기〉에서 가장 큰 수와 가장 작은 수의 곱은?

〈보기〉

$-7,\ 0,\ 5,\ 8,\ -4,\ 2,\ -3$

① -56　② -35
③ -32　④ -20

정답 | ①

해 설
〈보기〉 중에서 가장 큰 수는 8, 가장 작은 수는 -7이다.
따라서 두 수의 곱은 $8\times(-7)=-56$이다.

02 80을 소인수분해하면 $2^a\times5^b$이다. 이때, $a-b$의 값은?

① 1　② 2
③ 3　④ 4

정답 | ③

해 설
80을 소인수분해하면
$80=16\times5=2^4\times5$
따라서 $a=4$, $b=1$이므로 $a-b=3$이다.

03 $\left|-\frac{1}{2}\right|+1.25+\square=2$일 때, □의 값은?

① 0.25　② 0.5
③ 0.75　④ 1

정답 | ①

해 설
$\left|-\frac{1}{2}\right|=\frac{1}{2}=0.5$이므로
$\left|-\frac{1}{2}\right|+1.25=0.5+1.25=1.75$
$1.75+\square=2$
$\therefore\ \square=0.25$

04 연속하는 세 정수의 합이 108일 때, 세 정수 중 가장 작은 수는?

① 33　② 34
③ 35　④ 36

정답 | ③

해 설
연속하는 세 정수를 x, $x+1$, $x+2$라 하면
$x+(x+1)+(x+2)=108$
$3x+3=108$
$3x=105$
$x=35$
따라서 세 정수는 35, 36, 37이므로
가장 작은 수는 35이다.

05 한 개에 500원인 사탕 5개와 한 개에 800원인 과자 몇 개를 구입한 금액이 6,500원이었다. 구입한 과자의 개수는?

① 2　　② 3
③ 4　　④ 5

정답 | ④

해 설
사탕 5개의 가격은 500원×5=2,500원이므로 6,500원−2,500원=4,000원은 과자를 구입하는 데 썼다. 따라서 4,000원÷800원=5개이다.

06 다음 중 x, y의 관계가 반비례관계인 것은?

① $y=x$　　② $y=\frac{x}{2}$
③ $y=\frac{3}{x}$　　④ $y=4x$

정답 | ③

해 설
반비례관계는 x의 값이 2배, 3배, 4배가 되면 y의 값이 $\frac{1}{2}$배, $\frac{1}{3}$배, $\frac{1}{4}$배가 되는 관계이므로, ③의 '$y=\frac{3}{x}$'이 반비례관계이다.

07 좌표평면 위에 있는 점 P의 좌표는?

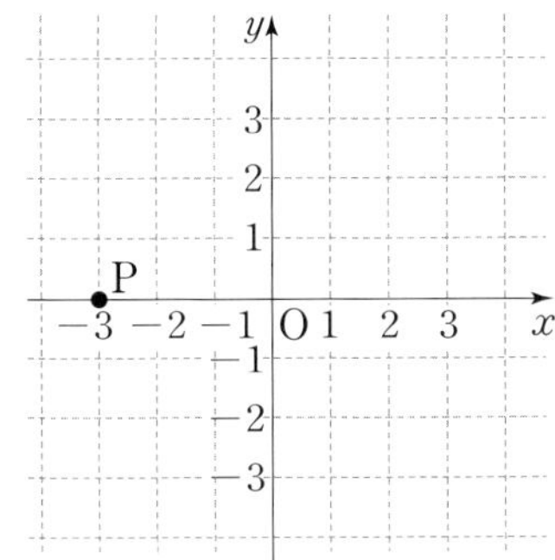

① P(0, −3)　　② P(−3, 0)
③ P(−3, −3)　　④ P(−1, −3)

정답 | ②

해 설
좌표평면 위의 점 P의 x좌표는 −3, y좌표는 x축 위에 있으므로 0이다.
∴ P(−3, 0)

08 그림은 일차함수 $y=\frac{1}{2}x+a$의 그래프이다. 이 그래프가 점 $(2, 3)$을 지날 때, a의 값은?

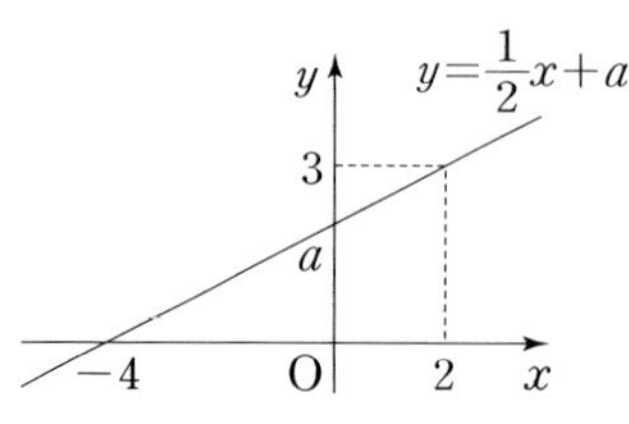

① 4 ② 3
③ 2 ④ 1

정답 | ③

해 설

점$(2, 3)$은 일차함수 $y=\frac{1}{2}x+a$ 위의 점이므로 대입해보면

$3=\frac{1}{2}\times 2+a$

$3=1+a$

$a=2$

09 그림은 1학기 동안 생일이 있는 학생 수를 조사하여 나타낸 히스토그램이다. 5월부터 8월까지 생일인 학생의 수는?

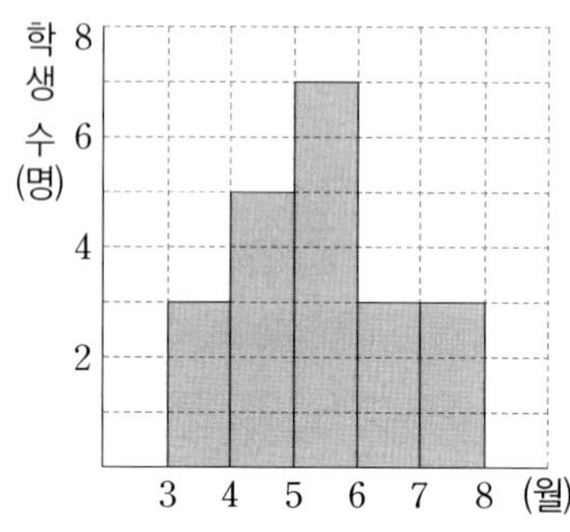

① 12 ② 13
③ 14 ④ 15

정답 | ②

해 설

히스토그램을 살펴보면 5월부터 8월까지 생일인 학생의 수는 $7+3+3=13$(명)이다.

10 다음은 정은이네 반 학생 35명의 수학점수를 나타낸 도수분포표이다. 80점 이상 받은 학생 수는?

수학점수(점)	학생 수(명)
0이상 ~ 50미만	2
50 ~ 60	4
60 ~ 70	4
70 ~ 80	8
80 ~ 90	11
90 ~100	6
합계	35

① 15　② 17
③ 19　④ 21

정답 | ②

해 설

수학 점수를 80점 이상 맞은 학생을 주어진 도수 분포표에서 살펴보면 아래와 같다.

수학 점수(점)	학생 수(명)
80이상 ~ 90미만	11
90 ~100	6

따라서 11+6=17명이다.

11 다음 도수 분포표에서 $a+b$의 값을 구하면?

점수	6	7	8	9	10	합계
도수	2	a	8	4	b	20

① 5　② 6
③ 7　④ 8

정답 | ②

해 설

도수의 합이 20이므로

$2+a+8+4+b=20$

$a+b+14=20$

$a+b=6$

12 다음 표는 5명의 학생의 수학 성적에 대한 편차를 나타낸 것이다. B의 편차가 지워져 보이지 않을 때, 지워진 편차의 값은?

학생	A	B	C	D	E
편차	−3		1	2	2

① −2　② −1
③ 0　④ 1

정답 | ①

해 설

편차의 총합은 0이므로, B의 편차를 x라 하면

$-3+x+1+2+2=0$

$x+2=0$

$x=-2$

13 주머니 속에 빨간 공 5개와 흰 공 3개가 들어 있다. 1개를 꺼낼 때 빨간 공일 확률은?

① $\frac{1}{8}$　② $\frac{1}{4}$
③ $\frac{3}{8}$　④ $\frac{5}{8}$

정답 | ④

해 설
공은 모두 8개이고, 그 중에 빨간 공은 5개이므로
1개를 꺼낼 때 빨간 공일 확률은 $\frac{5}{8}$

14 3종류의 빵과 5종류의 음료수가 있는 제과점에서 빵과 음료수를 각각 한 가지씩 고르는 모든 경우의 수를 구하면?

① 10가지　② 12가지
③ 14가지　④ 15가지

정답 | ④

해 설
3종류의 빵 중 한 가지를 고르는 것과 5종류의 음료수 중 한 가지를 고르는 사건은 동시에 일어나는 경우이다.
$\therefore 3\times5=15$(가지)

15 A에서 B를 거쳐 C로 가는 모든 길의 수는?

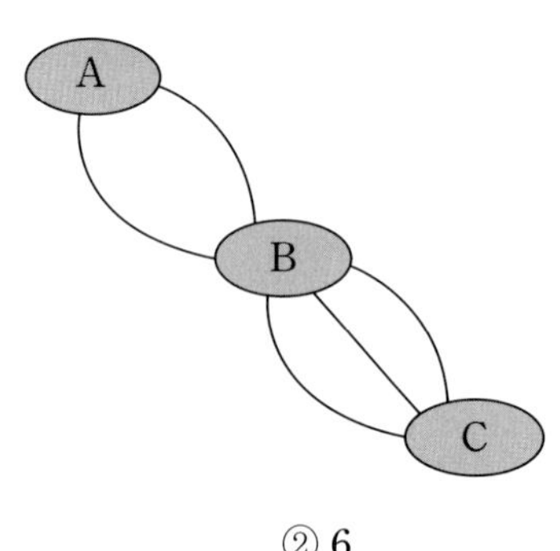

① 5　② 6
③ 7　④ 8

정답 | ②

해 설
A에서 B로 가는 방법이 2가지이고,
B에서 C로 가는 방법이 3가지이므로,
$2\times3=6$(가지)이다.

16 남자 2명, 여자 3명으로 이루어진 모임이 있다. 이 모임에서 대표 1명을 정할 때, 남자가 뽑힐 확률은?

① $\frac{2}{5}$　② $\frac{3}{5}$
③ $\frac{4}{5}$　④ 1

정답 | ①

해 설
이 모임에서 남자가 대표로 뽑힐 확률은 전체 인원 5명 중 남자 2명이다.
$\therefore \frac{2}{5}$

17 다음 표는 학생 25명의 혈액형을 조사하여 나타낸 것이다. 이 중에서 한 학생을 임의로 택했을 때, 그 학생의 혈액형이 A형이 아닐 확률은?

혈액형	A	B	AB	O	합계
학생 수(명)	8	9	4	4	25

① $\frac{8}{25}$ ② $\frac{12}{25}$

③ $\frac{17}{25}$ ④ $\frac{4}{5}$

정답 | ③

해 설

이 중에서 한 학생을 임의로 택했을 때, 그 학생의 혈액형이 A형일 확률이 $\frac{8}{25}$이다.

따라서 한 학생을 임의로 택했을 때, 그 학생의 혈액형이 A형이 아닐 확률은 $1-\frac{8}{25}=\frac{17}{25}$이다.

18 일차부등식 $4x-5>3$을 풀면?

① $x<-1$ ② $x>-1$

③ $x<2$ ④ $x>2$

정답 | ④

해 설

$4x-5>3$

$4x>3+5$

$4x>8$

양변을 4로 나누면

$\therefore x>2$

19 일차부등식 $2x+5>1$의 해를 수직선 위에 나타내면?

①
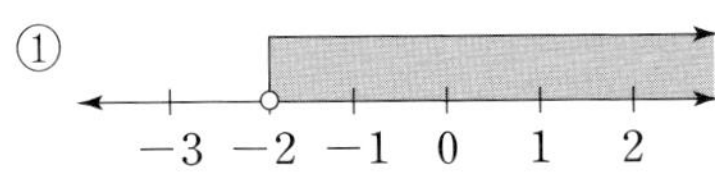

②
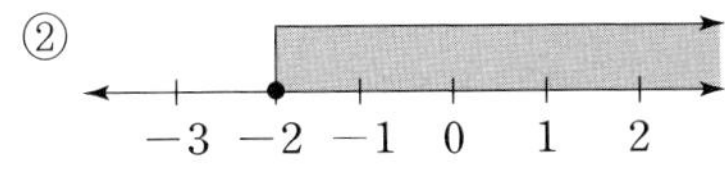

③
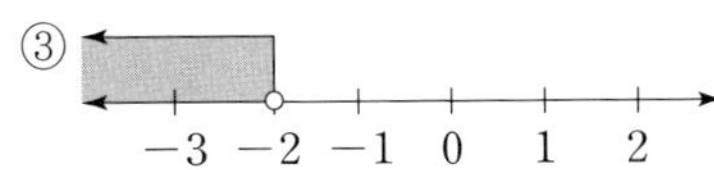

④
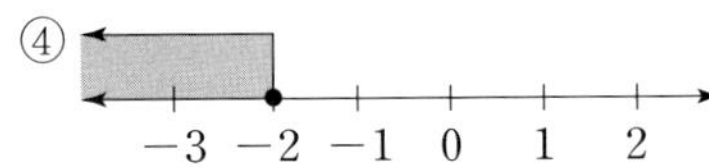

정답 | ①

해 설

먼저 일차부등식을 풀어보면

$2x+5>1$

$2x>1-5$

$2x>-4$

$x>-2$

따라서 이 범위를 수직선 위에 옳게 나타낸 것은 ①이다.

20 연립방정식 $\begin{cases} x+2y=1 \\ 2x-y=7 \end{cases}$을 풀면?

① $x=6,\ y=-4$

② $x=5,\ y=-3$

③ $x=4,\ y=-2$

④ $x=3,\ y=-1$

정답 | ④

해 설

$x+2y=1$ ⋯ ㉠

$2x-y=7$ ⋯ ㉡

㉠ 식에서 $x=1-2y$를 ㉡ 식에 대입하면

$y=-1,\ x=3$

$\therefore x=3,\ y=-1$

21 함수 $y=ax(a\neq0)$의 그래프가 점 $(2,\ 4)$를 지날 때, a^2의 값은?

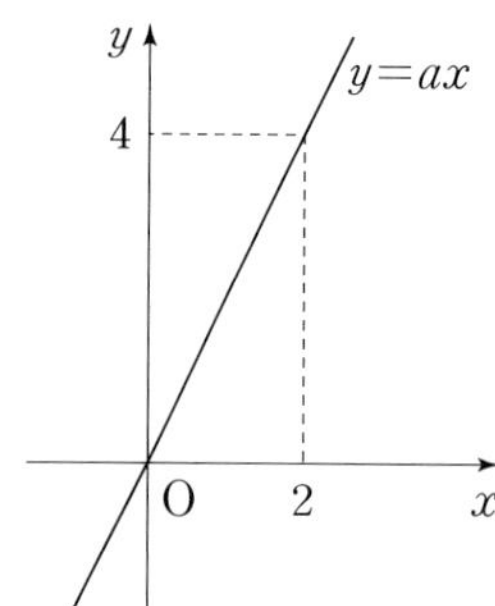

① 1 ② 4

③ 9 ④ 16

정답 | ②

해 설

$y=ax$의 그래프에 점 $(2,\ 4)$를 대입하면

$4=2a$

$\therefore a=2,\ a^2=4$

TIP

일차함수의 기울기

기울기$=\dfrac{y\text{의 증가량}}{x\text{의 증가량}}$

22 다음 분수 중 유한소수로 나타낼 수 없는 것은?

① $\dfrac{1}{4}$ ② $\dfrac{1}{5}$

③ $\dfrac{1}{6}$ ④ $\dfrac{1}{10}$

정답 | ③

해 설

유한소수는 분수를 기약분수로 했을 때 분모의 소인수가 2, 5뿐이어야 한다.

23 그림과 같은 평행사변형 ABCD에서 $\angle x$의 크기는?

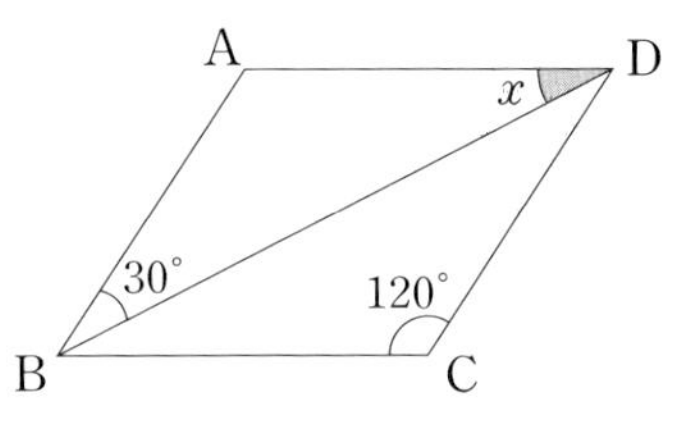

① 25° ② 30°
③ 35° ④ 40°

정답 | ②

해 설
평행사변형이므로 $\overline{AD} /\!/ \overline{BC}$이고, 엇각에 의해 $\angle x = \angle DBC$이다.
따라서 $30° + \angle x + 120° = 180°$, $\angle x = 30°$

24 그림에서 $\triangle ABC \backsim \triangle DEF$이고, $\overline{AC} = 2cm$, $\overline{DF} = 5cm$이다. $\overline{AB} = 3cm$일 때, $\overline{DE}$의 길이는?

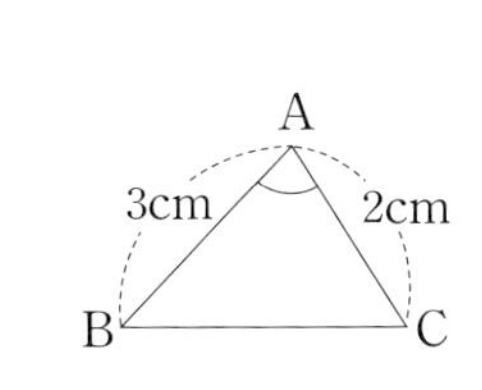

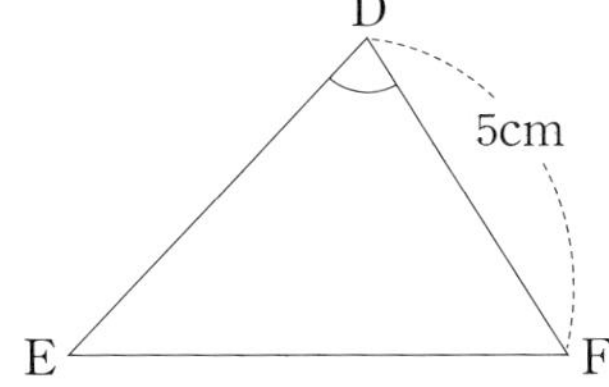

① $\frac{15}{2}$cm ② 8cm
③ $\frac{17}{2}$cm ④ 9cm

정답 | ①

해 설
두 삼각형은 닮음으로 $2:5$의 닮음비를 갖는다.
따라서 $2:5=3:\overline{DE}$, $2\overline{DE}=15$, $\overline{DE}=\frac{15}{2}$cm이다.

25 길이가 같은 빨대 9개로 그림과 같은 모양의 정삼각형을 만들었다. 이 때, 작은 정삼각형과 큰 정삼각형의 닮음비는? (단, 빨대의 굵기는 무시한다.)

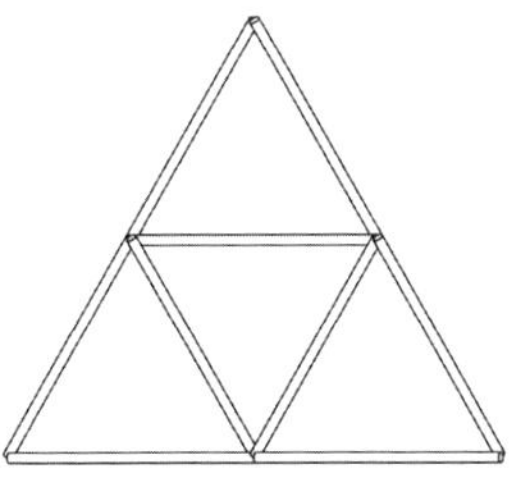

① 1 : 2 ② 1 : 3
③ 1 : 5 ④ 1 : 9

정답 | ①

해 설
닮음비란 닮은 두 도형에 대응하는 변의 길이의 비이므로 빨대 1개의 길이를 k라 하면 작은 정삼각형의 한 변의 길이는 k이고 큰 정삼각형의 한 변의 길이는 $2k$이므로 $1:2$이다.

26 다음 도형에서 $\angle BAC = \angle EDC$일 때, x의 길이를 구하면?

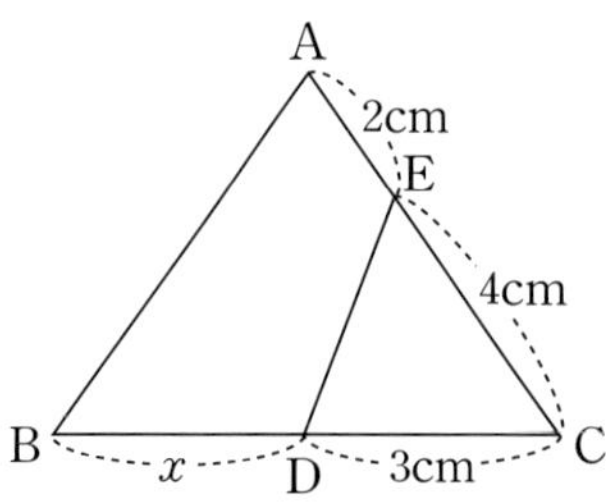

① 2cm ② 3cm

③ 4cm ④ 5cm

정답 | ④

해 설

$\angle C$는 공통, $\angle BAC = \angle EDC$

$\therefore \triangle ABC \backsim \triangle DEC$(AA닮음)

$\overline{AC} : \overline{DC} = \overline{BC} : \overline{EC}$이므로

$6 : 3 = (x+3) : 4$

$3(x+3) = 6 \times 4$

$3x + 9 = 24$

$3x = 15$

$\therefore x = 5$

27 다음 삼각형과 합동인 삼각형은?

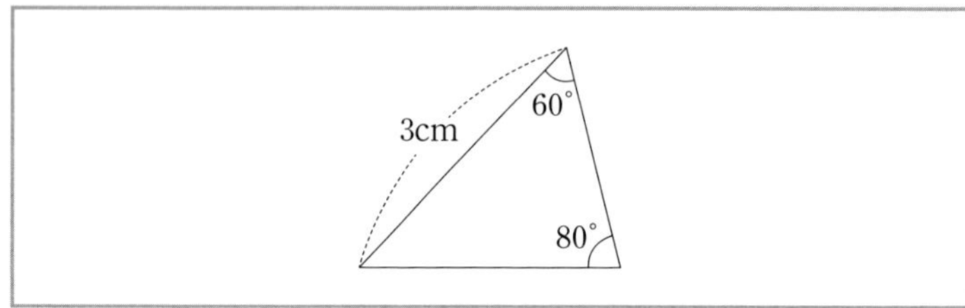

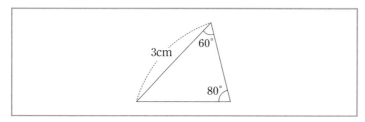

①

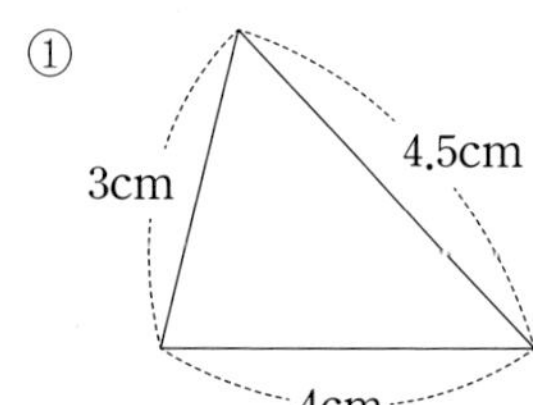

②

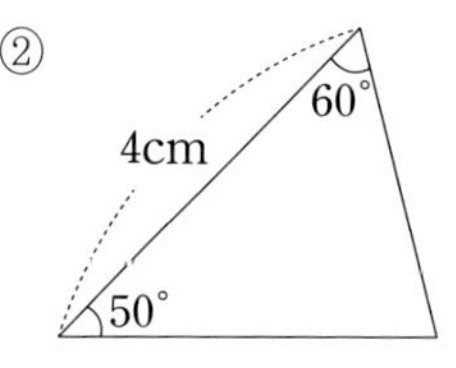

③

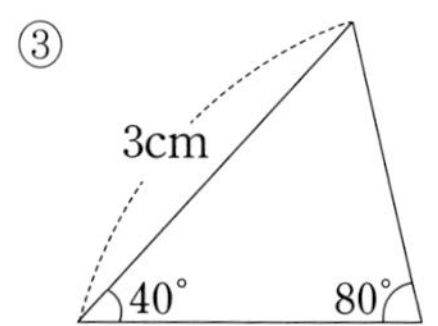

④

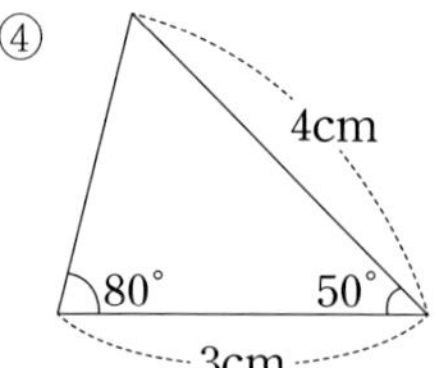

정답 | ③

해 설

주어진 삼각형의 내각을 모두 나타내면

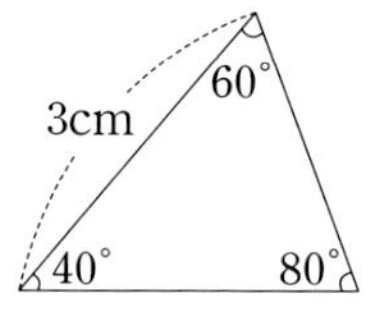

이와 합동인 삼각형은 ③이다.

28 그림과 같이 큰 정사각형의 각 변을 4등분하여 작은 정사각형 16개를 만들었다. 색칠한 두 정사각형의 닮음비가 2 : 1일 때, 넓이의 비는?

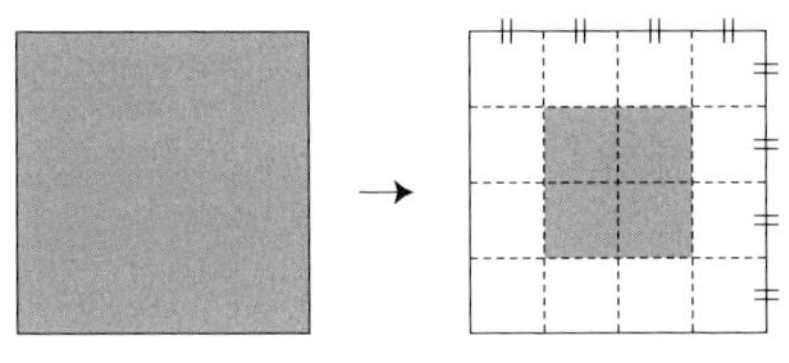

① 2 : 1　　② 4 : 1
③ 9 : 1　　④ 16 : 1

정답 | ②

해 설
두 정사각형의 닮음비가 2:1이므로 넓이의 비는 $2^2 : 1^2 = 4 : 1$이다.

TIP
닮은 도형의 넓이
닮은 도형의 닮음비가 $m : n$일 때, 닮은 도형의 넓이의 비는 $m^2 : n^2$이다.

29 24의 제곱근은?

① $\pm 2\sqrt{6}$　　② ± 5
③ $\pm 3\sqrt{6}$　　④ ± 24

정답 | ①

해 설
어떤 수를 제곱해서 24가 나오는 수를 24의 제곱근이라고 한다. 따라서 24의 제곱근은
$\pm\sqrt{24} = \pm\sqrt{2^2 \times 6} = \pm 2\sqrt{6}$

30 $\sqrt{48} = 4\sqrt{a}$일 때, a의 값은?

① 2　　② 3
③ 4　　④ 5

정답 | ②

해 설
$\sqrt{48} = \sqrt{4 \times 4 \times 3} = \sqrt{4^2} \times \sqrt{3} = 4\sqrt{3}$
$\therefore a = 3$

31 $a = \sqrt{5}+1$, $b = \sqrt{5}-1$일 때, $(a+b)(a-b)$의 값은?

① $2\sqrt{5}$　　② $4\sqrt{5}$
③ $4\sqrt{10}$　　④ 1

정답 | ②

해 설
$a = \sqrt{5}+1$, $b = \sqrt{5}-1$이므로
$a+b = \sqrt{5}+1+\sqrt{5}-1 = 2\sqrt{5}$
$a-b = \sqrt{5}+1-(\sqrt{5}-1) = 2$
$\therefore (a+b)(a-b) = 2 \times 2\sqrt{5} = 4\sqrt{5}$

32 $0<x<2$일 때, $\sqrt{(2-x)^2}+\sqrt{x^2}$을 간단히 하면?

① 2　② $-2x+2$
③ $x+2$　④ $2x+1$

정답 | ①

해 설

$0<x<2$이므로
$2-x>0$, $x>0$
$\sqrt{(2-x)^2}+\sqrt{x^2}=(2-x)+x=2$

33 그림과 같은 두 직사각형의 넓이의 합은?

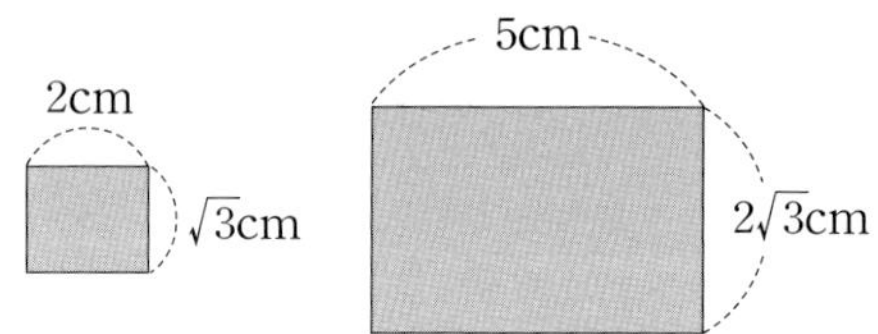

① $14\sqrt{3}\text{cm}^2$　② $12\sqrt{3}\text{cm}^2$
③ $10\sqrt{3}\text{cm}^2$　④ $8\sqrt{3}\text{cm}^2$

정답 | ②

해 설

작은 직사각형의 넓이는
$2\times\sqrt{3}=2\sqrt{3}(\text{cm}^2)$이고, 큰 직사각형의 넓이는 $5\times2\sqrt{3}=10\sqrt{3}(\text{cm}^2)$이다.
따라서 두 직사각형의 넓이의 합은
$2\sqrt{3}+10\sqrt{3}=12\sqrt{3}(\text{cm}^2)$

34 $x^2+12x+36=(x+\square)^2$일 때, □ 안에 알맞은 수는?

① 6　② 12
③ 36　④ 144

정답 | ①

해 설

$(x+6)^2=x^2+6x+6x+6^2$
$=x^2+12x+36$
$\therefore\ \square=6$

TIP

곱셈공식
$(a+b)^2=a^2+2ab+b^2$
$(a-b)^2=a^2-2ab+b^2$

35 $7x^2\times(-2x^4)$을 간단히 하면?

① $-14x^8$　② $-14x^6$
③ $14x^6$　④ $14x^8$

정답 | ②

해 설

$7x^2\times(-2x^4)$
$=7\times(-2)\times x^2\times x^4$
$=-14\times x^{2+4}$
$=-14x^6$

36 다음 식을 전개한 것은?

$$(2x+1)^2$$

① $4x^2+4x+1$　② $4x^2+2x+1$
③ $2x^2+2x+1$　④ $2x^2+x+1$

정답 | ①

해 설

$(2x+1)^2=(2x+1)(2x+1)$
$=4x^2+2x+2x+1$
$=4x^2+4x+1$

37 다음 식을 인수분해한 것은?

$$x^2+6x+8$$

① $(x+2)(x+4)$　② $(x-2)(x+4)$
③ $(x+2)(x-4)$　④ $(x-2)(x-4)$

정답 | ①

해 설

$x^2+6x+8=(x+2)(x+4)$

38 직사각형 모양의 사진이 있다. 이 사진의 넓이는 x^2+6x-7이고, 세로의 길이는 $x+7$일 때, 가로의 길이는?

$x+7$

① $x-1$　② $x+1$
③ $x-7$　④ x^2+1

정답 | ①

해 설

넓이가 x^2+6x-7인 직사각형에서 세로가 $x+7$이므로 인수분해를 해보면
$x^2+6x-7=(x-1)(x+7)$
따라서 가로의 길이는 $x-1$이다.

39 다음 중 나머지 셋과 공통인수를 갖지 않는 것은?

① x^2+2x ② x^2+5x+6

③ x^2+3x+2 ④ x^2+2x-3

정답 | ④

해 설

① $x(x+2)$

② $(x+2)(x+3)$

③ $(x+1)(x+2)$

④ $(x-1)(x+3)$

40 이차방정식 $(x-2)(2x+1)=0$의 두 근을 a, b라 할 때, ab의 값은?

① 0 ② -1

③ -2 ④ -3

정답 | ②

해 설

이차방정식 $(x-2)(2x+1)=0$의 두 근을 구해보면

$x-2=0$, $2x+1=0$

$x=2$, $-\frac{1}{2}$

따라서 $ab=2\times\left(-\frac{1}{2}\right)=-1$

41 이차방정식 $(2x+3)(x-1)=0$의 두 근을 a, b라 할 때, $a+b$의 값은?

① $\frac{1}{2}$ ② 0

③ $-\frac{1}{2}$ ④ -1

정답 | ③

해 설

이차방정식 $(2x+3)(x-1)=0$의 두 근은 $2x+3=0$, $x=-\frac{3}{2}$와 $x-1=0$, $x=1$이다. 따라서 두 근의 합은 $1+\left(-\frac{3}{2}\right)=-\frac{1}{2}$이다.

42 이차함수 $y=x^2-3$의 그래프에 대한 설명으로 옳은 것은?

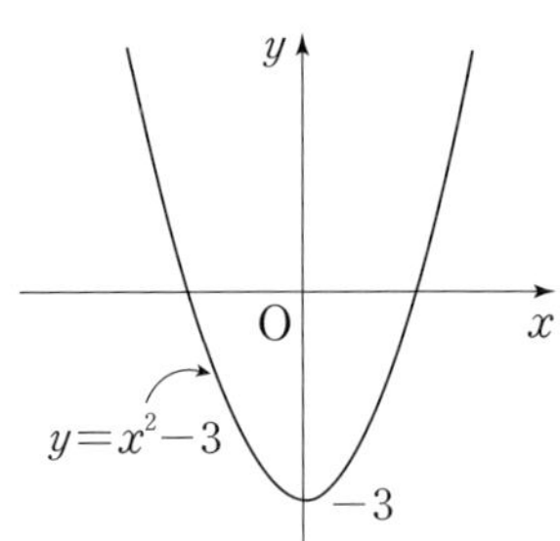

① 꼭짓점의 좌표는 $(-3, 0)$이다.

② 대칭축은 x축이다.

③ 점 $(2, \sqrt{2})$를 지난다.

④ $x=-\sqrt{3}$을 대입하면 $y=0$이 나온다.

정답 | ④

해 설

$x=-\sqrt{3}$을 대입하면 $y=0$이 나온다.

① 꼭짓점의 좌표는 $(0, -3)$이다.

② 대칭축은 y축이다.

③ 점 $(2, 1)$을 지난다.

43 다음 이차함수 중에서 그래프의 폭이 가장 작은 것은?

① $y=\frac{1}{2}x^2$ ② $y=\frac{5}{12}x^2$

③ $y=-x^2$ ④ $y=2x^2$

정답 | ②

해 설

이차함수 중에서 그래프의 폭이 가장 크기 위해서는 이차항 즉, x^2 앞의 수(계수)의 크기가 작아야 한다. 따라서 폭이 가장 작은 함수는 ② '$y=\frac{5}{12}x^2$'이다.

44 $\overline{AB}=3cm$, $\overline{AD}=3cm$, $\overline{BF}=4cm$인 직육면체가 있다. 이 직육면체의 부피는?

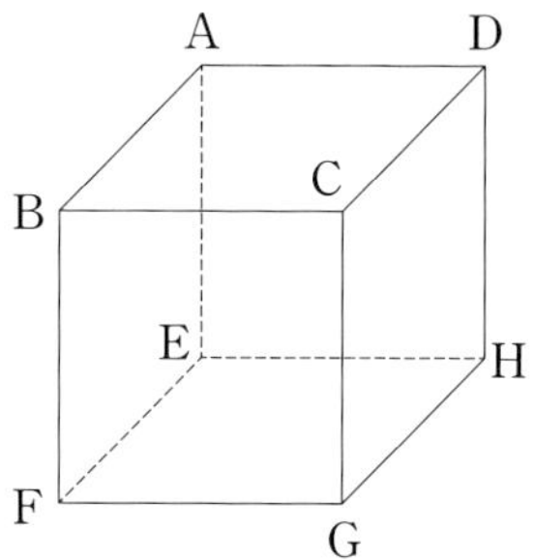

① $24cm^3$ ② $28cm^3$

③ $32cm^3$ ④ $36cm^3$

정답 | ④

해 설

직육면체의 부피는 (밑넓이)×(높이)이므로

$(3\times3)\times4=9\times4=36cm^3$

45 그림과 같이 밑면의 반지름 길이가 5cm, 모선의 길이가 13cm인 원뿔의 높이 h는?

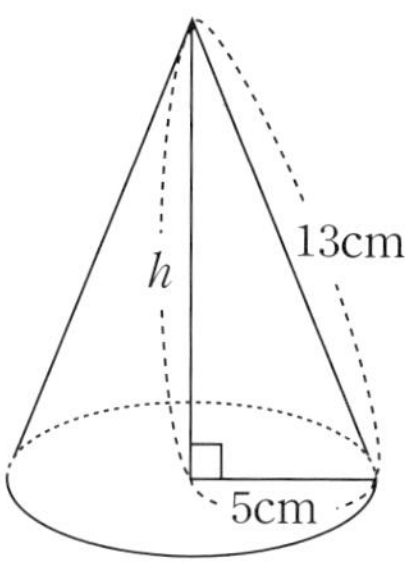

① 9cm ② 10cm

③ 11cm ④ 12cm

정답 | ④

해 설

피타고라스의 정리에 의해

$5^2+h^2=13^2$

$h^2=13^2-5^2$

$h^2=144$

$\therefore h=\sqrt{144}=12(cm)$

46 $\angle C=90°$인 직각삼각형 ABC에서 cosB의 값은?

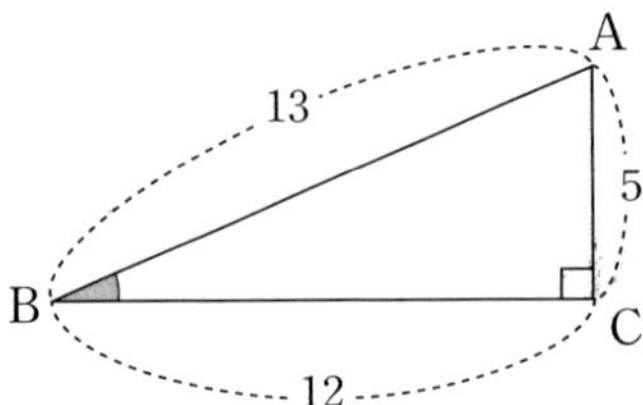

① $\frac{12}{5}$ ② $\frac{5}{12}$

③ $\frac{5}{13}$ ④ $\frac{12}{13}$

정답 | ④

해 설

$\cos B=\frac{(\text{밑변의 길이})}{(\text{빗변의 길이})}=\frac{\overline{BC}}{\overline{AB}}=\frac{12}{13}$

47 다음 그림에서 $\angle x$의 크기를 구하면?

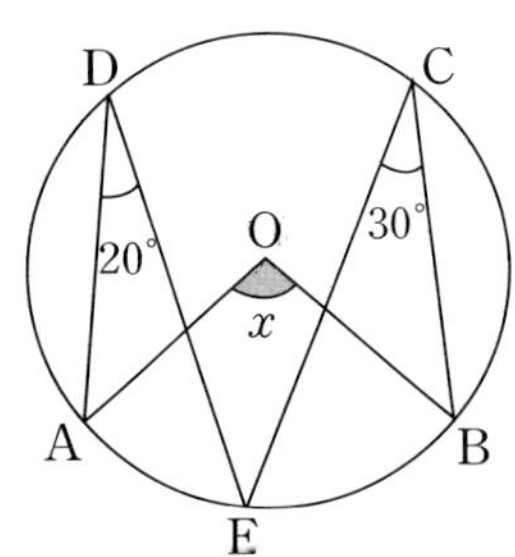

① 50° ② 75°

③ 80° ④ 100°

정답 | ④

해 설

$\overline{OE}$를 그으면

$\angle AOE=2\angle ADE=2\times20°=40°$

$\angle BOE=2\angle BCE=2\times30°=60°$

$\therefore \angle x=\angle AOE+\angle BOE$

$=40°+60°$

$=100°$

48 그림의 원 O에서 호 AB에 대한 원주각 ∠APB=50°일 때, 중심각 ∠AOB의 크기는?

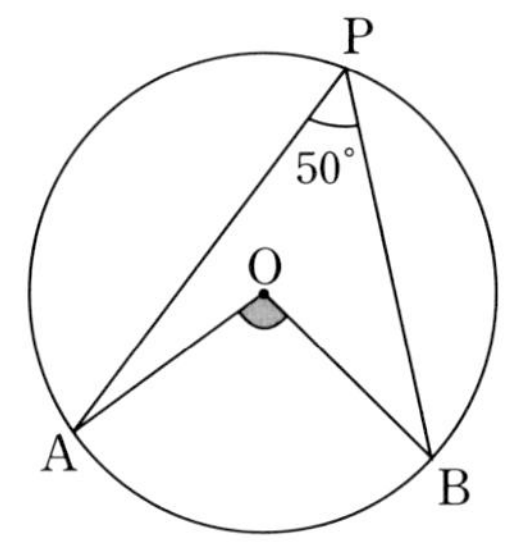

① 60°　② 80°
③ 100°　④ 120°

정답 | ③

해 설

호 AB에 대한 원주각 ∠APB의 크기는 점 P의 위치에 관계없이 일정하고, 그 크기는 중심각 ∠AOB 크기의 $\frac{1}{2}$이다.

즉, $\angle APB=\frac{1}{2}\angle AOB$

$\therefore \angle AOB=100°$

49 원 O에서 ∠AOB=30°, $\overset{\frown}{AB}$=4cm, ∠COD=120°일 때, $\overset{\frown}{CD}$의 길이는?

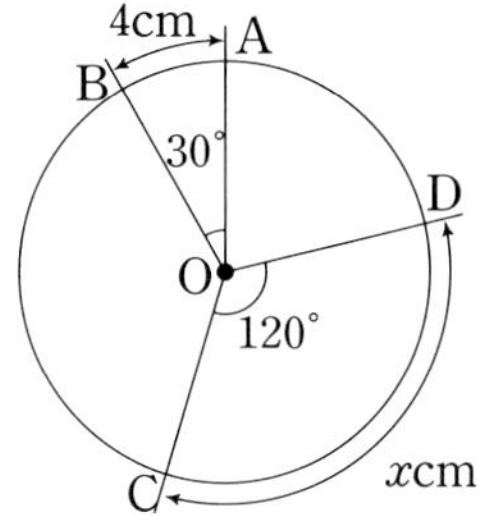

① 16cm　② 18cm
③ 20cm　④ 22cm

정답 | ①

해 설

원주각과 호의 길이는 비례관계에 있으므로

$30° : 120° = 4\text{cm} : x$

$\therefore x=16\text{cm}$

50 공부시간과 성적 간에는 양의 상관관계를 갖는다고 한다. 이에 대한 상관도로 옳은 것은?

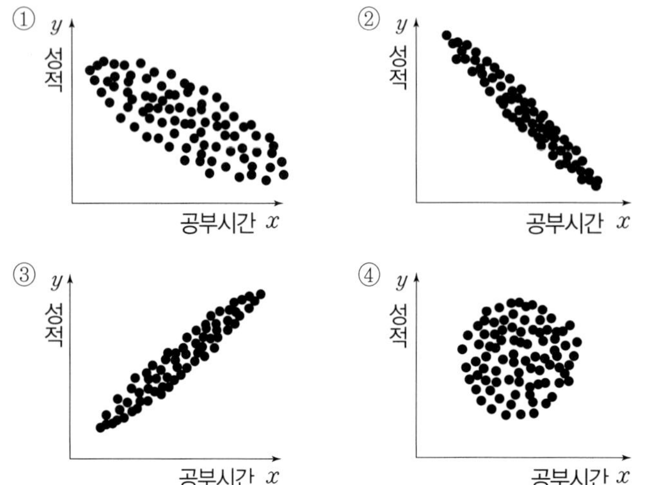

정답 | ③

해 설

'양의 상관관계'를 통해서, 그래프의 x값이 증가할 때, y값도 증가하는 비례관계임을 알 수 있다.

PART 3

영어

STEP1. 기본문제

STEP2. 응용문제

영어 | 기본문제

01 다음 단어들을 모두 포함하는 것은?

waist, knee, hand, arm, head

① foot ② gesture
③ body ④ family

정답 | ③

해 설
waist(허리), knee(무릎), hand(손), arm(팔) head(머리)는 모두 우리 몸(body)의 일부분이다.

어 휘
gesture 몸짓, 동작

02 다음 단어들을 모두 포함하는 것은?

table, chair, sofa, bed

① weather ② company
③ furniture ④ animal

정답 | ③

해 설
table(탁자), chair(의자), sofa(소파), bed(침대)는 모두 가구(furniture)에 속한다.

03 두 단어의 관계가 나머지 셋과 다른 것은?

① fast – slow ② begin – start
③ sleep – wake ④ positive – negative

정답 | ②

해 설
'begin – start'는 동의어 관계로, 두 단어 모두 '시작하다'라는 의미를 지닌다. 나머지는 모두 서로 상반된 의미의 반의어 관계이다.
① fast(빠른) – slow(느린)
③ sleep(자다) – wake(깨다)
④ positive(긍정적인) – negative(부정적인)

04 두 단어의 의미 관계가 나머지 셋과 다른 것은?

① tell – speak ② loud – noisy
③ pull – push ④ avoid – escape

정답 | ③

해 설
'pull(당기다) – push(밀다)'는 상반된 의미를 지닌 반의어 관계이다. 나머지는 모두 같은 의미를 지닌 동의어 관계이다.
① 말하다
② 시끄러운
④ 피하다

05 빈칸에 들어갈 단어로 알맞은 것은?

A : Are you OK, Suji?
B : No. I ________ not. I have a headache.

① do ② were
③ am ④ is

정답 | ③

해 설
be동사의 현재형으로 묻고 대답한다.

어 휘
headache 두통

해 석
A : Suji야, 너 괜찮니?
B : 아니, 나 두통이 있어.

06 다음 빈칸에 들어갈 말로 적절한 것은?

My grandfather and I ________ on a picnic yesterday.

① will go ② goes
③ go ④ went

정답 | ④

해 설
할아버지와 나는 어제 소풍갔으므로 빈칸에는 과거를 나타내는 과거동사 went가 와야 한다.

해 석
나의 할아버지와 나는 어제 소풍을 갔다.

07 다음 빈칸에 들어갈 수 있는 말로 적절한 것은?

Sumin ________ fishing next weekday.

① go ② will go
③ goes ④ went

정답 | ②

해 설
Sumin은 다음 주 평일에 낚시를 갈 예정이므로 미래시제인 'will'이 들어간 'will go'가 적절하다.

어 휘
weekday 평일

해 석
Sumin은 다음 주 평일에 낚시를 하러 갈 것이다.

08 다음 낱말들을 배열하여 문장을 완성하면?

If you (a) would you do? (b) my shoes, (c) what (d) were in

① (a) – (c) – (b) – (d) ② (b) – (c) – (a) – (d)
③ (c) – (d) – (b) – (a) ④ (d) – (b) – (c) – (a)

정답 | ④

해 설
in my shoes는 '내 입장에서'라는 뜻으로 쓰인다. 따라서 문장을 완전히 배열하면 'If you (d) were in (b) my shoes, (c) what (a) would you do?'이다.

해 석
네가 만약 내 입장이라면, 너는 어떻게 하겠니?

09 다음 대화가 자연스럽지 않은 것은?

① A : Where is the post office?
  B : That' a good idea.

② A : What is your favorite food?
  B : I like Kimchi.

③ A : How do you go to school?
  B : I go to school on foot.

④ A : Will you join us?
  B : Of course.

정답 | ①

해 설

A가 우체국이 어딘지를 묻고 있으므로 이에 알맞은 대답을 해야 하는데 좋은 생각인지를 물어봤을 때 사용하는 엉뚱한 대답을 하고 있다.

어 휘

post office 우체국
favorite 마음에 드는, 매우 좋아하는
on foot 걸어서, 도보로
join 함께하다

해 석

① A : 우체국이 어디에 있습니까?
  B : 그것은 좋은 생각입니다.

10~11 빈칸에 들어갈 알맞은 말을 고르시오.

10

> A : I think you are sitting in my seat.
> B : Oh, That's right. I'm sorry. I'm seat the ________ place.

① right　② wrong
③ my　④ his

정답 | ②

해 설

자신의 자리에 잘못 앉은 것 같다는 A의 말에 B가 미안하다고 답하고 있으므로 B는 wrong(틀린, 잘못된) 자리에 앉아있었다고 말하는 것이 적절하다.

어 휘

sit 앉다
seat 자리, 좌석

해 석

A : 제 자리에 앉아 계신 것 같아요.
B : 오, 그렇네요. 죄송합니다. 제가 잘못된 자리에 앉았네요.

11

> A : ________ are you from?
> B : I'm from Korea.

① Where　② What
③ When　④ Who

정답 | ①

해 설

'어디서' 왔느냐고 묻는 것이므로 장소를 나타내는 관계부사인 Where로 물어야 한다.

해 석

A : 너 어디서 왔니?
B : 나는 한국에서 왔어.

12~13 다음 빈칸에 공통으로 들어갈 말로 가장 적절한 것을 고르시오.

12

- We should ________ the environment.
- I have to ________ $500 to buy a new computer.

① make ② give
③ take ④ save

정답 | ④

해 설
save는 동사로 상실, 손실 등으로부터 구한다는 뜻이 있고, 어떤 것을 사거나 하기 위해 돈을 모으다, 저축하다 등의 뜻이 있다.

해 석
- 우리는 환경을 지켜야 한다.
- 나는 새 컴퓨터를 사기 위해 500달러를 저축해야 한다.

13

- They all laughed ________ my joke.
- They arrived ________ the station.

① at ② with
③ to ④ on

정답 | ①

해 설
장소를 나타낼 때는 전치사 at을 쓴다.

어 휘
arrive at ~에 도착하다
laugh at ~을 비웃다

해 석
- 그들 모두 나의 농담에 웃었다.
- 그들이 역에 도착했다.

14 빈칸에 들어갈 말이 순서대로 바르게 짝지어진 것은?

- A : What ________ you usually do after school?
  B : I play soccer with my friends.
- A : What are you ________ now?
  B : I am listening to music.

① do – doing ② do – does
③ does – do ④ does – doing

정답 | ①

해 설
습관이나 반복적인 일을 말할 때에는 현재 시제를 쓰고, 현재진행중인 일을 말할 때에는 현재진행형을 써야 한다.

해 석
- A : 방과 후에는 보통 무엇을 하니?
  B : 친구와 함께 축구를 해.
- A : 지금 뭐하고 있니?
  B : 음악을 듣고 있어.

15 빈칸에 공통으로 들어갈 알맞은 말은?

- What are you looking ________?
- Korea is famous ________ teakwondo.

① at ② to
③ for ④ from

정답 | ③

해 설
look for과 famous for 모두 '~을 찾다'와 '~으로 유명한'이라는 뜻을 가진 숙어이다.

해 석
- 너 무엇을 찾고 있니?
- 한국은 태권도로 유명하다.

16 다음 빈칸에 들어갈 말로 적절한 것은?

she ________ a cake herself.

① baking ② bake
③ bakes ④ have baked

정답 | ③

해 설
주어는 3인칭 단수인 'she'이므로 단수동사가 와야 한다. 단수동사는 동사의 형태에 '-s', '-es'를 붙여서 나타낸다.

해 석
그녀는 직접 케이크를 굽는다.

17 다음 대화에서 가리키고 있는 표지판은?

A : What does the sign say?
B : It says, "Do not smoke in this place."

①

②

③

④

정답 | ①

해 설
표지판에 적혀 있는 내용이 무엇인지 물어봤을 때 담배를 피우지 말라고 적혀있다고 대답하였으므로 금연 구역을 알리는 표지판인 ①이 정답이다.

어 휘
sign 표지판
smoke 담배를 피우다

해 석
A : 표지판에 뭐라고 적혀 있니?
B : "여기에서 담배를 피우지 마시오."라고 적혀 있어.

18 다음 대화에서 B가 찾고 있는 가방은?

A : What are you looking for?
B : I'm looking for the bag with a bear on it.

①

②

③

④

정답 | ④

해 설
B는 '곰'이 있는 가방을 찾고 있다고 했으므로 알맞은 가방은 ④이다.

해 석
A : 무엇을 찾고 있니?
B : 곰이 그려진 가방을 찾고 있어.

19~21 대화의 빈칸에 들어갈 말로 가장 적절한 것을 고르시오.

19

A : What time will the bus arrive?
B : ____________________

① No thank you. ② For three days.
③ By bus. ④ At two o'lock.

정답 | ④

해 설
A는 버스가 몇 시에 도착하는지에 대해 묻고 있으므로 B의 대답으로 가장 적절한 것은 ④의 '2시에 도착합니다.'이다.

어 휘
arrive 도착하다

해 석
A : 몇 시에 버스가 도착하나요?
2시에 도착합니다.
① 괜찮습니다.
② 3일간 걸립니다.
③ 버스로 갑니다.

20

A : ____________________
B : Because she sings very well.

① What is your hobby?
② When do you sing a song?
③ Why do you like the singer?
④ Who is your favorite singer?

정답 | ③

해 설
B가 because(왜냐하면)라고 대답하고 있으므로 A는 why(왜, 어째서)라고 질문했음을 추측할 수 있다.

해 석
A : 너는 왜 그 가수를 좋아하니?
B : 왜냐하면 그녀는 노래를 매우 잘하거든.
① 너의 취미는 무엇이니?
② 너는 언제 노래 부르니?
④ 네가 가장 좋아하는 가수는 누구니?

1. 국어
2. 수학
3. 영어
4. 사회
5. 과학
6. 도덕
7. 모의고사
8. 정답 및 해설

21

> A : Who's the man in the picture?
> B : He is my English teacher.
> A : What's he like?
> B : He is very kind. ______________

① He gives us a lot of homework.
② He is good at playing soccer.
③ He likes a polite student.
④ He always helps us.

정답 | ④

해 설
마지막에 B는 "그는 매우 친절하다."고 했으므로 이와 관련된 내용이 오는 것이 적절하다.

해 석
A : 사진 속에 있는 남자는 누구니?
B : 그는 나의 영어 선생님이야.
A : 그는 어떤 사람이니?
B : 그는 매우 친절해.
④ 그는 항상 우리를 도와줘.
① 그는 우리에게 많은 숙제를 내줘.
② 그는 축구를 매우 잘 해.
③ 그는 예의 바른 학생을 좋아해.

22 밑줄 친 말의 의도로 가장 적절한 것은?

> A : I am so tired because I didn't sleep yesterday to study.
> B : <u>Why don't you take a break?</u>
> A : Sounds great.

① 권유하기 ② 거절하기
③ 초대하기 ④ 칭찬하기

정답 | ①

해 설
'Why don't you~'는 제안할 때 쓰는 표현이다. 대화에서는 공부하느라 잠을 못 자서 피곤한 A에게 B가 휴식을 취하는 게 어떻겠냐고 제안(권유)하고 있다.

어 휘
take a break 휴식을 취하다

해 석
A : 나는 어제 공부하느라 잠을 못 자서 너무 피곤해.
B : <u>잠시 휴식을 취하는 게 어떻겠니?</u>
A : 그거 좋은 생각이야.

23 다음에서 'this'가 가리키는 것은?

> When we go somewhere, we use <u>this</u>. <u>This</u> is useful and convenient. Most people use <u>this</u> to travel. <u>This</u> can carry a lot of baggage. When you're driving <u>this</u> thing, you must fasten the seat belt.

① 사전 ② 애완동물
③ 자동차 ④ 집

정답 | ③

해 설
주어진 제시문의 조건에 맞는 것을 보기에서 고르면 ③의 '자동차'이다.

어 휘
useful 유용한
convenient 편리한
baggage 짐
fasten 매다, 채우다
seat belt 안전벨트

해 석
우리가 어떤 장소를 갈 때, 우리는 <u>이것</u>을 이용합니다. <u>이것</u>은 유용하고 편리합니다. 대부분의 사람들은 여행갈 때 <u>이것</u>을 이용합니다. <u>이것</u>은 많은 물건들을 실을 수 있습니다. 당신이 <u>이것</u>을 운전할 때 당신은 안전벨트를 매야 합니다.

24 다음 대화에서 Mike가 축제에 가지 못하는 이유는?

> Sam : Would you like to go to a festival in Seoul tomorrow with me?
> Mike : Sorry I can't. I have a test tomorrow.
> Sam : Too bad. Let's go together next time.

① 감기에 걸려서 ② 가족약속이 있어서
③ 집에 손님이 와서 ④ 내일 시험이 있어서

정답 | ④

해 설
같이 축제를 가자고 제안하는 Sam에게 Mike는 내일 시험이 있어 가지 못한다고 거절하고 있으므로 ④의 '내일 시험이 있어서'가 적절하다.

어 휘
festival 축제
test 시험

해 석
Sam : 내일 서울에서 열리는 축제에 같이 가지 않을래?
Mike : 미안해 갈 수 없어. 난 내일 시험이 있어
Sam : 안됐다. 다음에 같이 가자.

25 다음 대화에서 여자가 가려고 하는 곳은?

> Woman : Excuse me. Is there a Library nearby?
> Man : Yes. Go straight one blocks and turn right at post office. It's next to the bank.

① 박물관 ② 은행
③ 우체국 ④ 도서관

정답 | ④

해 설
도서관이 근처에 있는지 물어보는 여자의 질문에 남자가 대답하고 있으므로 제시문의 문맥상 여자는 도서관에 가려고 함을 알 수 있다.

해 석
여자 : 실례지만, 근처에 도서관이 있나요?
남자 : 네, 곧장 한 블록을 가다가 우체국에서 오른쪽으로 가세요. 그것은 은행 옆에 있어요.

26 다음 중 글의 전체 흐름과 어울리지 않는 것은?

> My favorite food is Pizza. ⓐ My mom makes it for me. ⓑ She likes sandwich. ⓒ I have it once or twice a week. ⓓ It's very delicious.

① ⓐ ② ⓑ
③ ⓒ ④ ⓓ

정답 | ②

해 설
이 글의 중심 소재는 '내가 좋아하는 음식'이다. 엄마가 좋아하는 음식에 대한 내용은 글의 흐름과 어울리지 않는다.

해 석
내가 가장 좋아하는 음식은 피자이다. ⓐ 나의 어머니는 나를 위해서 그것을 만들어 주신다. ⓑ 그녀는 샌드위치를 좋아한다. ⓒ 나는 그것을 일주일에 한 번 또는 두 번 먹는다. ⓓ 그것은 매우 맛있다.

27 밑줄 친 말의 의도로 알맞은 것은?

> A : Please forgive me.
> B : What's wrong?
> A : I lost your note.
> B : That's OK.

① 제안하기　② 부탁하기
③ 용서하기　④ 사과하기

정답 | ④

해 설
'forgive'는 '용서하다'는 의미이고, A는 B의 물건을 잃어버린 상황이므로 밑줄 친 말의 의도로 적절한 것은 사과하기이다.

해 석
A : 나를 용서해줘.
B : 뭐가 잘못됐어?
A : 내가 너의 노트를 잃어버렸어.
B : 괜찮아.

28 다음 상황을 적절하게 표현한 것은?

① She is reading a book.
② She is playing football.
③ She is taking a shower.
④ She is painting a picture.

정답 | ④

해 설
여자는 그림을 그리고 있으므로 그림을 그리고 있다는 내용의 ④가 가장 적절하다.

해 석
④ 그녀는 그림을 그리고 있다.
① 그녀는 책을 읽고 있다.
② 그녀는 축구를 하고 있다.
③ 그녀는 샤워를 하고 있다.

29 다음 글의 주제로 알맞은 것은?

> What do you do for your health? You should eat breakfast and exercise regularly. And you should get enough sleep every night.

① 효율적인 공부 방법　② 바람직한 여가 활동
③ 이상적인 친구 관계　④ 건강을 위한 생활 습관

정답 | ④

해 설
건강을 위한 생활 습관에 대해 이야기하고 있으므로 ④가 가장 적절하다.

해 석
당신은 당신의 건강을 위해 무엇을 하고 있습니까? 당신은 아침 식사를 해야 하고 규칙적으로 운동을 해야 합니다. 그리고 매일 밤 충분한 잠을 자야 합니다.

30 다음 글의 주제로 알맞은 것은?

Mr. Kim is my neighbor. He is a fireman. He drives a big fire engine.

Mr. Han is a mailman. He brings us happy news.

Mrs. Nam works in a flower shop. In spring, she sells many beautiful flowers.

① 이웃들의 성격 ② 이웃들의 직업
③ 이웃들의 특기 ④ 이웃들의 가족관계

정답 | ②

해 설
제시된 글은 김씨, 한씨, 남씨 세 이웃의 직업과 하는 일에 대해 설명한 글이다.

어 휘
neighbor 이웃
fireman 소방관
mailman 우체부

해 석
김씨는 나의 이웃이다. 그는 소방관이다. 그는 커다란 소방차를 운전한다. 한씨는 우체부이다. 그는 우리에게 행복한 소식을 가져다준다. 남 여사는 꽃가게에서 일한다. 봄에 그녀는 많은 아름다운 꽃들을 판다.

31 다음 글을 쓴 목적으로 알맞은 것은?

Dear Sara,

I just got your flower. Twenty red roses! What a wonderful birthday present and how nice of you to remember my birthday, even when you're on vacation.

① 축하 ② 감사
③ 사과 ④ 격려

정답 | ②

해 설
글쓴이는 Sara에게 생일 선물로 꽃을 받은 것에 대하여 감사를 표하고 있다.

해 석
Sara에게
방금 꽃을 받았어. 20송이의 빨간 장미를! 얼마나 멋진 생일선물이었던지! 휴가 중에도 내 생일을 기억해주다니 정말 멋지구나.

32 다음 일기 예보를 보고 빈칸에 들어갈 알맞은 말은?

Mon	Tue	Wed	Thur	Fri
13	14	15	16	17

A : Today is Tuesday. It's raining.
B : How about Friday?
A : It will be ________________.

① sunny ② rainy
③ snowy ④ cloudy

정답 | ④

해 설
그림에서 금요일에 해당하는 일기 예보는 구름모양이므로 구름이 낀(cloudy)이라고 표현해야 한다.

해 석
A : 오늘은 화요일. 비가 오고 있습니다.
B : 금요일은 어떻습니까?
A : 잔뜩 흐린 날씨가 될 것입니다.

33 다음 I의 직업으로 알맞은 것은?

> I am a sports player. When I play this sport, I need a ball and a racket. I also need a table. Two or four people can play this sport together.

① 테니스선수 ② 탁구선수
③ 축구선수 ④ 야구선수

정답 | ②

해 설
공과 라켓, 테이블이 필요하고 두 명 혹은 네 명이 함께 할 수 있는 운동은 탁구이다. 따라서 I는 탁구선수임을 알 수 있다.

해 석
나는 운동선수입니다. 내가 이 운동을 할 때 나는 한 개의 공과 한 개의 라켓이 필요합니다. 또한 테이블도 필요합니다. 두 명 혹은 네 명의 사람들이 이 운동을 함께 할 수 있습니다.

34 밑줄 친 'It'이 가리키는 것으로 알맞은 것은?

> <u>It</u> is an Italian dish made of a flat round bread with cheese, tomatoes, vegetables, and meat on top.

① sandwich ② chicken
③ pasta ④ pizza

정답 | ④

해 설
이탈리아 요리라는 점, 빵 위에 치즈, 토마토, 야채, 고기가 올라간다는 점을 통해 '피자'임을 알 수 있다.

어 휘
flat 평평한, 납작한

해 석
<u>이것은</u> 치즈, 토마토, 야채와 고기가 위에 올라간 납작하고 둥근 빵으로 만들어진 이탈리아의 요리이다.

35 다음 글의 내용과 일치하지 <u>않는</u> 것은?

> I get up at 6 o'lock in the morning. I wear my school uniform and go to school at eight. I ride a bike. School starts at nine and finishes at 3:30.

① 나는 아침 6시에 일어난다.
② 나는 교복을 입고 학교에 간다.
③ 나는 자전거를 타고 등교한다.
④ 학교는 8시에 시작해서 3시 30분에 끝난다.

정답 | ④

해 설
학교는 9시에 시작해서 3시 30분에 끝난다.

어 휘
ride a bike 자전거를 타다

해 석
나는 아침 6시 정각에 일어난다. 나는 교복을 입고 학교에 8시에 간다. 나는 자전거를 탄다. 학교는 9시에 시작해서 3시 30분에 끝난다.

36 다음에서 설명하는 것으로 알맞은 것은?

> It changes its color at times. During a clear day it is very blue, and on a rainy day it is gray. At night it seems almost black.

① 하늘 ② 바람
③ 구름 ④ 바다

정답 | ①

해 설
하늘이 상황에 따라 우리 눈에 다른 색깔로 보이는 현상을 설명한 글이다.

어 휘
seems ~(인 것처럼)보이다, ~인 것 같다
almost 거의

해 석
이것은 때때로 색깔이 변한다. 맑은 날에는 매우 푸르다. 그리고 비 오는 날에는 회색이 된다. 밤에는 거의 검은 색이다.

37 밑줄 친 'this'가 공통으로 가리키는 것은?

> • We can't live without this.
> • We drink this everyday.
> • We take a shower with this.

① fire ② money
③ water ④ shampoo

정답 | ③

해 설
제시된 조건에 맞는 것을 보기에서 고르면 ③의 물(water)이 가장 적절하다.

어 휘
without ~없이

해 석
• 우리는 이것 없이는 살 수 없다.
• 우리는 이것을 매일 마신다.
• 우리는 이것으로 샤워한다.

38 다음 대화가 이루어지는 장소로 알맞은 것은?

> A : Can I try this on?
> B : Sure. It's look good on you.

① hotel ② bank
③ airport ④ store

정답 | ④

해 설
대화가 이루어지는 곳은 상점(store)이다.

어 휘
sure 확신하는

해 석
A : 이것을 입어 봐도 될까요?
B : 물론이죠. 잘 어울리실 거예요.

39 다음 글의 내용과 어울리는 장소는?

> Ladies and gentlemen, Good evening. This is your captain speaking. Please fasten your seat belts. In fifteen minutes, we'll be arriving. We hope that you enjoyed your flight.

① 항구　② 서점
③ 공항　④ 공연장

정답 | ③

해 설
마지막 문장의 flight(비행)를 통해 정답을 유추할 수 있다.

어 휘
fasten 매다, 채우다

해 석
신사숙녀 여러분, 안녕하세요. 저는 여러분의 기장입니다. 안전벨트를 착용해 주세요. 우리는 15분 뒤 도착합니다. 즐거운 비행이 었길 바랍니다.

40 빈칸에 가장 알맞은 것은?

> I'll tell you the ________ for this place. First, you must clean your room. Second, you must not eat food in the room. Are there any questions?

① rules　② trees
③ games　④ reasons

정답 | ①

해 설
빈칸 뒤에 특정한 장소에서 해야 할 일에 대해 설명하고 있으니 'rules'가 적절하다.

어 휘
place 장소
reason 이유, 까닭, 사유

해 석
나는 너에게 이곳의 규칙을 말해줄 것이다. 첫째, 너는 너의 방을 청소해야만 한다. 둘째, 너는 방에서 음식을 먹으면 안 된다. 다른 질문 있니?

41 다음 글의 목적은?

- Looking for an experienced* designer.
- $ 3.50 for an hour.
- Call Mr. Bob at 123–4567.

*experienced : 경험 있는, 능숙한

① 구인구직　② 초대장
③ 현상수배　④ 신문 기사

정답 | ①

해 설
해당 글은 구인을 목적으로 하는 광고문이다.

해 석
사람을 찾습니다.
경험 있는 디자이너를 구합니다.
시간당 3.5달러
Bob에게 123–4567로 전화하세요.

42 다음 글의 빈칸에 들어갈 말로 적절한 것은?

This is Albert Hubo. He looks ________ a real person. He can walk and talk. also He can laugh and cry, too. Say 'Hi' to him. He can shake hands with you.

① to ② with
③ like ④ for

정답 | ③

해 설
'look like'는 '~처럼 보인다'는 뜻이다. 'He looks like a real person.(그는 진짜 사람처럼 보인다)'의 문장을 완성하기 위해서 빈칸에는 'like'가 들어가야 한다.

어 휘
laugh 웃다
shake hands 악수하다

해 석
Albert Hubo입니다. 그는 진짜 사람처럼 보입니다. 그는 걷고 말할 수 있습니다. 또한 그는 웃고 울 수도 있습니다. 그에게 '안녕'이라고 말하세요. 그는 당신과 악수할 수도 있습니다.

43 대화에서 A가 가려고 하는 곳의 위치는?

A : Excuse me. Where is the bookstore?
B : Go straight and then turn right at the first corner. It' on your right.

정답 | ②

해 설
A가 서 있는 지점을 기준으로 첫 번째 모퉁이의 오른쪽으로 돌아야 하므로 ②가 적절한 위치이다.

어 휘
go straight 곧장 가다

해 석
A : 실례합니다. 서점은 어디에 있습니까?
B : 앞으로 쭉 가다가 첫 번째 모퉁이에서 오른쪽으로 도세요. 바로 오른쪽에 있습니다.

44 다음 메모를 읽고 알 수 없는 것은?

- To : Alice
- From : David
- Date : April 10th
- Message :
  The exam is tomorrow.

① 보낸 사람 ② 보낸 날짜
③ 시험 날짜 ④ 시험 과목

정답 | ④

해 설
메모에는 받는 사람(Alice), 보낸 사람(David), 보낸 날짜(4월 10일), 메모의 내용인 시험 날짜(내일)만 기록되어 있다.

해 석
- Alice에게
- David가
- 날짜 : 4월 10일
- 메시지 : 시험은 내일입니다.

45 다음 글의 내용과 일치하지 않는 것은?

> I visited my grandparents today. They grow rice and vegetables. After lunch, I worked in the field. It was hard work, but I learned a lot about farming.

① 오늘 나는 조부모님 댁을 방문했다.
② 조부모님은 쌀과 채소를 재배하신다.
③ 나는 점심을 먹고 들판에서 일을 했다.
④ 농사일이 나에게는 힘들지 않았다.

정답 | ④

해 설
조부모님 댁에 놀러가 농사일을 도왔다는 내용으로, 'It was hard work'라는 표현을 통해 농사일이 힘들고 어려운 일이었다는 사실을 알 수 있다.

어 휘
grandparents 조부모
vegetable 야채, 채소
farming 농업, 농사

해 석
나는 오늘 조부모님 댁을 방문했다. 그분들은 쌀과 야채를 재배하신다. 점심을 먹고, 나는 들판에서 일을 했다. 그것은 어려운 일이다. 그러나 나는 농사에 대해 많은 것을 배웠다.

46 다음은 친구가 Mina에게 보낸 문자 메시지이다. 이 메시지를 보낸 이유는?

> Hi, Mina. Do you have any plans for this Sunday? I'll thinking about going to see a movie. Can you come with me?

① 책을 빌리기 위해서
② 숙제를 확인하기 위해서
③ 영화를 함께 보기 위해서
④ 점심을 함께 먹기 위해서

정답 | ③

해 설
문자를 보낸 사람은 Mina에게 주말에 계획이 없다면 함께 영화 보러 가자고 제안하고 있다.

어 휘
plan 계획
be going to ~을 할 셈이다
think about ~에 관해 생각하다

해 석
안녕, Mina야. 너 혹시 일요일에 무슨 계획 있니? 나는 영화를 보러 가려고 해. 나랑 같이 갈 수 있니?

47 다음 대화 내용과 관련 있는 속담은?

A : Do you know a proverb, "Here's no smoke without fire."?
B : No. What does that mean?
A : It means that everything has a reason or cause.

① 아니 땐 굴뚝에 연기 나랴.
② 반짝인다고 모두 금은 아니다.
③ 윗물이 맑아야 아랫물이 맑다.
④ 말 한 마디에 천 냥 빚을 갚는다.

정답 | ①

해 설

"불이 없는 연기 없다"는 속담은 모든 일에는 이유나 원인이 있다는 뜻이라고 했으므로 이와 가장 관련 있는 속담은 원인이 없으면 결과가 있을 수 없음을 비유적으로 이르는 말인 '아니 땐 굴뚝에 연기 나랴'가 가장 적절하다.

어 휘

proverb 속담
mean ~라는 뜻이다, ~을 뜻하다
reason 이유
cause 원인

해 석

A : "불이 없는 연기 없다(아니 땐 굴뚝에 연기 나랴)"라는 속담 알아?
B : 아니. 그게 무슨 뜻이야?
A : 모든 일에는 이유나 원인이 있다는 뜻이야.

48 다음 주어진 대화를 순서에 맞게 배열한 것은?

(a) What is it?
(b) My dog had a car accident.
(c) Jane, I have some bad news.
(d) Oh, really? I'm so sorry.

① (a) – (b) – (c) – (d)
② (b) – (d) – (a) – (c)
③ (c) – (a) – (b) – (d)
④ (d) – (a) – (b) – (c)

정답 | ③

해 설

상대방에게 안 좋은 소식이 있다고 말해서 상대방이 그것이 무엇인지 되물어봤을 때 그 소식이 무엇인지를 구체적으로 설명해주는 내용으로 글의 흐름을 배열해야 한다.

어 휘

accident 사고

해 석

(c) Jane, 나 안 좋은 소식이 있어.
(a) 뭔데?
(b) 내 개가 차 사고를 당했어.
(d) 오, 정말? 안됐다.

49 다음 날씨와 지역이 <u>잘못</u> 짝지어진 것은?

Good morning. It has been so warm. However, there will be some changes in weather today. Seoul is still going to be sunny and warm. Incheon will be the same. But in Busan and Gyeongju, it will be very cloudy. If you are in Daegu, you should have an umbrella.

① Seoul – sunny　② Incheon – warm
③ Daegu – rainy　④ Busan – warm

정답 | ④

해 설
부산의 날씨는 구름이 잔뜩 낀 흐린 날씨(cloudy)이다.

해 석
안녕하십니까? 최근 따뜻한 날씨가 계속되고 있습니다. 그러나 오늘 날씨는 변화가 있을 것으로 보입니다. 서울은 여전히 맑고 따뜻하겠으며 인천 역시 같겠습니다. 하지만 부산과 경주는 구름이 많이 낀 흐린 날씨를 보이겠습니다. 만약 대구에 계시다면 우산을 준비하셔야 하겠습니다.

50 다음 글의 내용과 일치하지 <u>않는</u> 것은?

Soccer is my favorite sport. It is fun and exciting. I like running and kicking. I play on the Dragon team. My uncle coaches the team. We practice every Tuesday and Thursday. On Saturdays, we play games.

① 토요일에 게임을 한다.
② '나'의 삼촌이 Dragon 팀의 코치이다.
③ '나'의 가장 좋아하는 스포츠는 축구이다.
④ 매주 수요일과 목요일에 연습을 한다.

정답 | ④

해 설
내용의 뒷부분에서 매주 화요일과 목요일에 축구 연습을 한다는 사실을 알 수 있다.

해 석
축구는 내가 가장 좋아하는 스포츠입니다. 재미있고 신납니다. 나는 달리기와 차는 것을 좋아합니다. 나는 Dragon 팀에서 뛰고 있습니다. 삼촌이 팀을 코치합니다. 매주 화요일과 목요일에 연습합니다. 토요일에는 게임을 합니다.

영어 | 응용문제

01 다음 단어들을 모두 포함하는 것은?

grey, purple, orange, brown

① fruit ② vegetable
③ color ④ shape

정답 | ③

해 설
회색(grey), 보라(purple), 주황(orange), 갈색(brown)을 대표하는 단어는 색깔(color)이다.

어 휘
shape 모양, 형태

02 다음 단어들을 모두 포함하는 것은?

owl, eagle, sparrow, duck, chicken

① flower ② bird
③ fish ④ insect

정답 | ②

해 설
부엉이(owl), 독수리(eagle), 참새(sparrow), 오리(duck), 닭(chicken)을 대표하는 단어는 조류(bird)이다.

03 다음 두 단어의 관계가 나머지 셋과 다른 것은?

① flower – tulip ② animal – camel
③ vehicle – bus ④ country – nation

정답 | ④

해 설
country – nation은 둘 다 '국가'라는 뜻을 지닌 유의어 관계이고, 나머지는 모두 상·하의어 관계이다.
① 꽃 – 튤립
② 동물 – 낙타
③ 운송 수단 – 버스

04 다음 두 단어의 관계가 나머지 셋과 다른 것은?

① safe – dangerous ② wise – foolish
③ clean – dirty ④ noisy – loud

정답 | ④

해 설
noisy – loud는 둘 다 '시끄러운'이라는 뜻을 지닌 유의어 관계이고, 나머지는 모두 반대되는 개념의 반의어 관계이다.
① 안전한 – 위험한
② 현명한 – 어리석은
③ 깨끗한 – 더러운

05 다음 빈칸에 공통으로 들어갈 말로 알맞은 것은?

• Turn ________ the light, please.
• The pot is ________ the shelf.

① in ② on
③ to ④ at

정답 | ②

해 설
on은 '~위에'라는 뜻을 가진 단어이며 turn on은 '~을 켜다'라는 뜻을 가진 숙어이다.

어 휘
pot 화분, 냄비
shelf 선반

해 석
• 불 좀 켜 주세요.
• 화분이 책상 위에 놓여있다.

06 다음 빈칸에 들어갈 말로 적절한 것은?

My sister Sujin ________ to school.

① go ② to go
③ goes ④ going

정답 | ③

해 설
주어는 'My sister Sujin'이므로 단수동사가 와야 한다. 단수동사는 동사의 형태에 -s, -es를 붙여서 나타낸다.

해 석
나의 여동생 수진이는 학교에 간다.

07 다음 대화가 자연스럽지 않은 것은?

① A : Beijing is a city in Japan, right?
B : That's not right.
② A : Will you join us?
B : Of course.
③ A : Can you make pancakes?
B : No, you can't.
④ A : What is your favorite color?
B : I like blue.

정답 | ③

해 설
팬케이크를 만들 수 있냐는 질문에 대하여 상대방이 할 수 없다고 대답하고 있으므로 자연스럽지 않다.

해 석
③ A : 당신은 팬케이크를 만들 수 있습니까?
B : 아니요. 당신은 할 수 없습니다.
① A : 베이징은 일본의 도시야 그렇지?
B : 그것은 옳지 않아.
② A : 너도 우리와 함께 할래?
B : 물론이지.
④ A : 당신이 가장 좋아하는 색깔은 무엇입니까?
B : 나는 파란색을 가장 좋아합니다.

08 대화의 빈칸에 들어갈 말로 적절한 것은?

A : Can you help me with my art project?
B : ________ I'm busy.

① I'm good at it.
② Sorry I can't it.
③ Sure.
④ Yes I can.

정답 | ②

해 설
도움을 요청하는 말에 거절하는 것이므로 'Sorry I can't it.'이 오는 것이 적절하다.
① 나는 그것을 잘해.
③ 물론이지.
④ 응 나 할 수 있어.

해 석
A : 내 미술 프로젝트를 도와줄 수 있니?
B : 미안하지만 난 못해. 난 바빠.

09 다음 빈칸에 들어갈 말로 적절한 것은?

Mary ________ shopping next weekend.

① go ② goes
③ will go ④ is going to

정답 | ③

해 설
미래의 계획을 나타내는 것이므로 미래시제인 'will'이 들어간 'will go'가 적절하다.

해 석
Mary는 다음 주 주말에 쇼핑을 하러 갈 것이다.

10 빈칸에 공통으로 들어갈 말로 알맞은 것은?

- My uncle lives ________ a small apartment.
- The library opens at 9:00 ________ winter.

① at ② in
③ on ④ for

정답 | ②

해 설
'live in'은 '~에 살다'이고 'in+월, 연도, 계절'은 '~에'라는 뜻이다.

해 석
- 나의 삼촌은 작은 아파트에 사신다.
- 도서관은 겨울에는 9시에 문을 연다.

11 밑줄 친 부분과 바꿔 쓸 수 있는 것은?

> <u>May</u> I go home now?

① Can ② Do
③ Should ④ Will

정답 | ①

해 설
밑줄 친 부분은 허락을 구할 때 사용하는 조동사로, can 역시 허락, 허가의 의미로 사용될 수 있다.

해 석
제가 지금 집에 가도 되겠습니까?

12 다음 대화의 빈칸에 들어갈 말로 적절하지 <u>않은</u> 것은?

> A : Do you like a travel?
> B : ＿＿＿＿＿ So I often travel alone.

① I like it. ② Of course.
③ Once a year. ④ Yes I do.

정답 | ③

해 설
'Once a year'은 '1년에 한 번'이라는 뜻으로, 여행을 좋아하냐는 질문에 대한 답변으로 적절하지 않다.

해 석
A : 너는 여행을 좋아하니?
B : <u>1년에 한 번.</u> 그래서 나는 가끔 혼자 여행을 가.
① 나는 그것을 좋아해.
② 물론이지.
④ 응 좋아해.

13 다음 대화에서 남자가 가려고 하는 곳은?

> Man : Excuse me. Is there a Museum nearby?
> Woman : Yes. Go straight two blocks and turn left at bank. It's next to the post office.

① 은행 ② 우체국
③ 박물관 ④ 도서관

정답 | ③

해 설
남자는 인근에 박물관이 있냐고 물었으므로, 남자가 가려는 곳은 박물관임을 알 수 있다.

어 휘
nearby 근처에, 가까운 곳에

해 석
남자 : 실례지만 혹시 근처에 박물관이 있습니까?
여자 : 네, 두 블록을 직진한 다음 은행이 있는 지점에서 좌회전하세요. 그것은 우체국 옆에 있습니다.

14 빈칸에 들어갈 단어로 알맞은 것은?

In Korea we have four ________. Spring begins in March. It is warm. In summer it is hot. It is cool in fall. In winter it is cold and windy.

① cities ② holidays
③ houses ④ seasons

15 다음 대화가 자연스럽지 않은 것은?

① A : How much is it?
B : Two boxes for six dollars.
② A : Thank you for coming.
B : Thank you for inviting me.
③ A : Can you come to my party tonight?
B : What a nice party!
④ A : Have some more dessert.
B : I'm full

16 다음 대화에서 알 수 있는 유나의 생일은?

A : When is Yuna's birthday?
B : It is two weeks from now.
A : What's the date today?
B : Today is November 3rd.

① October 3rd ② October 20th
③ November 10th ④ November 17th

정답 | ④

해 설
봄, 여름, 가을, 겨울에 대해 설명하고 있으므로 빈칸에는 'seasons'(계절)이 들어가는 것이 적절하다.

해 석
한국에는 사계절이 있다. 봄은 3월에 시작하며 따뜻하다. 여름에는 덥다. 가을에는 시원하다. 겨울은 춥고 바람이 분다.

TIP
1월~12월

1월 January	2월 February
3월 March	4월 April
5월 May	6월 June
7월 July	8월 August
9월 September	10월 October
11월 November	12월 December

정답 | ③

해 설
파티에 올 수 있는지 물어보는 질문에 파티가 멋지다는 답변을 했으므로 자연스럽지 않다.

어 휘
invite 초대하다
full 가득 찬, 배부르게 먹은

해 석
③ A : 오늘 밤 파티에 올 수 있니?
B : 참으로 멋진 파티구나!
① A : 이것 얼마에요?
B : 두 상자에 6달러입니다.
② A : 와줘서 고마워.
B : 초대해 줘서 고마워.
④ A : 디저트 좀 더 먹어.
B : 나 배불러.

정답 | ④

해 설
Yuna의 생일은 오늘(11월 3일)에서 2주 뒤이므로 11월 17일이다.

해 석
A : Yuna의 생일이 언제지?
B : 오늘에서 2주 뒤야.
A : 오늘이 며칠이야?
B : 오늘은 11월 3일이야.

17 다음 대화에서 B의 심정으로 알맞은 것은?

A : How was the new restaurant?
B : It was terrible. The service was slow, the soup was cold, and even the waiter was bad.
A : Oh, I will not go there.

① satisfied ② upset
③ excited ④ happy

정답 | ②

해 설
새로 생긴 식당에서 식사한 B는 식당에 매우 불만족해 속상한 상태이다.

어 휘
terrible 끔찍한, 심한

해 석
A : 새로운 식당은 어땠니?
B : 끔찍했어. 서빙은 느리고, 수프는 식어 있고, 심지어 웨이터도 형편없었어.
A : 저런, 나는 가지 말아야겠다.

18 A에 대한 B의 응답으로 알맞은 것은?

A : How long were you there?
B : ______________________

① Thank you. ② By train.
③ How nice! ④ For two days.

정답 | ④

해 설
며칠 동안 머물렀냐고 물었으므로 시간으로 답해야 한다.

해 석
A : 그곳에 며칠 동안 머물렀니?
B : 이틀 동안
① 고마워.
② 기차로.
③ 좋은데!

19 다음에서 설명하는 동작을 잘 나타낸 그림은?

Stand up. Put your hands on the table.

① 
② 
③ 
④ 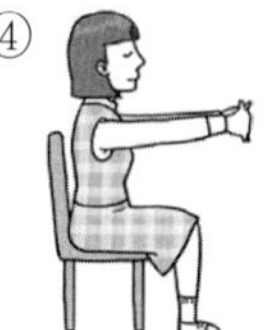

정답 | ③

해 설
탁자 위에 손을 올려놓고 서 있는 ③의 그림이 적절하다.

해 석
일어나세요. 탁자(위)에 당신의 손을 놓아 주세요.

20 다음 대화에서 Susan의 기분으로 알맞은 것은?

> Mike : What's up? You look so sad.
>
> Susan : I am a little upset. I studied hard, but I didn't get good grades.

① 놀라움 ② 당황스러움
③ 외로움 ④ 속상함

정답 | ④

해 설
Susan은 공부를 열심히 했지만 좋은 성적을 얻지 못해 속상해하고 있다.

해 석
마이크 : 무슨 일이야? 슬퍼 보이는구나.
수잔 : 나는 지금 약간 속상해. 공부를 열심히 했는데 좋은 성적을 얻지 못 했어.

21 다음 글에서 설명하고 있는 것은?

> This is a Korean game. We play it on New Year's Day. We use four sticks. We can make 'Do, Gae, Geol, Yut' and 'Mo' with the sticks.

① 씨름 ② 널뛰기
③ 윷놀이 ④ 제기차기

정답 | ③

해 설
네 개의 막대기를 사용하고 '도, 개, 걸, 윷, 모'를 만들 수 있다고 했으므로 정답은 윷놀이임을 알 수 있다.

해 석
이것은 한국의 게임이다. 우리는 새해 첫날이 게임을 한다. 우리는 네 개의 막대기를 사용한다. 우리는 막대기로 '도, 개, 걸, 윷, 모'를 만들 수 있다.

22 다음의 대화를 바르게 배열한 것은?

> (A) Go straight two blocks and turn left. It's on your right.
> (B) You're welcome.
> (C) Thank you.
> (D) Excuse me. How can I get to the Theater?

① (D) – (A) – (C) – (B)
② (D) – (A) – (B) – (C)
③ (D) – (B) – (A) – (C)
④ (A) – (D) – (C) – (B)

정답 | ①

해 설
길을 묻고 답하는 내용이므로 (D)–(A)–(C)–(B)의 순서가 적절하다.

해 석
(A) 두 블록을 직진한 다음 왼쪽으로 돌아가세요. 당신의 오른쪽에 있을 겁니다.
(B) 천만에요.
(C) 감사합니다.
(D) 실례합니다. 극장에 가려면 어떻게 가야 하나요?

23 다음 대화의 주제로 가장 알맞은 것은?

A : What do you do in your free time?
B : I dance. I love dancing. How about you?
A : I like listening to music.

① hobby ② weather
③ school sports ④ favorite food

정답 | ①

해 설
여가 시간에 무엇을 하는지 대화를 나누고 있으므로 취미(hobby)가 대화의 주제이다.

해 석
A : 너는 여가 시간에 뭐하니?
B : 춤을 춰. 난 춤을 정말 좋아해. 너는?
A : 난 음악 듣는 것을 좋아해.

24 대화의 빈칸에 들어갈 말로 가장 적절한 것은?

A : May I take your order?
B : Yes, I'll have a hamburger
A : Anything else?
B : ____________

① That's all. ② I hate coke.
③ I'll take it. ④ It's 5,000 won.

정답 | ①

해 설
음식을 주문하는 과정에서 A는 햄버거를 주문하였고, B는 햄버거 외에 더 필요한 것은 없냐고 물었으므로 이에 대한 답변으로 "That's all(그게 다예요)"이 가장 적절하다.

해 석
A : 주문하시겠어요?
B : 네, 햄버거 하나 주세요.
A : 그 밖에 다른 주문하실 것 있으신가요?
B : 그게 다예요.

25 대화의 빈칸에 들어갈 말로 적절하지 않은 것은?

A : May I speak to Jane, please?
B : ____________

① Speaking. ② So am I.
③ Jane's speaking. ④ This is she.

정답 | ②

해 설
Jane을 바꿔 달라는 말에 ①, ③, ④는 모두 '접니다.'라는 의미의 대답이지만, ②는 상대방의 의견에 동의할 때 '나도 그래', '나도 마찬가지야.'라는 뜻으로 쓰인다.

해 석
A : Jane이랑 통화할 수 있을까요?
B : 제가 Jane입니다.

26 다음 글의 제목으로 가장 적절한 것은?

> This is a 'dacha'. It is my weekend house. It is in the forest. I can pick wild flowers there. I can take a walk, too. I always have a great time there.

① My hobby
② The Best Forest
③ My Weekend House
④ How to Find Wild Flowers

정답 | ③

해 설
나의 주말 집 'dacha'를 소개하는 글이다.
① 나의 취미
② 최고의 숲
④ 야생화를 찾는 방법

어 휘
pick 꺾다, 선택하다
take a walk 산책

해 석
이것은 'dacha'이다. 이것은 나의 주말 집이다. 이것은 숲 속에 있다. 나는 그곳에서 야생화를 꺾을 수 있다. 산책을 할 수도 있다. 나는 항상 그곳에서 멋진 시간을 보낸다.

27 다음 대화에서 가려고 하는 곳의 위치는?

> A : Excuse me. Where is the city hall?
> B : Go straight and turn left at the second corner. It's on your right.

정답 | ③

해 설
두 번째 모퉁이에서 왼쪽으로 돌면 오른쪽에 있는 건물이 시청이다.

어 휘
city hall 시청
straight 곧장, 일직선으로

해 석
A : 실례합니다. 시청이 어디인가요?
B : 쭉 직진하신 다음에 두 번째 모퉁이에서 왼쪽으로 돌면 당신의 오른편에 있습니다.

28 두 문장의 의미가 같을 때 빈칸에 알맞은 것은?

> If you don't have a ticket, you can't go in.
> = (　　　　　) you have a ticket, you can't go in.

① To　　② That
③ Unless　　④ Because

정답 | ③

해 설
unless는 '~하지 않는 한', '~이 아닌 한'의 뜻으로 부정의 뜻을 갖고 있어 If ~ not의 형태와 바꾸어 쓸 수 있다.

해 석
만약 티켓을 갖고 있지 않으면 안으로 들어갈 수 없습니다.

29 밑줄 친 부분의 뜻으로 알맞은 것은?

> I'm terribly hungry. Let's <u>break</u> for lunch.

① 파괴　　② 휴식
③ 부상　　④ 신하

정답 | ②

해 설
break가 명사로 쓰이면 휴식, 쉬는 시간, 휴가 등의 뜻으로 쓰인다.

어 휘
terribly 대단히 몹시

해 석
나 배고파 죽겠어. 점심 먹고 <u>쉬었다가 하자.</u>

30 글의 흐름으로 보아 다음 문장이 들어갈 위치로 적절한 것은?

> But homework is important.

> The teacher said, "Now I understand your opinions. (①) I will try to give you fun and useful homework, but I need your good ideas, too. (②) What's your favorite kind of homework? (③) Think about it. (④) This is your homework for today."

정답 | ①

해 설
① 뒤에 오는 문장 "I will~"에서는 재미있고 유용한 숙제를 줄 것이라고 하였으므로, 숙제의 중요성을 말한 문장이 그 앞에 와야 한다. 또한 'But'이라는 역접의 접속사를 통해 이전 문장에서 학생들은 숙제에 대하여 반대하는 의견을 냈음을 알 수 있다.

어 휘
opinion 의견
useful 유용한, 쓸모 있는

해 석
선생님께서 말씀하시길, "이제 너희들의 의견들을 이해할 것 같구나. <u>그러나 숙제는 중요하단다.</u> 앞으로 재미있고 유용한 숙제를 내주도록 노력하겠지만 그러기 위해서는 너희들의 좋은 아이디어가 필요하단다. 너희들이 가장 좋아하는 종류의 숙제가 무엇이니? 생각해보렴. 이것이 오늘의 숙제란다."

31 다음 대화가 이루어지는 장소로 알맞은 것은?

> A : May I help you?
> B : Yes, I'd like to buy a ticket to Busan.
> A : What time do you want to leave? There are trains at 8:00 p.m. and 10:00 p.m.
> B : 8:00 p.m., please.

① 공항　　② 항구
③ 기차역　　④ 버스터미널

정답 | ③

해 설
대화에서 train(기차)이라는 단어를 통해 이 대화가 이루어지는 장소는 기차역이라는 것을 알 수 있다.

해 석
A : 무엇을 도와드릴까요?
B : 네, 부산행 티켓을 사고 싶어요.
A : 몇 시에 떠나고 싶으세요? 오후 8시, 10시 기차가 있습니다.
B : 오후 8시로 부탁합니다.

32 다음 글의 앞부분에 올 수 있는 내용으로 가장 적절한 것은?

> Another reason is money. Bicycle are not expensive to buy. They do not need gas to make them go. They also are easy and cheap to fix.

① 자전거의 종류 ② 자전거의 장점
③ 자전거의 단점 ④ 자전거의 구조

정답 | ②

해 설
'Another reason is money.'라고 하며 돈과 관련하여 자전거의 장점들을 나열하고 있다. 따라서 앞부분에서는 다른 이유에서의 자전거의 장점에 대한 내용이 오는 것이 적절하다.

해 석
또 다른 이유는 돈이다. 자전거는 사는 데에 비싸지 않다. 자전거는 운행하는 데에 휘발유가 필요 없다. 자전거는 또한 수리하기가 쉽고 돈이 적게 든다.

33 다음 글의 목적으로 알맞은 것은?

> She is my sister. Sally. She is very cute. She likes sports, but She dislike music. Her dream is to be an athlete.

① to introduce sister ② to praise sister
③ to complain sister ④ to thank sister

정답 | ①

해 설
여동생 Sally를 소개하는 글이다.
② 여동생을 칭찬하기 위해
③ 여동생을 불평하기 위해
④ 여동생에게 감사하기 위해

어 휘
dislike 싫어하다
athlete 운동선수

해 석
그녀는 나의 여동생 Sally이다. 그녀는 매우 귀엽다. 그녀는 스포츠를 좋아하며 음악을 싫어한다. 그녀의 꿈은 운동선수가 되는 것이다.

34 다음에서 'this'가 가리키는 것은?

> When we read a difficult word, we use this. This has a lot of words. This gives us the meaning of words. These days, many people use computers or cell phones instead of this.

① 안경 ② 사전
③ 라디오 ④ 소설책

정답 | ②

해 설
어려운 단어의 뜻을 알려주고 많은 단어들을 갖고 있는 이것은 사전임을 알 수 있다.

어 휘
word 단어, 낱말
meaning 뜻, 의미
instead of ~ 대신에

해 석
우리가 어려운 단어를 읽었을 때 우리는 이것을 사용한다. 이것에는 많은 단어들이 있다. 이것은 우리에게 단어들의 뜻을 알려준다. 요즘 많은 사람들은 컴퓨터나 휴대폰을 이것 대신 사용한다.

1. 국어 2. 수학 3. 영어 4. 사회 5. 과학 6. 도덕 7. 모의고사 8. 정답 및 해설

35 빈칸에 공통으로 들어갈 말로 알맞은 것은?

> Subin and Sujin are twins. They look the same ________ they are different. Subin likes robots ________ Sujin doesn't. She likes dolls.

① or ② so

③ but ④ because

정답 | ③

해 설
Subin과 Sujin은 쌍둥이지만 Subin은 로봇을 좋아하고, Sujin은 인형을 좋아한다고 했으므로 앞뒤의 내용이 상반될 때 쓰는 but이 적절하다.

해 석
Subin과 Sujin은 쌍둥이다. 그들은 똑같아 보이지만 다르다. Subin은 로봇을 좋아하지만 Sujin은 그렇지 않다. 그녀는 인형을 좋아한다.

36 다음 말에 이어질 대화의 내용을 순서에 맞게 배열한 것은?

> May I speak to Jay?

> (a) Oh, when will she come back?
> (b) Sorry, she's out.
> (c) I'm not sure. Can I take a message?

① (a) – (b) – (c) ② (b) – (a) – (c)

③ (b) – (c) – (a) ④ (c) – (b) – (a)

정답 | ②

해 설
Jay와 통화할 수 있느냐는 질문 다음에는 그녀가 밖에 나가 만날 수 없다는 뜻의 b가 와야 하고, 이어서 언제 그녀가 돌아올지 질문하는 a가 와야 하며 마지막으로 메모를 남겨놓겠다는 내용의 c가 와야 한다.

해 석
Jay와 통화할 수 있습니까?
(b) : 죄송하지만 그녀는 밖에 나갔습니다.
(a) : 아, 언제 그녀가 돌아올까요?
(c) : 확실하지 않습니다. 메모를 남겨드릴까요?

37 글의 목적으로 알맞은 것은?

> The new science class is opening in Room 102 next Monday. We will have classes twice a week. The science teacher is Ms. Lee.

① 사과하기 위해 ② 비판하기 위해

③ 안내하기 위해 ④ 칭찬하기 위해

정답 | ③

해 설
제시된 글은 새로운 과학 수업에 대해 설명하고 있다. 따라서 이 글의 목적은 안내하기 위해서이다.

해 석
새로운 과학 수업이 다음 주 월요일 102호에서 열립니다. 우리는 일주일에 두 번 수업합니다. 과학 선생님은 Lee 선생님입니다.

38 다음 글의 내용과 일치하지 않는 것은?

> The flu is so common recently. Please keep the following rules. First, cover your mouth when you talk. Second, wash your hands often. Third, if you have a high fever, please let me know.

① 최근 독감이 흔하다.
② 말할 때 손으로 입을 가리세요.
③ 손을 자주 씻으세요.
④ 고열이 나면 집으로 돌아가세요.

정답 | ④

해 설
최근 유행하는 독감을 예방하기 위해 말할 때 손으로 입을 가리고 손을 자주 씻길 권고하는 글이며 고열이 나면 집으로 가라는 내용은 언급되지 않고 있다.

어 휘
flu 독감
common 흔한, 공동의, 보통
following 그 다음의, 다음에 나오는(언급되는)
rule 규칙
often 자주
high fever 고열

해 석
최근 독감이 흔합니다. 다음의 규칙을 지켜주세요. 첫째로, 말할 때는 손으로 입을 가리세요. 둘째로는 손을 자주 씻으세요. 셋째로, 만약 고열이 나게 되면 저에게 알려주세요.

39 다음의 대화가 이루어지는 장소로 가장 적절한 곳은?

> A : Excuse me for being late, Ms. Song.
> B : Why are you late, Namsu?
> A : I got up late and missed the bus.
> B : I see, but don't be late for class again.

① 버스 ② 학교
③ 도서관 ④ 가게

정답 | ②

해 설
지각한 학생이 선생님께 수업에 늦은 이유에 대해서 말하고 있는 상황이므로 대화가 이루어지고 있는 장소는 학교임을 알 수 있다.

해 석
A : 늦어서 죄송합니다. 송 선생님.
B : 왜 늦은거니, 남수야?
A : 저는 늦게 일어났고, 버스를 놓쳤어요.
B : 알겠다. 다음 수업에는 늦지 말거라.

40 글의 문맥상 순서대로 나열한 것은?

> (a) "Is that really her name?" I asked curiously.
> (b) "I call her that because she keeps us awake at night."
> (c) I hear my friend call her two-month-old baby "Coffee"
> (d) "No." My friend said.

① (a) - (b) - (c) - (d) ② (b) - (c) - (a) - (d)
③ (c) - (a) - (d) - (b) ④ (d) - (b) - (c) - (a)

정답 | ③

해 설
글을 문맥상 순서대로 나열하면 (c) → (a) → (d) → (b)의 순이다.

어 휘
curiously 신기한 듯이, 호기심에
awake 잠들지 않은, 깨어 있는

해 석
(c) : 나는 나의 친구가 그녀의 두 달 된 아기를 "커피"라고 부르는 걸 들었다.
(a) : "그게 정말 딸의 이름이야" 나는 신기한 듯이 물었다.
(d) : "아니." 나의 친구는 말했다.
(b) : "내가 그녀를 그렇게 부르는 이유는 그녀가 우리를 밤에 깨어있게 하기 때문이야."

41 다음 글의 주제로 알맞은 것은?

> Many people have their hobbies. Some people collect stamps. And others raise plants. Some people make clothes themselves. And others make hats.

① 사람들은 저마다 취미가 다르다.
② 취미는 사는 데 즐거움을 준다.
③ 취미에는 우표수집과 식물 기르기가 있다.
④ 옷은 스스로 만들어야 한다.

정답 | ①

해 설
사람들에게는 우표를 모으거나 식물을 기르는 등의 저마다 각기 다른 취미가 있다는 것이 글의 요지이다. ③은 글의 내용과는 일치하나 글의 전체 내용을 포괄하지 못한다.

어 휘
collect 수집하다
stamp 우표, 도장
raise 키우다, 기르다, 재배하다
plant 식물, 초목

해 석
많은 사람들은 저마다 취미가 있다. 어떤 사람들은 우표를 수집한다. 그리고 다른 사람들은 식물을 기른다. 어떤 사람들은 스스로 옷을 만든다. 그리고 어떤 사람들은 모자를 만든다.

42 다음 글의 흐름으로 적절하지 <u>않은</u> 것은?

> Here is some advice to sleep well at night. ① First, you should not drink coffee in the evening. ② I really enjoy drinking tea at night. ③ Second, don't sleep during the daytime. ④ Third, using cell phone late at night is not a good idea.

정답 | ②

해 설
글은 잠을 잘 자기 위한 몇 가지 조언에 대한 내용이다. ②는 전체적 흐름과 관계가 없다.

어 휘
advice 조언, 충고
evening 저녁, 밤, 야간
daytime 낮, 주간

해 석
여기 밤에 잘 자기 위한 몇 가지 조언이 있습니다. ① 첫째, 밤에 커피를 마셔서는 안 됩니다. ② <u>나는 밤에 차 마시기를 정말로 즐깁니다.</u> ③ 두 번째, 낮 시간에 자지 마세요. ④ 세 번째, 밤늦게까지 휴대폰을 사용하는 것은 좋은 생각이 아닙니다.

43 다음 I의 심정으로 알맞은 것은?

> When I just finished my lunch, the waiter brings me the bill. But I can't find my wallet. I ask the waiter if I can come back and pay. The waiter says no.

① 슬픔 ② 즐거움
③ 그리움 ④ 당황스러움

정답 | ④

해 설
글에서 식사를 마쳤지만 지갑이 없어 나중에 와서 지불할 것을 제안했지만 거절당한 I의 당황스러움을 느낄 수 있다.

어 휘
bill 고지서, 청구서, 계산서

해 석
내가 막 점심을 마치자 웨이터가 나에게 계산서를 가져왔다. 그런데 나는 내 지갑을 찾을 수가 없었다. 나는 웨이터에게 다시 돌아와서 지불하면 안 되겠냐고 물었다. 웨이터는 안 된다고 대답했다.

44 다음 대화에서 알 수 있는 두 사람의 관계는?

A : I'm sorry, ma'am. I'm late. I went to see a doctor before coming to school.
B : Jay. It's already 10 o'lock. Next time you have to call me first.

① 환자 – 의사 ② 사장 – 직원
③ 학생 – 선생님 ④ 아들 – 아버지

정답 | ③

해 설
A는 지금 학교에 도착했으므로 대화가 이루어지는 장소는 학교이다. 또한 여성을 정중히 부르는 말(ma'am)을 사용하여 상대방은 선생님임을 유추할 수 있다.

어 휘
ma'am (여성을 정중히 부르는 말) 부인, 선생님

해 석
A : 죄송해요. 선생님. 늦었어요. 학교에 오기 전에 의사선생님을 뵙고(진료를 받고) 왔어요.
B : Jay, 벌써 10시다. 다음부턴 나에게 먼저 전화해라.

45 다음 주어진 대화를 순서에 맞게 배열한 것은?

(a) Stop at Seoul station, please.
(b) Here we are. That's 4,000 won.
(c) Good morning! Where to go?
(d) Thank you for your efforts. Bye.

① (a) – (b) – (c) – (d) ② (b) – (d) – (a) – (c)
③ (c) – (a) – (b) – (d) ④ (d) – (a) – (b) – (c)

정답 | ③

해 설
내용 흐름상 어디까지 가냐는 질문에 서울역에서 세워달라는 요청을 하고 교통비로 4,000원을 지불해달라는 순서로 이어져야 한다.

어 휘
effort 노력, 수고

해 석
(c) 안녕하세요. 어디까지 가십니까?
(a) 서울역에 세워주세요.
(b) 다 왔습니다. 4,000원입니다.
(d) 고생하셨어요. 안녕히 가세요.

46 다음 대화에서 B가 전시회에 가지 못한 이유는?

A : How was the exhibition last Saturday?
B : I couldn't go to the exhibition. I lost my exhibition ticket on the bus.

① 전시회장이 문을 열지 않아서
② 동생을 돌보아야 해서
③ 전시회 입장표를 잃어버려서
④ 숙제를 해야 해서

정답 | ③

해 설
A의 질문에 대한 대답을 살펴보면 B는 버스 안에서 전시회 입장표를 잃어버려서 가지 못했음을 알 수 있다.

어 휘
exhibition 전시회

해 석
A : 지난주 토요일 전시회는 어땠어?
B : 전시회에 못 갔어. 버스에서 전시회 입장표를 잃어버렸거든.

47 글을 읽고 알 수 없는 것은?

> My name is Inho. I'm thirteen. I'm a middle school student. My favorite subject is English. I like playing soccer. There are five people in my family.

① 나이　　② 가족 수
③ 살고 있는 도시　　④ 좋아하는 운동

정답 | ③

해 설
살고 있는 도시에 대한 것은 알 수 없다.

해 석
나의 이름은 인호입니다. 나는 열세 살입니다. 나는 중학생입니다. 내가 좋아하는 과목은 영어입니다. 나는 축구를 좋아합니다. 나의 가족은 5명입니다.

48 다음 글의 내용과 일치하지 않는 것은?

> Let me tell you about my boyfriend. He is 20 years old. He is very smart. His name is Bongsu. He is very kind to me. So I like him very much.

① 나는 20살이다.
② 나의 남자친구는 똑똑하다.
③ 나의 남자친구 이름은 봉수이다.
④ 나의 남자친구는 나에게 굉장히 친절하다.

정답 | ①

해 설
나의 남자친구는 20살이고 나의 나이는 알 수 없다.

해 석
나의 남자친구에 대해 소개할게. 그는 20살이야. 그는 아주 똑똑해. 그의 이름은 봉수야. 그는 나에게 매우 친절해. 그래서 나는 그가 매우 좋아.

49 다음에서 I가 어제 한 일이 아닌 것은?

> Yesterday was my mother's birthday. In the morning, I cleaned the house. My mother and I went shopping and ate dinner at a restaurant. We had a good time.

① 등산　　② 쇼핑
③ 외식　　④ 청소

정답 | ①

해 설
어머니의 생신날 집 청소와 어머니와 함께 쇼핑을 하고 저녁을 함께 먹었다는 내용이므로 등산에 대한 언급은 없다.

해 석
어제는 나의 어머니의 생신이었다. 아침에 나는 집을 청소(④)했다. 나의 어머니와 나는 쇼핑(②)을 하고 식당에서 저녁을 먹었다(③). 우리는 좋은 시간을 가졌다.

50 다음 질문에 대한 응답으로 알맞지 않은 것은?

> Why don't we go for a bike ride?

① Why not?

② OK. Let's go.

③ Sounds great!

④ I'm feeling sad.

정답 | ④

해 설

①·②·③은 제안에 대한 수락이고, ④는 자신의 감정을 표현한 말이다.

해 석

우리 자전거 타러 가는 게 어때?

PART 4

사회

STEP1. 기본문제
STEP2. 응용문제

사회 | 기본문제

01 다음에서 설명하는 기후로 적절한 것은?

- 넓은 초원을 형성하며 다양한 동물이 서식한다.
- 연중 고온이며 건기와 우기가 뚜렷하게 나타난다.
- 독특한 생태계와 야생 동물을 활용한 사파리 관광이 발달한다.

① 스텝 기후　② 온대 지중해성 기후
③ 서안 해양성 기후　④ 열대 사바나 기후

정답 | ④

해 설
열대 사바나 기후 지역은 연중 고온이며 건기와 우기의 구별이 뚜렷하다. 우기에는 키가 큰 풀이 무성하게 자라 열대 초원을 형성하고 건기에는 풀이 말라 누런빛으로 변하고 나무가 드문드문 분포한다. 각종 초식 동물들이 많아 사파리 관광이 발달되어 있다.

02 다음과 같은 그래프가 나타나는 기후 지역은?

- 세계 최대의 열대 밀림 지역
- 최근 대규모 개발 사업으로 심각한 환경 문제 발생

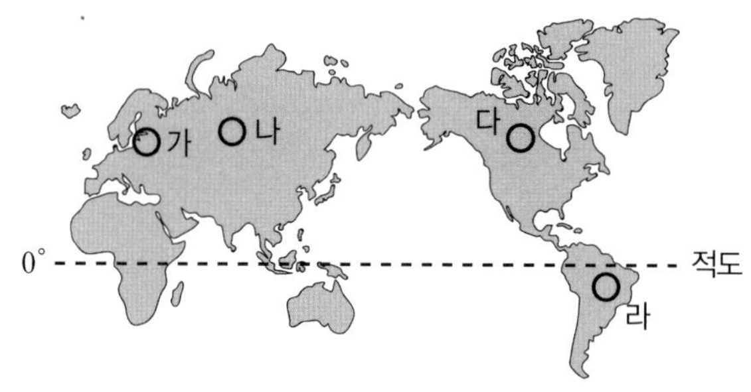

① 가　② 나
③ 다　④ 라

정답 | ④

해 설
브라질의 아마존 분지인 '라'이다. 아마존 강의 본류와 지류 유역에 펼쳐진 열대우림은 지구 전체의 대기에 영향을 준다.

03 다음에서 설명하는 지형은?

- 하천과 바다가 만나는 곳에 형성된다.
- 나일강, 메콩강, 낙동강 등의 하구에 발달한다.
- 하천의 퇴적 작용에 의해 형성된 충적 평야이다.

① V자곡 ② 삼각주

③ 피오르 ④ 화구호

정답 | ②

해 설

삼각주에 대한 설명이다. 삼각주는 하천과 바다가 만나는 하천 하구에서 유속이 느려지면서 모래나 흙이 퇴적되어 형성된 편평한 지형이다.

① **V자곡** : 산지의 상류에 만들어진 V자 모양의 계곡

③ **피오르** : 빙하의 침식으로 만들어진 U자곡에 빙하가 없어진 후 바닷물이 채워지며 생긴 좁고 긴 만

④ **화구호** : 화산의 분화구에 물이 고여 생성된 호수

04 다음과 같은 특성이 나타나는 자연 재해는?

- 열대 지방의 따뜻한 바다 위의 공기가 데워져 발생한다.
- 풍수해 및 막대한 인명과 재산 피해가 발생한다.
- 강한 바람과 많은 비를 동반한다.

① 사막화 ② 태풍

③ 지구 온난화 ④ 가뭄

정답 | ②

해 설

태풍은 북태평양의 열대 해상에서 발생하는 저기압으로, 강한 바람과 많은 비를 동반하는 특징이 있다.

05 다음 중 우리나라와 관계없는 설명은?

① 아시아 대륙의 동쪽에 위치해 있다.

② 내륙국이어서 대륙 및 해양진출에 유리하다.

③ 우리나라 주변에는 일본, 중국, 러시아가 있다.

④ 남북으로 길어서 남북 간의 기온차이가 크다.

정답 | ②

해 설

우리나라는 반도국이어서 대륙과 해양 진출 모두에 유리하다.

06 다음 내용에 해당하는 현상은?

> 도시에 있던 사람들이 쾌적한 환경을 찾아 도시 외곽 지역이나 농촌으로 이동하는 현상.

① 도시화 ② 인구 고령화
③ 역도시화(U턴 현상) ④ 도심의 인구 공동화

정답 | ③

해 설

주어진 내용은 역도시화(U턴 현상)에 대한 설명이다.

① **도시화** : 전체 인구에서 도시 인구 비율(도시화율)이 높아지는 현상.
② **인구 고령화** : 고령자의 수가 증가하여 전체 인구에서 차지하는 고령자 비율이 높아지는 현상.
④ **도심의 인구 공동화** : 주간 인구는 높으나 높은 지가로 인해 야간인구는 적은 현상(상주인구 감소).

07 다음 괄호 안에 들어갈 말로 가장 적절한 것은?

> (　　　　　)은/는 도시의 무질서한 팽창을 막고, 자연 녹지 보존과 환경 보존 기능을 위해 설정된다.

① 위성도시 ② 도심
③ 그린벨트(개발제한구역) ④ 부도심

정답 | ③

해 설

주어진 내용은 그린벨트(개발제한구역)에 대한 설명이다.

① **위성도시** : 대도시 주변에서 중심 도시 기능을 분담한다.
② **도심** : 도시의 중심 업무 지구가 형성되며, 고급 서비스 기능이 집중된 지역이다.
④ **부도심** : 도심 주변의 교통이 편리한 곳에 위치하며, 도심기능을 분담한다.

08 다음 설명에 해당하는 공업 지역은?

> • 우리나라 대표적인 중화학 공업 지역
> • 부산, 울산, 포항 등을 중심으로 발달

① 호남 공업 지역 ② 수도권 공업 지역
③ 태백산 공업 지역 ④ 남동임해 공업 지역

정답 | ④

해 설

부산, 울산, 포항 등에서의 편리한 항만 시설을 이용하여 우리나라 최대의 중화학 공업 지역으로 발달한 곳은 남동임해 공업 지역이다.

09 인구 분포에 영향을 주는 요인 중 성격이 다른 하나는?

① 식생 ② 경제
③ 종교 ④ 교통

정답 | ①

해 설

인구 분포에 영향을 주는 요인에는 크게 자연적 요인과 인문 · 사회적 요인이 있는데 식생은 자연적 요인에 속하고, 나머지는 모두 인문 · 사회적 요인에 속한다.

TIP

인구 분포에 영향을 끼치는 요인

- **자연적 요인** : 기후, 토양, 식생, 지형 등
- **인문적 요인** : 정치, 경제, 문화, 종교, 교통 등

10 다음 중 2차 산업에 해당하는 것은?

① 어부가 바다에서 고기를 잡는 활동

② 냉장고에 사용되는 각종 부품을 만드는 활동

③ 산지에서 나무와 부산물을 채취하는 활동

④ 휴대폰을 외국에 수출하여 판매하는 활동

정답 | ②

해 설

①, ③은 1차 산업, ④는 3차 산업에 속한다. 2차 산업은 1차 산업을 제외한 모든 물적 재화를 생산하는 산업으로 일반적으로 제조업을 의미한다.

11 다음 사회적 지위 중 성격이 다른 하나는?

① 나의 직업은 간호사이다.

② 나는 ㅇㅇ씨의 남편이다.

③ 나는 ㅇㅇ중학교 학생이다.

④ 나는 니그로 인종에 속한 흑인이다.

정답 | ④

해 설

인종은 태어나면서부터 자연적으로 갖게 되는 귀속지위에 속하며, 간호사, 남편, 학생은 후천적인 노력을 통해 습득하는 성취지위에 속한다.

TIP

귀속지위와 성취지위

- 귀속지위 : 태어나면서부터 자연적으로 가지게 된 지위로 남자, 여자, 한국인 등이 속한다.
- 성취지위 : 후천적 노력의 결과로 얻어지는 지위로, 선생님, 엄마, 남편 등이 속한다.

12 (가)와 (나)에 해당하는 문화의 특성을 바르게 연결한 것은?

(가) 어느 사회나 인간은 추위와 더위를 피하기 위해 집을 짓고 산다.

(나) 집을 만드는 재료나 집의 구조, 종류 등은 지역의 환경과 상황에 따라 여러 가지 형태로 나타난다.

	(가)	(나)
①	보편성	상대성
②	특수성	공유성
③	보편성	다양성
④	특수성	전체성

정답 | ③

해 설

어느 사회나 공통적으로 나타나는 문화현상은 보편성, 개별사회의 환경 차이로 인해 각 사회의 문화가 다양하게 나타나는 것은 다양성이다.

13 (가), (나)에 해당하는 현대 사회의 변동 방향을 바르게 나열한 것은?

(가) 시장에 직접 가지 않고도 쇼핑을 할 수 있고, 은행을 가지 않고도 입 · 출금을 할 수 있으며, 학교에 가지 않고도 수업을 받을 수 있다.
(나) 지구상의 어떤 나라도 다른 나라로부터 완전하게 고립되어 존재할 수 없다. 자동차 산업의 경우, 서로 다른 나라에서 생산된 부품들을 조립하여 하나의 완성된 차를 만든다.

	(가)	(나)
①	정보화	세계화
②	정보화	산업화
③	세계화	정보화
④	세계화	산업화

정답 | ①

해 설
(가)는 정보화, (나)는 세계화에 해당하는 사례이다.

TIP
정보화, 산업화, 세계화
- **정보화** : 정보가 사회의 가장 중요한 자원이 되고, 정보를 중심으로 사회나 경제가 운영되고 발전되어 가는 것
- **산업화** : 생산 활동의 분업화와 기계화로 2차 · 3차 산업의 비율이 높아지는 현상
- **세계화** : 세계 여러 나라가 정치, 경제, 사회, 문화, 과학 등 다양한 분야에서 서로 많은 영향을 주고받으면서 교류가 많아지는 현상

14 다음 사건들의 특성으로 적절하지 않은 것은?

- 영국의 명예혁명
- 미국의 독립 혁명
- 프랑스 대혁명

① 프랑스 대혁명은 절대왕정을 무너뜨렸다.
② 입헌주의와 국민 주권의 원리가 확립되었다.
③ 모든 계층의 정치적 자유를 보장하고자 하였다.
④ 시민의 자유와 권리를 보장받고자 하였다.

정답 | ③

해 설
영국의 명예혁명으로 입헌주의가 확립되었고, 미국 독립혁명으로 민주 공화정이 성립되었으며, 프랑스 대혁명으로 절대왕정이 타도되었다. 입헌주의와 국민 주권의 원리를 확립시켰으나 특정 계층(유산 계급)에게만 정치적 자유가 보장되고 여성, 노동자, 농민은 제외되었다.

15 **다음에서 설명하는 내용은 민주 선거 4원칙의 어디에 해당하는 내용인가?**

> • 모든 유권자에게 동등하게 1인 1표의 투표권을 인정한다.
> • 유권자 개개인의 투표권이 재산, 신분, 성별, 교육 정도, 종교, 문해 등의 영향을 받지 않는다.

① 평등 선거 ② 보통 선거
③ 직접 선거 ④ 비밀 선거

정답 | ①

해 설
② **보통 선거** : 일정한 연령에 달하면 어떤 조건에 따른 제한 없이 선거권을 주는 원칙이다.
③ **직접 선거** : 선거권자가 대리인을 거치지 않고 자신이 직접 가서 투표하는 원칙이다.
④ **비밀 선거** : 선거권자가 누구에게 투표했는지 알 수 없게 하는 원칙이다.

16 **다음에서 설명하는 '국가기관'에 해당하는 것으로 적절한 것은?**

> • 대통령이 국회의 동의를 얻어 임명하며, 대통령을 보좌한다.
> • 국무회의의 부의장을 맡아 행정각부를 총괄한다.

① 국회 ② 헌법재판소
③ 대법원 ④ 국무총리

정답 | ④

해 설
제시문의 설명에 해당하는 '국가기관'은 '국무총리'이다. 국무총리는 대통령이 국회의 동의를 얻어 임명하며, 최고 심의 기구인 국무회의의 부의장으로서 행정각부를 총괄한다.

17 **다음에서 설명하는 민주정치의 기본 원리는?**

> • 기본권을 보장하는 헌법을 만들고 그에 따라 통치되어야 한다.
> • 국가 권력의 남용을 방지하고 민주주의를 실현하기 위해 필요하다.

① 권력분립 ② 국민 주권
③ 국민 자치 ④ 입헌주의

정답 | ④

해 설
① **권력분립 원리** : 견제와 균형의 원리를 토대로 국가 권력을 각각의 독립 기관으로 분립시켜야 한다는 원리.
② **국민 주권 원리** : 주권이 국민에게 있으며, 국가권력은 국민의 동의와 지지에 바탕을 두어야 한다는 원리.
③ **국민 자치** : 국민 주권 원리에 따라 국민 스스로 국가 정책을 결정한다는 원리.

18 다음에서 밑줄 친 '이 단체'로 적절한 것은?

> 이 단체는 사회 정의와 공익의 실현이라는 공동체 이념을 위해 시민이 자발적으로 만든 단체이다.
> 주로 환경문제, 교육문제의 해결 혹은 경제 민주화 실천 등을 위해 활동하곤 한다.

① 시민단체 ② 이익집단
③ 정당 ④ 언론

정답 | ①

해 설
② **이익집단** : 집단적 특수 이익을 실현하기 위해 이해관계를 같이 하는 사람들이 모인 집단.
③ **정당** : 정권획득 및 정책 실현을 목적으로 정치적 견해를 같이하는 사람들의 단체
④ **언론** : 사실의 보도 및 국가 권력과 정책에 대한 비판, 감시 등을 위해 대중매체를 통해 여론을 형성하는 활동

19 다음과 같은 제도적 장치를 두고 있는 목적으로 가장 적절한 것은?

> • 노동3권
> • 근로기준법
> • 노동조합 및 노동관계 조정법

① 소비자 권리 보호
② 기업의 경제 활동 제한
③ 국가 경제의 효율성 강화
④ 노동자 권리 보호

정답 | ④

해 설
노동3권, 근로기준법, 노동조합 및 노동관계 조정법은 노동자의 권리를 보호하는 데 그 목적이 있다.

20 다음의 내용과 관련된 헌법상의 기본권은?

> • 국민이 침해된 기본권을 구제받기 위해 청원할 수 있는 권리
> • 다른 기본권 보장을 위한 수단적 권리

① 청구권 ② 자유권
③ 참정권 ④ 사회권

정답 | ①

해 설
국민이 침해된 기본권을 구제받기 위해 청원 · 청구할 수 있는 청구권에는 청원권, 재판 청구권, 형사보상 청구권 등이 있다.

21 다음 그림에서 (가), (나), (다) 각각에 알맞은 경제 주체를 바르게 연결한 것은?

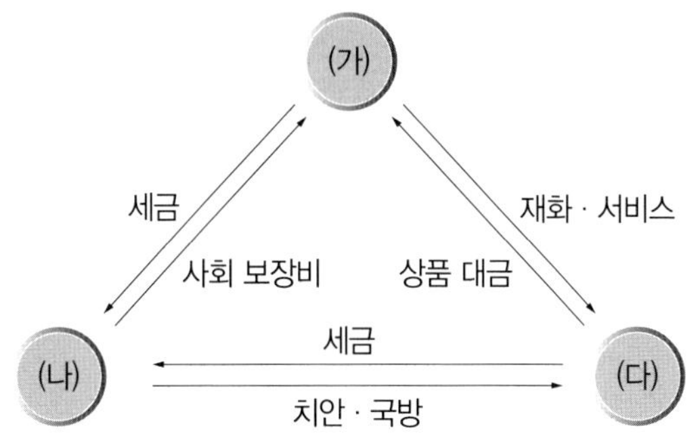

	(가)	(나)	(다)
①	가계	기업	정부
②	가계	정부	기업
③	기업	가계	정부
④	기업	정부	가계

정답 | ②

해 설

세금을 납부하고 재화 · 서비스를 구입한 대가를 지불하는 (가)는 가계이다. 세금을 거두고 공공재를 공급하는 (나)는 정부이다. 세금을 납부하고 재화 · 서비스를 생산하는 (다)는 기업이다.

22 다음 중 국내총생산(GDP) 측정에 포함되는 항목은?

① 마트에서 판매된 화장지
② 도박장에서 얻게 된 이익
③ 엄마의 전업주부로서의 가치
④ 판매용 김밥의 재료인 달걀의 가격

정답 | ①

해 설

② 탈세 거래나 불법 거래는 정부가 측정할 수 없으므로 국내총생산에서 제외한다.
③ 시장에서 거래되는 재화와 서비스의 가치만 국내총생산에 포함된다.
④ 다른 상품을 생산하는 데 사용된 재료나 부품의 가치는 국내총생산에서 제외한다.

23 다음 중 공급에 대한 설명으로 적절한 것은?

① 상품을 팔고자 하는 욕구
② 상품을 구매하고자 하는 욕구
③ 상품 생산에 필요한 원료
④ 시장에서 형성되는 가격

정답 | ①

해 설

공급은 경제 주체가 주어진 가격에서 재화나 서비스를 판매하고자 하는 욕구이다.

TIP

수요와 공급

- **수요** : 경제 주체가 주어진 가격에서 재화나 서비스를 구매하고자 하는 욕구
- **수요량** : 일정 가격으로 경제 주체가 재화나 서비스를 구입하고자 하는 양
- **공급** : 경제 주체가 주어진 가격에서 재화나 서비스를 판매하고자 하는 욕구
- **공급량** : 일정 가격으로 경제 주체가 재화나 서비스를 판매하고자 하는 양

24 다음은 시장에서 수요량과 공급량의 변동을 나타낸 것이다. 균형가격은 얼마인가?

수요량(개)	30	25	20	15	10
공급량(개)	5	10	20	35	50
가격(원)	100	200	300	400	500

① 100원　　② 200원
③ 300원　　④ 400원

정답 | ③

해 설
수요량과 공급량이 일치하는 점에서 시장 가격이 형성되므로 수요량과 공급량이 20개로 일치하는 300원이 균형가격이다.

TIP
시장가격의 결정
- **수요량 = 공급량** : 시장 가격(균형 가격)과 균형 거래량 형성
- **수요량 〉 공급량** : 초과 수요로 인해 수요자 간의 경쟁이 발생해 균형 가격보다 높은 수준에서 가격이 결정됨(가격 상승)
- **수요량 〈 공급량** : 초과 공급으로 인해 공급자 간의 경쟁이 발생해 균형 가격보다 낮은 수준에서 가격이 결정됨(가격 하락)

25 다음 설명에 해당하는 자원은?

- 사우디아라비아, 이란, 쿠웨이트가 주요 생산국이다.
- 페르시아만 주변 지역에 집중적으로 매장되어 있다.

① 석유　　② 구리
③ 석탄　　④ 철광석

정답 | ①

해 설
석유는 이란, 쿠웨이트, 사우디아라비아 등 서남아시아 지역에 풍부하다.

26 다음에서 설명하는 식량자원은?

- 벼에 비해 재배 조건이 덜 까다로움
- 소비가 증가하면서 연중 국제적 이동이 이루어지고 있음
- 주요 수출국 : 미국, 호주 등 신대륙

① 콩　　② 밀
③ 옥수수　　④ 커피

정답 | ②

해 설
밀은 미국, 호주 등 신대륙에서 대규모로 재배하며 벼에 비해 재배 조건이 덜 까다롭고 쌀이 생산지와 소비지가 일치하는 편인 것에 비해 밀은 소비가 증가하면서 국제적 이동이 많이 이루어진다.

27 다음에 제시된 것들의 특징으로 가장 적절한 것은?

석탄, 석유, 천연가스

① 기존의 에너지를 재활용하여 만들 수 있다.
② 자원의 매장량에 한계가 있다.
③ 화석 연료에 비해 지구상에 비교적 고르게 분포한다.
④ 개발 초기에 투자비용이 많이 들고, 경제성이 낮은 편이다.

정답 | ②

해 설
석탄, 석유, 천연가스는 재생 불가능한 에너지 자원에 해당하여 자원 매장량에 한계가 있고, 가채 연수가 짧아 고갈의 문제가 있다. 또한 자원이 특정 지역에 편재되어 있어 자원 확보를 위한 경쟁이 치열하다는 특징이 있다.

28 구석기인들의 생활모습으로 옳지 않은 것은?

① 뼈 도구와 뗀석기로 사냥을 하였다.
② 채집생활을 하였다.
③ 가족단위의 무리를 이루어 사냥감을 찾아 이동생활을 하였다.
④ 특정한 동물을 부족의 수호신으로 생각하여 숭배하였다.

정답 | ④

해 설
신석기 시대부터 자기 부족의 기원을 특정 동식물과 연결시켜 그것을 숭배하는 토테미즘이 발달하였다.

TIP

신석기 시대의 특징
- 신석기 시대 중기까지는 채집 · 어로 생활이 중심이었으나, 후기부터 농경생활이 시작되었다.
- 가락바퀴(방추차)나 뼈바늘(골침)로 옷이나 그물을 제작하였다.
- 혈연을 바탕으로 하는 씨족을 구성 단위로 하는 부족사회였다.
- 신앙이 원시 종교적 형태(애니미즘, 샤머니즘, 토테미즘)로 발전하였다.

29 다음 유적이 널리 만들어진 시대의 사회 모습은?

① 직립 보행 시작　② 불 사용법 발견
③ 지배 계급 등장　④ 철제 무기 사용

정답 | ③

해 설
고인돌은 청동기 시대의 대표적인 무덤이다. 청동기 시대는 '농경의 본격화 → 잉여생산 발생 → 사유재산(빈부격차) → 정복전쟁 → 계급발생(군장출현)'을 통해 지배 계급이 등장하였다.

TIP

청동기 시대
- 유적 : 여주 흔암리, 부여 송국리 → 탄화미 출토(벼농사의 증거)
- 유물
  - 간석기 : 반달돌칼, 바퀴날도끼, 홈자귀
  - 토기 : 덧띠새김무늬토기, 민무늬토기, 미송리식토기, 붉은간토기
  - 청동기 : 비파형동검, 거친무늬거울
  - 무덤 : 고인돌, 돌무지무덤, 돌널무덤
- 경제
  - 의생활 : 물레발명
  - 식생활 : 농경의 본격화
  - 주생활 : 구릉지에 움집

30 다음과 같은 풍습이 있었던 국가는?

> • 여자가 10세가 되면 혼인을 약속한 뒤 남자 집에 보내졌다.
> • 사람이 죽으면 가매장하였다가 시체가 썩은 뒤 뼈만 추려 목곽에 넣었다.

① 고구려　② 삼한
③ 부여　④ 옥저

정답 | ④

해 설

보기에서 설명한 풍습은 옥저의 민며느리제와 골장제로 옥저는 지금의 함경남도 해안지대에서 두만강 일대에 걸쳐 존재했던 고대의 종족이다.

31 다음과 같은 업적을 남긴 고구려의 왕은?

> • 도읍을 국내성에서 평양으로 천도하였다.
> • 백제의 위례성을 함락하여 한강 유역을 차지하였다.
> • 광개토대왕비를 건립하여 고구려 왕실의 업적을 기렸다.

① 고국천왕　② 광개토대왕
③ 소수림왕　④ 장수왕

정답 | ④

해 설

제시된 내용은 고구려 제20대 왕 장수왕에 관한 것으로 광개토대왕의 뒤를 이어 적극적인 남진 정책을 펼치기 위해 도읍을 국내성에서 평양으로 천도하였고, 백제의 수도인 위례성을 함락하여 한강 유역을 차지하였으며 광개토대왕비를 건립하여 부왕인 광개토대왕을 비롯한 고구려 왕실의 업적을 찬양하여 고구려의 전성기를 이어나갔다.

32 다음 중 골품제에 대한 설명으로 올바르지 <u>않은</u> 것은?

① 성골과 진골만이 왕위에 오를 수 있었다.
② 노력의 여하에 따라 계층을 상승시킬 수 있었다.
③ 사회생활 전반에 걸쳐 특권과 제약이 가해졌다.
④ 진골 이하로는 6두품이 가장 높았다.

정답 | ②

해 설

골품제는 신라시대 전반에 걸쳐 영향력을 행사한 신분제도로 왕족인 성골 및 진골과 그 이하의 귀족 및 평민을 6등급의 계층으로 나누어 차별했으며, 한 번 태어나 가지게 된 계층은 죽을 때까지 벗어날 수 없는 채로 사회생활이나 관직에 특권과 차별이 가해졌다.

33 다음과 같은 업적을 남긴 신라의 왕은?

- 관료전 지급, 녹읍 폐지
- 진골 귀족 세력의 반란 진압
- 9주 5소경 체제의 지방 행정 조직 완비

① 성덕왕　　② 문무왕
③ 신문왕　　④ 경덕왕

정답 | ③

해 설
제시된 내용은 삼국 통일 후 전제 왕권을 확립한 신문왕의 업적이다.

34 다음 설명과 같은 고려의 지배층은?

- 과거와 음서를 통하여 관직을 독점하였다.
- 왕실과 혼인관계를 맺어 외척으로 성장하였다.

① 향리　　② 문벌귀족
③ 호족　　④ 권문세족

정답 | ②

해 설
문벌귀족은 개국공신이나 지방호족 출신의 중앙 관료들로 신라 6두품의 유학자들이다. 성종 이후 중앙의 새로운 지배층으로 등장하여 여러 세대에 걸쳐 중앙에서 고위 공직자를 배출하며 문벌귀족을 형성하였다.

35 다음 내용에서 설명하는 인물은?

거란의 3차 침입에 맞서 귀주에서 소배압이 이끄는 거란군을 크게 무찔렀고, 이후 북방 민족의 침입에 대비하고자 고려 정부에 건의하여 개경 주위에 나성을 쌓았다.

① 서희　　② 이자겸
③ 최승로　　④ 강감찬

정답 | ④

해 설
강감찬은 거란이 세 번째로 침략해 왔을 때 귀주에서 대승을 거두었으며 현종 때 정부에 건의하여 개경 주위에 나성을 쌓고, 천리장성을 쌓아 국경의 경비를 강화하였다.
① 거란의 1차 침입 때 외교로 활약하였다.
② 고려 중기 문벌 가문 출신의 권력자이다.
③ 성종 때 유교 정치사상에 입각한 시무 28조를 건의하였다.

36 다음에서 설명하는 역사적 사건은?

- 고려시대 무신정권시기에 개경에서 일어난 노비반란
- 신분해방 운동
- 무인정권의 강경한 진압에 의해 실패함

① 만적의 난　② 홍경래의 난
③ 진주 농민 봉기　④ 동학 농민 운동

정답 | ①

해 설
고려 사회는 엄격한 신분질서가 강조되었는데 특히 노비의 경우는 그 사회적 처지가 가장 열악하였다. 그러나 고려 중기 이후 소수의 권신들이 권력을 독점하는 현상이 나타나면서 그에 기생하여 노비의 정치적 · 사회적 지위가 향상되었다. 무신의 난 이후에는 이러한 현상이 더욱 현저해져 천민들의 신분해방운동이 일어날 수 있는 계기가 마련되었다.

37 다음 설명에 해당하는 조선의 제도는?

- 조세 징수와 군역 부과에 활용
- 오늘날 주민등록증과 같이 신분을 증명하던 제도

① 과전법　② 호패법
③ 직전법　④ 대동법

정답 | ②

해 설
호패법은 조선 시대의 16세 남자에게 오늘날의 신분증과 같은 호패를 차고 다니도록 한 제도로 조세 징수와 군역 부과에 활용되었다.

38 다음 중 세종의 업적으로 적절하지 <u>않은</u> 것은?

① 집현전의 확대　② 훈민정음 반포
③ 4군 6진 개척　④ 경국대전 완성

정답 | ④

해 설
경국대전은 조선 초부터 전해져 오던 모든 법령들을 모아 집대성하여 통치의 근간을 이룬 법전으로 제9대 성종 때 완성되었다.

39 다음 설명에 해당하는 해전은?

- 이순신이 학익진으로 일본 수군을 크게 격파
- 조선군이 남해안의 재해권을 장악

① 옥포 해전　② 한산도 해전
③ 명량 해전　④ 노량 해전

정답 | ②

해 설
한산도 해전은 임진왜란 3대첩 중 하나로 이순신이 학익진을 통해 수적으로 우세하던 일본 수군의 주력을 격파하였으며 조선군이 남해안의 제해권을 장악함으로써 일본의 수륙병진계획을 좌절시키는 계기가 되었다.

40 다음에서 설명하는 것은?

> • 양인 1인당 군포 2필 징수로 농민에게 큰 부담
> • 영조 때 군포를 1필로 줄여줌으로써 농민 생활 향상

① 공납 ② 환곡
③ 균역법 ④ 영정법

정답 | ③

해 설
영조는 군포 징수의 폐단으로 인한 농민의 부담을 줄여주기 위해 균역법을 실시하였으며 1년에 군포 2필을 징수하던 것을 1필로 줄이고, 부족분은 다른 여러 잡세 수입으로 보충하였다.

① **공납** : 지방에서 나는 특산물을 조정에 바치던 세금 제도
② **환곡** : 곡식을 사창에 저장하였다가 백성들에게 봄에 꾸어주고 가을에 이자를 붙여 거두던 제도
④ **영정법** : 전세를 농사의 풍흉에 관계없이 토지 1결당 쌀 4~6두로 고정해서 징수하는 법

41 다음에서 설명하는 실학자는?

> • 정조 대에 활동하였다.
> • 수원화성을 건축하였다.
> • 저서로 「목민심서」가 있다.

① 이익 ② 박지원
③ 정약용 ④ 박제가

정답 | ③

해 설
제시문은 정약용에 대한 설명으로 22대 정조의 신임을 받아 수원화성을 건축하는 등 다양한 관직활동을 거쳤으며, 훗날 유배지에서 백성을 올바르게 다스리는 법을 정리한 「목민심서」를 저술했다.

42 다음 중 조선 후기 광업, 수공업에 대한 설명으로 옳지 않은 것은?

① 광산 경영을 하는 덕대가 등장하였다.
② 정부가 광산을 독점하였다.
③ 민간 수공업자들이 대부분 공인이나 상인에게 주문과 함께 자금과 원료를 미리 받아서 제품을 생산하였다.
④ 독립 수공업자가 등장하였다.

정답 | ②

해 설
조선 전기에는 정부가 광산을 독점하였으나, 후기에는 정부의 허가 아래 민간인 채굴과 민간의 사채가 허용되었다.

TIP
덕대제
조선 후기에는 경영 전문가인 덕대가 상인 물주에게 자본을 조달받아 채굴업자와 채굴 노동자 등을 고용하여 광물을 채굴하고 제련하는 것이 일반화되었다.

43 다음 밑줄 친 사건으로 알맞은 것을 고르면?

> 최근 전쟁과 침략을 통해 약탈한 문화재를 본국에 반환해야 한다는 의견이 국제 사회에서 제기되고 있다. 프랑스가 이 사건에서 강화도 외규장각에 있던 도서를 약탈해 갔는데 이에 우리나라가 반환을 요구하고 있다.

① 병인양요 ② 강화도 조약
③ 흥선대원군의 하야 ④ 제너럴셔먼호 사건

정답 | ①

해 설

제시문은 병인양요(1886) 때 프랑스가 약탈해간 외규장각 도서의 반환을 요구하는 내용이다. 병인양요는 프랑스가 병인박해를 구실로 로즈 제독이 이끄는 군함을 이끌고 침입한 사건이다.

44 다음에서 설명하는 역사적 사건은?

> 을미사변 이후 일본군의 무자비한 공격에 신변의 위협을 느낀 고종과 왕세자가 1896년 2월 11일부터 약 1년간 조선의 왕궁을 떠나 러시아 공관에 옮겨 거처하였다.

① 임오군란 ② 아관파천
③ 갑신정변 ④ 갑오개혁

정답 | ②

해 설

① **임오군란** : 구식 군인들이 민씨 정권의 고관들과 일본인 교관을 죽이고 포도청 · 의금부를 습격하여 일본 공사관을 불태운 사건이다.

③ **갑신정변** : 개화당이 일본 공사의 지원을 약속받고 우정국 개국 축하연을 이용해 사대당 요인을 살해하고 개화당 정부를 수립하여 개혁 요강을 마련하였다.

④ **갑오개혁** : 1894년 7월 초부터 1896년 2월 초까지 약 19개월간 3차에 걸쳐 추진된 일련의 개혁운동을 말한다. 을미사변을 계기로 추진된 제3차 개혁은 따로 분리하여 을미개혁이라고 부른다.

45 ㉠, ㉡에 들어갈 말을 순서대로 배열한 것은?

> 러 · 일 전쟁에서 승리한 일본은 고종의 반대에도 불구하고 (㉠)을 강제로 체결하여 대한제국의 (㉡)을 빼앗고 서울에 통감부를 설치하였다.

	㉠	㉡
①	을사 조약	외교권
②	텐진 조약	군사권
③	전주 화약	외교권
④	한성 조약	재정권

정답 | ①

해 설

러 · 일 전쟁을 승리한 일본은 한국에 대한 독점적 지배권을 인정받은 후 보호국으로 만들려는 을사조약의 체결을 강요하였다. 우리 정부의 강력한 반대에도 불구하고 일본은 일방적으로 조약을 공포하였으며 통감부를 설치하여 내정 간섭을 하였고, 외교권이 박탈되었다.

46 다음에 해당하는 인물은?

- 상하이 홍커우 공원에서 열린 행사에 폭탄을 던져 일본군을 응징함
- 항일 독립 투쟁에 중국과 협력하는 계기가 됨

① 김익상　② 김상옥
③ 윤봉길　④ 나석주

정답 | ③

해 설
독립운동가 윤봉길은 상하이 훙커우 공원에서 열린 행사에 폭탄을 던졌다.
① **김익상** : 1921년 조선 총독부에 폭탄을 던졌다.
② **김상옥** : 1923년 종로 경찰서에 폭탄을 던지고 자결하였다.
④ **나석주** : 1926년 동양척식 주식회사와 식산은행에 폭탄을 던지고 자결하였다.

47 다음 중 3.1운동에 대한 설명으로 적절하지 않은 것은?

① 일제의 무단통치에 반발하여 일어났다.
② 일제강점기에 일어난 최대 규모의 민족운동이다.
③ 다양한 계층이 참여하였다.
④ 국내에 한정되어 일어난 한계를 지녔다.

정답 | ④

해 설
3.1운동은 1919년 3월 1일을 기점으로 일제의 무단통치에 항거하여 전 민족이 봉기한 항일운동으로 도시에서 농촌으로, 국내에서 해외로 퍼져나가 학생에서부터 일반인까지 다양한 계층이 참가했던 우리 역사상 최대 규모의 민족운동이었다.

48 다음 내용과 관련된 국제회의로 적절한 것은?

- 한반도에 임시 민주 정부의 수립을 돕기 위해 최대 5년간 신탁통치를 실시한다.
- 임시정부 수립을 위한 미 · 소 공동 위원회를 설치한다.

① 카이로 회담　② 포츠담 회담
③ 남북정상회담　④ 모스크바 3국 외상회의

정답 | ④

해 설
임시정부 수립을 돕기 위한 미 · 소 공동 위원회 설치, 5년 기한의 신탁 통치 실시를 결정한 것은 모스크바 3국 외상회의이다.

49 다음 중 6 · 25 전쟁에 대한 설명으로 옳지 않은 것은?

① 북한의 군사력 강화가 배경이 되었다.

② 서울이 함락되었다가 인천 상륙작전 이후 다시 탈환하였다.

③ 막대한 인적 · 물적 피해가 발생하였다,

④ 학생 · 시민을 중심으로 독재 정권을 무너뜨린 혁명이다.

정답 | ④

해 설

④는 4 · 19 혁명에 관한 내용이다. 4 · 19 혁명은 이승만 정권의 독재와 장기집권 및 탄압에 의해 발생한 것으로 학생과 시민을 중심으로 독재 정권을 무너뜨린 민주혁명이자 민주주의 발전의 토대가 되었다.

50 다음 중 6 · 25전쟁 결과 가져온 사건이 아닌 것을 고르면?

① 수많은 고아와 이산가족이 발생하였다.

② 유신반대 운동이 일어났다.

③ 주택, 공장, 도로 등이 파괴되었다.

④ 남북한이 평화적인 통일보다는 대결의 국면으로 치닫는 민족의 비극이 확대되었다.

정답 | ②

해 설

유신 반대 운동은 제4공화국(유신체제)에 반대한 운동으로 서울대 유신 철폐 시위, 개헌 청원 100만인 서명 운동 등이 있다.

PART 4 사회 | 응용문제

01 다음에서 중점을 두고 설명하고 있는 우리나라의 위치 표현 방법은?

> • 3면이 바다로 둘러싸여 있다.
> • 아시아 대륙의 동쪽에 위치하며, 태평양에 인접해있다.

① 수리적 위치　② 관계적 위치
③ 지리적 위치　④ 표준적 위치

정답 | ③

해 설
지리적 위치는 대륙과 해양을 이용해 위치를 표현하는 방법이다.
① **수리적 위치** : 위도와 경도를 이용한 위치 표현 방법
② **관계적 위치** : 주변국과의 위치를 이용한 위치 표현 방법

02 우리나라의 위치적 특성으로 알맞은 것은?

① 중국의 서쪽에 위치한다.
② 태평양의 북동부에 위치한다.
③ 남반구의 중위도에 위치한다.
④ 동경 124°~132° 사이에 위치한다.

정답 | ④

해 설
우리나라는 아시아의 동부에 있는 중국의 동쪽에 위치하며, 태평양의 북서부, 북반구의 중위도에 위치하며 동경 124°~132° 사이에 위치한다.

03 지도에서 방위 표시가 없을 때 위쪽의 방향으로 옳은 것은?

① 동쪽　② 서쪽
③ 남쪽　④ 북쪽

정답 | ④

해 설
지도에서는 방위 표시에 의해 동서남북을 찾을 수 있다. 방위표시가 없을 때에는 지도의 위쪽이 북, 오른쪽이 동, 왼쪽이 서, 아래쪽이 남이다.

04 다음 중 기후의 3요소에 해당하지 않는 것은?

① 기온 ② 강수
③ 지형 ④ 바람

정답 | ③

해 설

기후의 3요소는 기온, 강수, 바람이고 지형은 기후인자에 해당한다.

TIP

기후요소와 기후인자

- **기후요소** : 기후를 구성하고 있는 대기의 여러 가지 상태를 나타내는 요소로, 기온, 강수, 바람, 습도, 증발량 등이 있다.
- **기후인자** : 기후요소에 작용하여 기후의 지역적 차이를 일으키는 요인으로 위도, 수륙분포, 지형, 해발고도, 수심, 해류 등이 있다.

05 다음과 같은 그래프가 나타나는 기후 지역은?

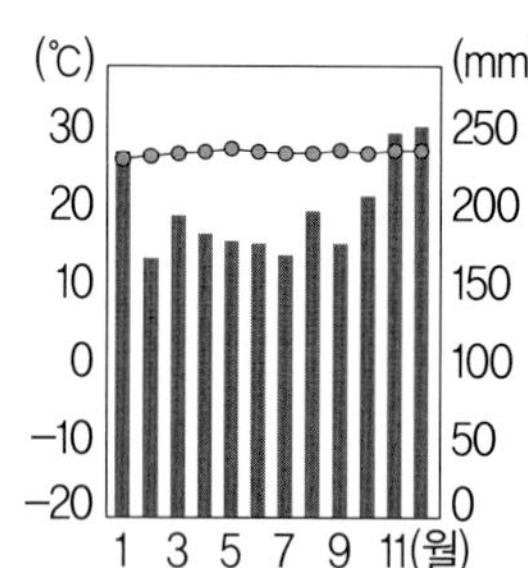

① 열대 기후 지역 ② 온대 기후 지역
③ 건조 기후 지역 ④ 냉대 기후 지역

정답 | ①

해 설

열대 기후는 적도 부근에 분포하며 가장 추운 달의 기온이 18℃ 이상이며, 일 년 내내 기온이 높다. 강수량은 가장 많으며 대류성 강수가 내린다.

TIP

열대 기후

- 다양한 식생과 생태계, 상록 활엽수림 발달
- 플렌테이션 농장(대규모 고무, 사탕수수, 커피, 카카오, 목화 공장)
- 고대 문명의 유적지, 고산 도시 발달

06 우리나라의 해안 지형에 대한 설명으로 옳지 않은 것은?

① 서해안은 조석 간만의 차가 크다.
② 서해안의 사빈은 해수욕장으로 사용된다.
③ 동해안은 수심이 깊고 해안선이 단조롭다.
④ 동해안의 석호는 관광지로 이용된다.

정답 | ②

해 설

사빈은 모래의 공급이 많고 파랑의 작용이 활발한 동해안에서 발달한다. 서해안은 조차가 크고 섬이 많아 파랑의 작용이 약하다.

TIP

해안지형

- 동해안
  - 깊은 수심과 단조로운 해안선, 파랑 작용이 활발하며 조석 간만의 차가 작음
  - 사빈(모래사장)은 해수욕장으로, 석호는 관광지로 이용됨
  - 수산자원이 풍부함
- 서해안
  - 얕은 수심과 복잡한 해안선, 조류의 작용이 활발하며 조석 간만의 차가 큼
  - 복잡한 리아스식 해안과 다도해는 경관이 수려하여 해상 국립공원으로 지정됨
  - 갯벌과 수산업, 양식업이 발달함

07 다음에서 설명하는 자연재해는?

> 오랜 가뭄과 인구증가, 과도한 농경지 개간 및 목축, 무분별한 벌채 등으로 발생되며 주로 사헬지대와 중국 북서부 건조지역, 호주 서부에서 발생된다.

① 홍수　② 가뭄
③ 태풍　④ 사막화

정답 | ④

해 설
사막화란 사막 주변의 초원지역이 점차 사막처럼 변하는 현상으로, 오랜 가뭄과 인구증가, 과도한 농경지 개간 및 목축, 무분별한 벌채로 인해 발생된다.

TIP
자연재해
- **홍수** : 집중호우, 태풍, 고산지의 해빙, 하천의 난개발 등으로 농경지와 가옥이 침수되는 현상
- **가뭄** : 지구 내부의 에너지가 지표로 나와 땅이 갈라지며 흔들리는 현상
- **태풍** : 북태평양의 열대 해상에서 발생하는 저기압으로 인해 강한 바람과 많은 비를 동반하는 현상
- **화산** : 지하 깊은 곳에서 있던 마그마가 지각의 갈라진 틈을 뚫고 분출하는 현상
- **지구 온난화** : 화석연료 사용에 따른 이산화탄소 농도 증가로 지구의 연평균 기온이 상승하는 현상

08 다음 중 도시에 대한 설명으로 옳은 것은?

① 넓은 지역에 적은 인구가 분포한다.
② 주민들은 주로 1차 산업에 종사한다.
③ 생활 편의 시설과 각종 기능이 집중되어 있다.
④ 주민들의 직업이 단순하고 생활 범위가 좁다.

정답 | ③

해 설
도시는 생활 편의 시설과 각종 기능이 집중하여 주변 지역의 중심지 역할을 담당한다.
① 좁은 지역에 많은 인구가 거주하여 인구 밀도가 높다.
② 도시에 거주하는 주민들은 주로 2, 3차 산업에 종사한다.
④ 직업이 다양하고 생활 범위가 넓다.

09 다음에서 설명하고 있는 현상으로 가장 적절한 것은?

> - 도시화에 따라 농촌 인구가 도시로 이동하는 현상이다.
> - 좋은 일자리와 더 나은 교육 기회를 찾아 대도시로 이동하는 현상이다.

① 역도시화　② 이촌향도
③ 인구 고령화　④ 인구 공동화

정답 | ②

해 설
산업화 · 도시화 등으로 인해 농촌의 인구가 도시로 이동하는 현상을 이촌향도라 한다.

10 다음에서 ㉠에 들어갈 내용으로 적절한 것은?

> (㉠)의 땅값이 높아지면서 주거 기능이 외곽 지역으로 빠져나가게 되는데, 이 때문에 (㉠)은/는 낮에는 많은 사람들로 붐비지만 밤에는 도시 외곽 지역에 위치한 주거 지역으로 이동하면서 텅 비게 된다.

① 도심　② 부도심
③ 신도시　④ 위성 도시

정답 | ①

해 설
도심에는 행정기관, 백화점, 대기업 본사 등이 집중되어 있어 주간에는 인구 밀도가 높으나, 야간에는 주거 지역으로 귀가하거나 퇴근 하는 등의 인구 이동으로 인구 밀도가 낮아진다.

TIP
인구공동화 현상
주간 인구는 높으나, 높은 지가로 인해 야간 상주인구는 감소하는 현상

11 다음에서 ㉠과 ㉡에 들어갈 말로 적절한 것은?

> • (㉠)은 도시의 중심 업무 지구가 형성되며, 고급 서비스 기능이 집중된 지역이다.
> • (㉡)은/는 도시의 무질서한 팽창을 막고 주변의 환경을 보존하기 위해 설정된다.

	㉠	㉡
①	도심	위성도시
②	도심	개발제한구역
③	부도심	위성도시
④	부도심	개발제한구역

정답 | ②

해 설
㉠ 도시의 중심 업무 지구로, 중추 관리 기능을 담당하는 곳은 도심이다.
㉡ 개발제한구역(그린벨트)은 자연 녹지 보존과 도시의 무질서한 확장 방지, 환경 보존 기능을 위해 설정된다.

12 다음 중 사회화에 대한 설명으로 적절하지 않은 것은?

① 지속적인 상호작용 과정이다.
② 행동양식, 가치관 등을 습득한다.
③ 자아정체성을 확립할 수 있게 된다.
④ 1차적 사회화 기관으로는 학교, 직장 등이 있다.

정답 | ④

해 설
사회화 기관
• 1차적 사회화 기관
  – 특징 : 자연발생적, 비형식적 · 인격적 관계, 성장기 인격 형성에 영향을 미침
  – 종류 : 가정, 또래집단, 지역사회 등
• 2차적 사회화 기관
  – 특징 : 인위적 · 형식적 · 비인격적 관계, 성인기 사회생활에 영향을 미침
  – 종류 : 학교, 직장, 대중 매체, 정당, 군대 등

13 다음에서 나열된 기관들의 공통된 특성으로 적절하지 않은 것은?

> 학교, 회사, 대중매체, 군대

① 형식적 만남이 이루어진다.
② 자연적으로 형성된 기관이다.
③ 비인격적 관계가 형성된다.
④ 사회생활에 영향을 끼친다.

정답 | ②

해 설
나열된 기관들은 모두 2차적 사회화 기관으로, 공식적이고 체계적인 사회화가 이루어진다. 자연적으로 형성된 기관은 1차적 사회화 기관이다.

14 다음에서 설명하는 것으로 적절한 것은?

> • 문화를 그 사회의 상황과 역사적 맥락에서 이해하려는 태도이다.
> • 타문화를 올바르게 이해하며 문화 다양성을 증진시킬 수 있다.

① 문화 상대주의　　② 문화 사대주의
③ 자문화 중심주의　　④ 문화 지체

정답 | ①

해 설
② **문화 사대주의** : 다른 문화를 더 좋은 것으로 생각하고 자신의 문화를 과소평가하거나 무시하는 태도
③ **자문화 중심주의** : 자기 문화만을 가장 우수한 것으로 생각하고 다른 문화를 무시하거나 부정하는 태도
④ **문화 지체** : 문화 요소 사이에 문화 변동 속도의 차이, 특히 물질 문화와 비물질 문화의 변화 속도의 차이로 사회 구성원들이 적응하지 못하거나 가치관의 혼란 등을 겪게 되는 현상

15 대화에서 영희가 문화를 바라보는 태도로 알맞은 것은?

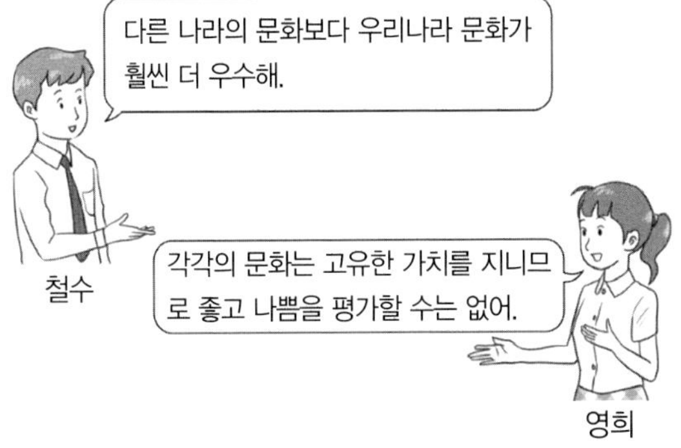

다른 나라의 문화보다 우리나라 문화가 훨씬 더 우수해.
철수
각각의 문화는 고유한 가치를 지니므로 좋고 나쁨을 평가할 수는 없어.
영희

① 문화 사대주의　　② 문화 상대주의
③ 문화 제국주의　　④ 자문화 중심주의

정답 | ②

해 설
문화 상대주의는 한 사회의 문화를 그 사회의 입장에서 객관적으로 이해하려는 태도이다.

16 다음 그림을 통해 알 수 있는 현대 민주 정치의 원리로 적절한 것은?

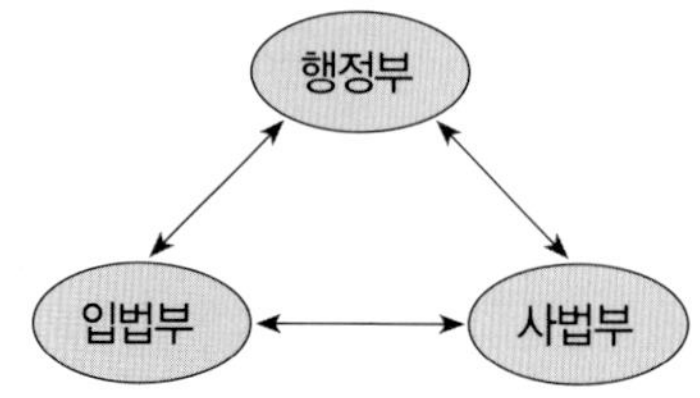

① 국민 자치의 원리　　② 국민 주권의 원리
③ 권력 분립의 원리　　④ 입헌주의의 원리

정답 | ③

해 설
권력 분립의 원리는 그림과 같이 국가 권력을 입법부(국회), 행정부(정부), 사법부(법원)로 나누어 각각의 역할을 담당하도록 한 것이다.

17 다음에서 ㉠과 ㉡에 해당하는 선거 원칙으로 적절한 것은?

> ㉠ : 선거구 간 인구수 차이가 크지 않도록 하는 선거 원칙
> ㉡ : 투표 내용을 알 수 없도록 하는 선거 원칙

	㉠	㉡
①	보통선거	직접선거
②	보통선거	비밀선거
③	평등선거	직접선거
④	평등선거	비밀선거

정답 | ④

해 설
㉠ 평등선거는 모든 투표권의 개수와 가치를 동등하게 부여하는 것이다.
㉡ 비밀선거는 투표 내용을 알 수 없도록 하여 비밀을 보장하는 것이다.

TIP
선거의 종류
- **보통선거** : 일정 연령 이상의 모든 국민에게 선거권을 부여하는 것이다.
- **직접선거** : 유권자가 대리인을 거치지 않고 직접 대표자를 선출하는 것이다.

18 통일의 기대효과로 적절하지 <u>않은</u> 것은?

① 다문화 사회를 형성할 수 있을 것이다.
② 남북의 이질화를 해소할 수 있을 것이다
③ 한반도의 위상이 더욱 강화될 것이다.
④ 국토 공간을 효율적으로 이용할 수 있을 것이다.

정답 | ①

해 설
남북한은 본래 한민족이므로 통일이 된다고 해서 다문화 사회가 형성된다고 볼 수 없다.

19 다음 내용에 해당하는 기본권으로 옳은 것은?

- 인간다운 생활을 국가에 요구할 수 있는 적극적 권리
- 근로권, 환경권 등

① 평등권　② 자유권
③ 참정권　④ 사회권

정답 | ④

해 설
국가에 대해 인간다운 생활의 보장을 적극적으로 요구할 수 있는 사회권이다. 사회권은 적극적 권리이며, 가장 최근에 등장한 현대적 권리이다.

TIP
기본권의 종류
- **평등권** : 사회생활에서 불합리한 차별을 받지 않을 권리
- **자유권** : 국가 권력으로부터 개인의 자유를 보장 받을 권리
- **참정권** : 국민이 정치에 능동적으로 참여할 수 있는 권리
- **사회권** : 인간다운 생활을 국가에 요구할 수 있는 권리
- **청구권** : 침해된 기본권을 구제받기 위해 청구할 수 있는 권리

20 다음 중 대통령의 권한이 아닌 것은?

① 국정 조정권
② 국정 감사권
③ 외국과의 조약 체결 · 비준권
④ 긴급 명령 및 계엄 선포권

정답 | ②

해 설
국정 감사권은 국회(입법부)의 권한이다.

TIP
대통령의 권한
- **국가 원수로서의 권한** : 국정 조정권, 외국과의 조약 체결 · 비준권, 긴급 명령 및 계엄 선포권, 헌법 기관의 구성권, 국민투표 제안권
- **행정부 수반으로서의 권한** : 행정부 지휘 · 감독권, 공무원 임명권, 대통령령 제정 · 발포권, 국군 통수권

21 다음 (　　) 안에 들어갈 알맞은 용어는?

(　　)은/는 여러 가능성 중 하나를 선택했을 때 그 선택 때문에 포기해야 하는 다른 선택의 가치를 말한다.

① 교환　② 분업
③ 서비스　④ 기회비용

정답 | ④

해 설
① **교환** : 자기가 필요 이상으로 소유하고 있는 재물을 다른 사람이 소유하고 있는 재물과 바꾸는 행위이다.
② **분업** : 생활에 필요한 물자를 여러 사람이 나누어 생산하는 경제활동이다. 각각의 활동에 대한 전문성과 효율성이 향상되고 제품의 품질이 향상되어, 생산이 늘어나고 생활수준이 높아진다.
③ **서비스** : 물질적 재화를 생산하는 노동과정 밖에서 기능하는 노동이다. 서비스에는 여러 가지 노동이나 활동이 포함된다.

22 다음 중 경제 주체에 해당하지 않는 것은?

① 가계　　② 기업
③ 외국　　④ 서비스

정답 | ④

해 설
서비스는 경제 객체에 해당한다.

23 다음 내용에 해당하는 경제 체제는?

> 중앙 정부의 계획과 명령에 의하여 모든 경제 활동이 이루어진다. 생산 수단이 국유화되고, 생산, 분배 및 소비 등의 모든 경제 활동이 중앙 정부의 통제를 받는다.

① 시장 경제　　② 계획 경제
③ 장원 경제　　④ 노예 경제

정답 | ②

해 설
계획 경제는 분배의 형평성을 강조하지만 실제로는 생산의 효율성이 떨어져 오늘날 실패한 경제체제가 되었다.

TIP
시장 경제 체제
- **특징** : 경제활동의 자유, 사유 재산 제도의 인정, 사적 이익 추구
- **장점** : 자유로운 경제 활동, 생산성 증가, 효율적인 자원 배분, 개인의 창의력과 능력 발휘
- **단점** : 지나친 경쟁, 독과점 발생, 환경오염, 빈부 격차 심화, 물가 상승과 실업, 사회적 위화감 조성

24 다음과 같은 식량 자원의 생산 및 이동에 대한 설명으로 적절한 것은?

> 사탕수수, 커피, 카카오

① 고산 기후 지역에서 대규모로 재배된다.
② 남반구의 국가들이 수출에 유리하다.
③ 생활수준의 향상으로 수요가 감소하고 있다.
④ 플렌테이션 농작물에 해당한다.

정답 | ④

해 설
플렌테이션은 백인들이 열대 · 아열대 지방에서 원주민의 값싼 노동력을 이용하여 대규모의 농장을 건설하고, 단일 경작에 의하여 열대농작물을 재배하는 것으로, 사탕수수, 커피, 카카오 등이 플렌테이션 농작물에 해당한다.

25 다음에 제시된 것들의 특징으로 옳은 것은?

태양 에너지, 풍력 에너지, 조력 에너지

① 존재량이 무한하다.
② 최근 이용이 감소하였다.
③ 어디서든 개발이 가능하다.
④ 화석 연료를 이용해야 한다.

정답 | ①

해 설
제시된 것들은 신재생에너지로, 그 양이 무한하며 환경 문제 발생이 없다.

26 신석기인들의 생활모습으로 적절하지 않은 것은?

① 농경과 목축이 시작되었다.
② 빗살무늬토기를 사용하였다.
③ 뗀석기를 제작하였다.
④ 움집을 짓고 살았다.

정답 | ③

해 설
신석기시대에는 인류 최초 농경과 목축이 시작되었고 이에 따라 강이나 바닷가에 움집을 짓고 생활하는 정착생활이 가능해졌으며 구석기시대의 뗀석기보다 발전된 간석기와 빗살무늬토기를 사용하였다.

27 다음 법을 시행했던 우리나라의 고대 국가에 대한 설명으로 적절한 것은?

- 사람을 죽인 자는 즉시 사형에 처한다.
- 사람을 상해한 자는 곡물로 보상한다.
- 남의 물건을 훔친 자는 노비로 삼는다.

① 왕권이 약하고 사출도의 권한이 강했다.
② 위만이 준왕을 몰아내고 왕위에 올랐다.
③ 민며느리제와 가족 공동 묘의 풍습이 있었다.
④ 소도에서 종교 의례가 이루어졌다.

정답 | ②

해 설
제시문은 우리나라 최초의 국가인 고조선에서 제정한 8조법의 조항으로 청동기 문화를 바탕으로 요령 지방과 한반도 서북 지역에 존속하였으며, 중국에서 건너온 위만이 준왕을 몰아내고 왕위를 차지하여 철기 문화를 수용하였다.
①, ③, ④는 각각 부여, 옥저, 삼한에 대한 설명이다.

28 다음 내용과 관련 있는 나라는?

> 옛날에 시조 추모왕(주몽)이 나라를 세웠는데, 그는 북부여에서 태어났으며, 천제(하느님)의 아들이었고, 어머니는 하백(물의 신)의 따님이었다.
>
> –「광개토대왕비」–

① 가야 ② 백제
③ 신라 ④ 고구려

정답 | ④

해 설
고구려는 기원전 37년 주몽이 세운 나라로 부여의 유이민과 압록강 유역의 토착민 집단이 결합하여 성립하였다.

TIP
중앙 집권 국가의 조건
- **왕권 강화** : 부자(父子) 상속제 확립
- **영토 국가** : 활발한 정복 활동을 통한 영토 확장
- **율령 반포** : 법, 제도 등 통치 체제 정비(관등제, 관복, 신분제)
- **불교 수용** : 국민의 정신적 통일

29 다음과 관련된 고구려의 왕은?

> 율령 반포, 태학 설립, 불교 수용

① 태조왕 ② 미천왕
③ 소수림왕 ④ 고국천왕

정답 | ③

해 설
고구려의 제17대 왕인 소수림왕의 업적에 해당하는 내용이다.

TIP
소수림왕의 업적
- **불교 공인** : 372년에 불교를 고구려의 국가 종교로 인정함
- **태학 설립** : 태학이라는 학교를 설립하여 학문을 가르치고 인재들을 양성함
- **율령 반포** : 나라의 법인 율령을 반포하여 사회 질서를 확립함

30 다음과 같은 업적을 남긴 백제의 왕은?

> - 웅진에서 사비로 도읍을 옮겼다.
> - 빼앗겼던 한강유역을 일시적으로 회복하였다.

① 동성왕 ② 성왕
③ 무령왕 ④ 무왕

정답 | ②

해 설
성왕은 백제의 26대 왕으로 무령왕의 뒤를 이어 백제의 국력을 회복하는 데 힘썼으며, 웅진에서 사비로 도읍을 옮겨 왕권을 회복하고 신라와 함께 고구려를 공격하여 빼앗겼던 한강유역을 일시적으로 탈환하였으나 신라에게 한강유역을 상실한 뒤 이를 되찾기 위해 신라와 벌인 관산성 전투에서 전사하였다.

31 다음과 같은 업적을 남긴 신라의 왕은?

- 황룡사를 건설하여 불교 진흥에 앞장섰다.
- 대가야와 한강유역으로 영토를 확장하였다.
- 화랑도를 국가적인 조직으로 개편하였다.

① 지증왕 ② 법흥왕
③ 진흥왕 ④ 진평왕

정답 | ③

해 설

진흥왕은 신라 제24대 왕으로 신라의 전성기를 이끈 정복군주였으며 대가야를 멸망시켜 가야의 전 지역을 병합하고 백제와 함께 진출했던 한강유역을 모두 차지하는 것에 이어 고구려의 일부까지 정복하였다. 또한 청소년 수련단체였던 화랑도를 국가적인 조직으로 개편하여 인재를 양성하고 황룡사를 건설하여 불교 진흥에 앞장서는 등 내치에도 힘을 기울였다.

32 다음 내용에 해당하는 전투는?

수 양제가 고구려를 침입했을 때 평양을 공격한 별동대 30만을 을지문덕이 지휘하는 고구려군이 크게 격파하여 전쟁을 고구려의 승리로 이끌었다.

① 살수대첩 ② 안시성 전투
③ 황산벌 전투 ④ 매소성 전투

정답 | ①

해 설

② **안시성 전투** : 당 태종이 지휘하는 당나라군의 공격에 안시성의 고구려 군민이 결사항전하여 당나라군의 진격을 저지시킨 전투이다.
③ **황산벌 전투** : 계백이 이끄는 백제의 5천 결사대가 김유신의 5만 신라군을 막기 위해 벌어진 전투로 계백을 비롯한 5천 백제군이 전멸함으로써 백제의 멸망이 결정되었다.
④ **매소성 전투** : 나당전쟁에서 신라군이 당나라의 20만 대군을 물리쳐 당나라 세력을 몰아내는 데 결정적 계기를 마련한 전투이다.

33 다음 중 발해에 대한 설명으로 적절하지 않은 것은?

① 대조영이 동모산에서 건국하였다.
② 초기에 당과 대립하다 후기에는 활발히 교류했다.
③ 국학을 설립하여 인재를 양성했다.
④ 해동성국이라 불리었다.

정답 | ③

해 설

국학은 통일 신라 때 세워진 최고 교육기관으로 유교 경전의 교육을 담당하여 인재들을 양성하였다.

34 다음 설명에 해당하는 통일 신라 귀족들의 토지는?

> 국가에서 관료로 일하는 귀족에게 지급한 토지로, 조세 수취와 노동력 징발이 가능했다.

① 민전 ② 공신전
③ 관료전 ④ 녹읍

정답 | ④

해 설

① **민전** : 백성이 소유해 경작하는 토지이다.
② **공신전** : 고려 · 조선시대에 국가와 왕실에 특별한 공훈이 있는 사람에게 수여한 토지이다.
③ **관료전** : 관리들이 관직에 복무하는 대가로 받은 토지이다. 조세만을 받을 수 있으며 농민을 지배할 권한은 없고 관직에서 물러나면 국가에 반납해야 한다.

35 다음 설명에 해당하는 통일 신라의 인물은?

> • 일찍이 당나라로 건너가 장군이 되었다.
> • 청해진을 설치하여 해상무역을 장악했다.

① 최치원 ② 장보고
③ 설총 ④ 김헌창

정답 | ②

해 설

장보고는 일찍이 당나라로 건너가 장군 경력을 쌓았으며 당나라의 해적들이 신라를 노략하는 것을 보고 신라로 돌아와 완도에 청해진을 설치한 다음, 해적들을 소탕하고 상선들을 보호하여 당과 신라, 일본을 연결하는 해상무역을 주도하였다.

36 다음 중 고려 태조의 호족 통합 정책으로 적절하지 않은 것은?

① 호족의 딸들과 혼인했다.
② 공을 세운 호족에게 왕씨 성을 하사했다.
③ 기인, 사심관 제도를 실시했다.
④ 노비안검법을 실시했다.

정답 | ④

해 설

노비안검법은 고려 4대 광종이 실시한 정책으로 후삼국 기간 동안 양인이었다가 노비가 된 사람들을 다시 양인으로 회복시켜 수많은 노비들을 거느린 호족들의 경제력을 약화시키는 데 목적이 있었다.

37 고려 광종이 실시한 정책은?

ㄱ. 과거제 실시	ㄴ. 천리장성 축조
ㄷ. 삼국사기 편찬	ㄹ. 공복제도 시행

① ㄱ, ㄹ ② ㄴ, ㄷ
③ ㄱ, ㄷ ④ ㄴ, ㄹ

정답 | ①

해 설
광종은 노비안검법, 과거제 실시, 공복제도 시행 등의 정책을 통해 고려의 왕권과 사회를 안정시켰다.

38 다음 설명에 해당하는 고려의 인물은?

- 별무반을 창설하였다.
- 여진족을 정벌한 땅에 9성을 쌓았다.

① 서희 ② 김부식
③ 윤관 ④ 이자겸

정답 | ③

해 설
제시문은 윤관 장군에 대한 설명으로 여진족을 정벌하기 위해 별무반을 창설하여 군대를 양성했으며, 여진 정벌군의 원수로 여진족을 몰아낸 땅에 9성을 쌓았다.

39 다음 중 고려가 몽골과의 전쟁을 하던 시기에 일어나지 않은 사건은?

① 팔만대장경 조판 ② 삼별초의 항쟁
③ 서경 천도 운동 ④ 처인성 전투

정답 | ③

해 설
서경 천도 운동은 몽골이 고려를 침략하기 전에 일어난 사건으로 묘청이 서경 천도를 주장하며 난을 일으켰다가 진압되었다.

40 조선 시대 최고의 행정기관은?

① 중서문하성 ② 의정부
③ 도평의사사 ④ 집사부

정답 | ②

해 설
① **중서문하성** : 고려 시대 최고의 중앙정치기구이다.
③ **도평의사사** : 고려 후기 최고의 정무기관이다.
④ **집사부** : 통일 신라 시대의 최고 행정기관이다.

41 세조 때 직전법을 실시한 주된 배경은?

① 토지부족
② 신분 질서의 붕괴
③ 농민 생활의 파탄
④ 공신 세력의 대두

정답 | ①

해 설
직전법은 토지 세습의 증가로 신진 관리에게 줄 토지가 부족해지면서 시행되었다. 현직 관리에게만 수조권을 지급하는 직전법은 사전의 증가를 막아 국가 재정의 수입을 확대하는 것이 목적이었다.

42 다음 중 중종반정으로 폐위된 조선의 왕은?

① 수양대군 ② 광해군
③ 양녕대군 ④ 연산군

정답 | ④

해 설
연산군은 무오사화를 일으켜 수많은 선비들을 숙청하고 자신을 비판하는 삼사의 역할을 축소시켰으며 강력해진 왕권을 바탕으로 사냥과 사치를 일삼는 등 공포정치를 펴다가 중종반정을 일으킨 세력에 의해 왕위에서 폐위되었다.

43 다음 내용과 관련된 조선의 정치 · 사회 세력은?

- 네 차례에 걸친 사화를 경험
- 서원 운영과 향약 조직
- 이조 전랑의 임명 문제로 서로 대립
- 동인과 서인으로 분열

① 훈구 ② 진골
③ 사림 ④ 향리

정답 | ③

해 설
사림 세력의 대부분은 지방의 중소 지주로 이들이 정계에 진출하면서 이미 정계에 진출해 있던 훈구파와 불화가 생겨 무오사화, 갑자사화, 기묘사화, 을사사화가 일어났다. 훈구파를 물리치고 정권을 잡은 사림은 훈구파에 대한 처리를 놓고 두 파로 나뉘었는데, 양측이 서로 자기편의 인물을 인사권을 가진 이조 전랑에 임명하려고 한 것을 계기로 사림이 동인과 서인으로 나뉘어 붕당정치가 시작되었다.

44 다음 중 임진왜란에 있었던 전투와 지휘관이 바르게 짝지어지지 <u>않은</u> 것은?

① 명량 해전 – 이순신 ② 탄금대 전투 – 곽재우
③ 진주성 전투 – 김시민 ④ 행주산성 전투 – 권율

정답 | ②

해 설
곽재우는 임진왜란 시기에 최초로 의병을 일으킨 의병장으로 언제나 붉은 갑옷을 입고 일본군과의 전투에서 승리하여 홍의장군이라 불린 인물이며, 탄금대 전투는 임진왜란 당시 신립 장군이 충주에서 일본군의 북상을 막는 데 실패하여 패배한 전투이다.

45 다음 내용에서 밑줄 친 지역은?

- 이 지역에서 일본과 최초의 근대적 조약을 체결하였다.
- 프랑스가 병인양요 때 이 지역에서 문화재를 약탈해 갔다.

① 거문도 ② 녹둔도
③ 위화도 ④ 강화도

정답 | ④

해 설
운요호 사건(1875) 이후에 일본과 체결한 근대적 조약은 강화도 조약이고 병인양요(1866)는 흥선 대원군의 가톨릭 탄압으로 프랑스 함대가 강화도를 침범한 사건이다.

46 다음에서 설명하는 의병으로 옳은 것은?

- 명성황후 시해와 단발령을 계기로 발생하였다.
- 유생이 주도하고 농민이 가담하여 확대되었으며, 고종의 명으로 자진 해산하였다.

① 을사의병 ② 을미의병
③ 정미의병 ④ 병오의병

정답 | ②

해 설
명성황후 시해(을미사변)와 단발령을 계기로 발생한 의병은 을미의병(1895)이다.

47 다음 내용에 해당하는 민족 운동은?

- 1919년 거족적으로 전개한 독립 운동임
- 대한민국 임시 정부 수립의 계기가 됨
- 중국과 인도의 민족 운동에 영향을 줌

① 3 · 1 운동 ② 애국 계몽 운동
③ 물산 장려 운동 ④ 광주 학생 항일 운동

정답 | ①

해 설
3 · 1 운동은 1919년 3월 1일을 기점으로 일본의 식민지 지배에 저항하여 전 민족이 일어난 항일독립운동으로 일제 강점기에 나타난 최대 규모의 민족운동이었다.

48 다음 내용과 관련 있는 민족 운동은?

> • 배경 : 회사령 철폐(1920), 관세 철폐(1923)
> • 구호 : 내 살림 내 것으로, 조선 사람 조선 것, 우리가 만들어서 쓰자.

① 문맹 퇴치 운동 ② 물산 장려 운동
③ 민립 대학 설립 운동 ④ 조선 형평사 운동

정답 | ②

해 설
일본 대기업의 한국 진출로 국내 기업의 위기감이 고조되면서 일본 상품을 배격하고 국산품을 애용하자는 물산 장려운동이 일어났다.

49 다음 사실과 관련 있는 역사적 사건은?

> • 한 · 일 학생간의 충돌을 일본이 편파적으로 처리
> • 일반 국민들이 가세하여 전국적인 규모의 항일 투쟁으로 확대

① 6 · 10 만세 운동 ② 조선 청년 독립단
③ 제주도 4 · 3 사건 ④ 광주 학생 항일 운동

정답 | ④

해 설
광주 학생 항일 운동은 약 5개월동안 전국의 학생 54000여 명이 참여함으로써 3 · 1 운동 이후 최대의 민족 운동으로 발전하였다.

50 다음 사실과 관련 있는 역사적 사건은?

> • 이승만이 재선을 위해 간선제를 직선제로 개정
> • 여당의 양원제 개헌안과 야당의 내각책임제 개헌안을 절충

① 사사오입 개헌 ② 발췌 개헌
③ 3.15 부정선거 ④ 10월 유신

정답 | ②

해 설
발췌 개헌은 1952년 이승만이 자유당 창당 후 재선을 위해 기존의 간선제를 직선제로 헌법을 고쳐 강압적으로 통과시킨 개헌안으로 여당이 주장한 대통령 직선제 및 양원제 개헌안과 야당이 주장한 국무위원에 대한 국회 불신임 의결권을 덧붙인 내각책임제 개헌을 발췌, 절충하였다 하여 발췌 개헌이라 부른다.

PART 5

과학

STEP1. 기본문제
STEP2. 응용문제

과학 | 기본문제

01 다음에서 설명하는 힘은?

> • 자석과 자석 또는 자석과 금속 간에 발생하는 힘으로, 인력과 척력이 작용한다.
> • 자기 부상 열차, 나침반 등으로 활용되는 힘이다.

① 중력 ② 자기력
③ 전기력 ④ 탄성력

정답 | ②

해 설
주어진 내용은 자기력에 관한 설명이다.
① **중력** : 지구가 물체를 끌어당기는 힘
③ **전기력** : 전기를 띤 물체 사이에 작용하는 힘
④ **탄성력** : 변형된 물체가 원래의 모양으로 되돌아가려는 힘

02 다음 중 중력에 대한 설명으로 옳지 <u>않은</u> 것은?

① 중력은 떨어져 있어도 작용한다.
② 중력의 크기는 장소에 따라 달라진다.
③ 지구의 중력은 위로 올라갈수록 커진다.
④ 중력은 지구 중심 방향을 향한다.

정답 | ③

해 설
지구 중력은 지구에서 멀어질수록 작아진다. 따라서 위로 올라갈수록 작아진다.
② 극지방에서의 중력이 적도 지방보다 크다.
④ 중력은 지구 중심방향, 즉 수평면에 연직방향을 향한다.

03 그래프는 직선 운동하는 물체 A~C의 시간에 따른 이동 거리를 나타낸 것이다. 이 중 속력이 가장 느린 것은?

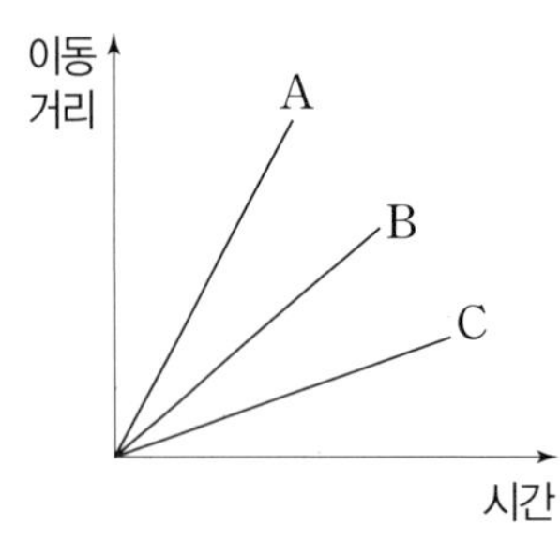

① A ② B
③ C ④ 알 수 없다.

정답 | ③

해 설
주어진 그래프의 기울기 $=\frac{\text{거리}}{\text{시간}}$ 이므로 속력을 의미한다. 따라서 속력이 가장 느린 것은 기울기가 가장 작은 것이므로 C이다.

04 다음 그래프는 운동하는 물체의 시간에 따른 이동거리를 나타낸 것이다. 이 물체가 0~5초 동안 이동한 거리는?

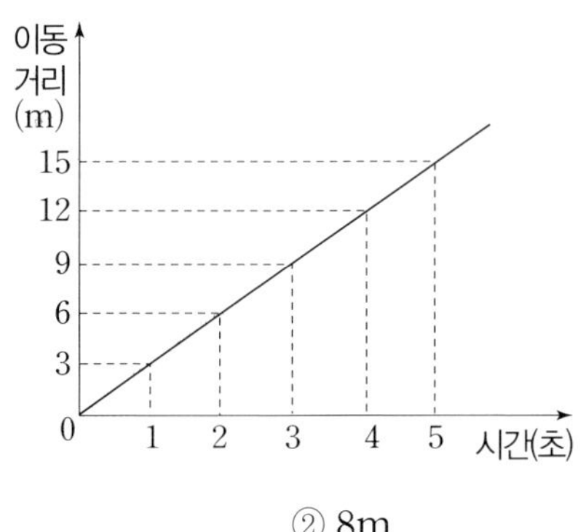

① 6m ② 8m
③ 11m ④ 15m

정답 | ④

해 설
제시된 그래프의 1초당 이동 거리는 3m이다. 따라서 0~5초 동안 이동 거리는 15m가 된다.

TIP
등속 운동
- **등속 운동** : 속력이 변하지 않는 일정한 운동
- **등속 운동 그래프**
  - 시간~이동거리 관계 그래프 : 같은 시간 동안 같은 거리를 이동하므로 원점을 지나는 직선 모양이 된다.
  - 시간~속력 관계 그래프 : 물체의 속력이 일정하므로 시간 축에 나란히 직선이 된다.

05 운동하는 두 물체가 있다. A가 B보다 질량이 2배, 속력이 2배 크다면, A의 운동 에너지는 B의 운동 에너지의 몇 배인가?

① 4배 ② 8배
③ 12배 ④ 16배

정답 | ②

해 설
운동 에너지는 질량에 비례하고 물체의 속력의 제곱에 비례하므로, 질량이 2배, 속력이 2배 크다면 운동 에너지는 8배 크다.

06 질량과 무게에 대한 설명으로 옳지 <u>않은</u> 것은?

① 질량의 단위로는 kg, N을 사용한다.
② 같은 장소에서 무게는 질량에 비례한다.
③ 같은 물체라도 장소에 따라 무게가 다르다.
④ 질량은 측정 장소에 따라 변하지 않고 일정하다.

정답 | ①

해 설
질량의 단위로는 kg, 무게의 단위로는 N을 사용한다.

TIP
질량과 무게
- **질량** : 물체가 가지고 있는 물체 고유의 양. 장소가 달라져도 항상 일정함
- **무게** : 지구가 물체를 잡아당기는 힘. 장소가 바뀌면 값이 달라짐

07 자동차가 500km의 거리를 5시간 동안 이동한 경우 평균 속력은?

① 40km/h ② 60km/h
③ 80km/h ④ 100km/h

정답 | ④

해 설

속력은 단위 시간 동안 물체가 이동한 거리이다.

$$속력(v) = \frac{이동거리(s)}{걸린시간(t)} = \frac{500km}{5h} = 100km/h$$

08 다음 그림과 같은 파동의 종류에 속하는 것은?

① 소리 ② 전파
③ 빛 ④ 물결파

정답 | ①

해 설

파동이 진행하는 방향과 매질이 진동하는 방향이 서로 나란하므로 종파에 해당하며 소리는 종파이다.

09 무게가 20N인 상자를 높이가 1.5m인 탁자 위에 올려놓았다. 이때 한 일의 양으로 옳은 것은?

① 15J ② 20J
③ 25J ④ 30J

정답 | ④

해 설

'일＝힘의 크기×이동 거리'이므로

20N＝1.5m＝30J

10 그림과 같이 질량이 같은 물체를 경사면 A~C를 따라 같은 높이까지 끌어올렸다. 일을 가장 많이 한 경우는? (단, 모든 마찰은 무시한다.)

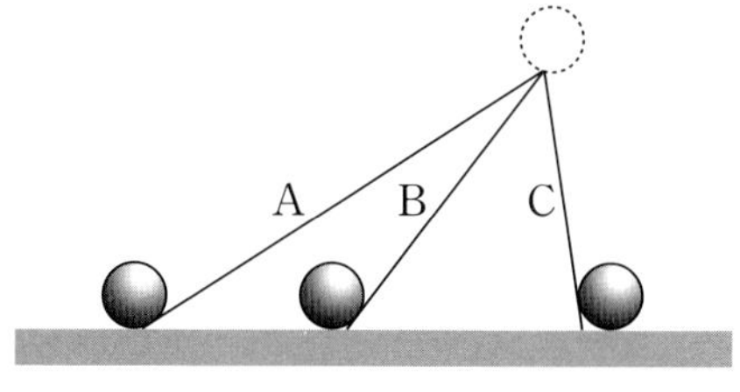

① A ② B
③ C ④ 모두 같다.

정답 | ④

해설
일의 양은 힘의 크기(F)와 힘의 방향으로 이동한 거리(s)를 곱한 값이다. A, B, C 빗면은 길이는 다르나, 힘의 방향으로 이동한 거리(s), 즉 높이는 같으므로 일의 양은 같다.

11 그림의 전기 회로에서 스위치를 닫아 전구 (가)에 0.3A의 전류가 흐른다면, 전구 (나)에 흐르는 전류의 세기는? (단, 도선의 전기저항은 무시한다.)

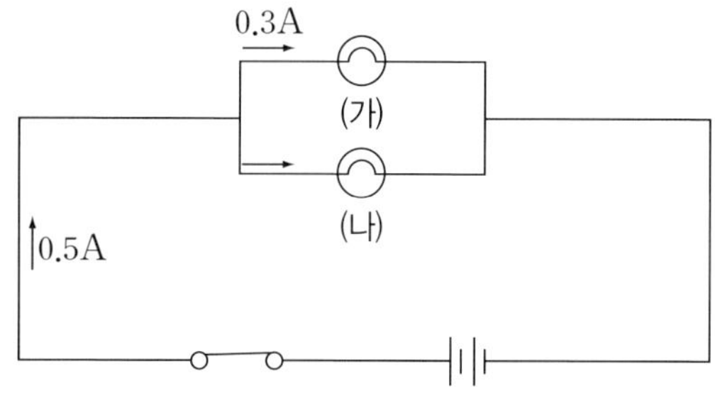

① 0.1A ② 0.2A
③ 0.3A ④ 0.4A

정답 | ②

해설
병렬 회로에서는 회로가 나누어지기 전의 전하량과 다시 합쳐진 후의 전하량은 나누어진 후 두 도선에 흐르는 전하량의 합과 같다. (가)에 0.3A의 전류가 흐르므로 (나)에 흐르는 전류는 0.5A−0.3A=0.2A이다.

12 어떤 니크롬선을 2V의 전지에 연결하였더니 0.5A의 전류가 흘렀다면 이 니크롬선의 저항은 얼마인가?

① 1Ω ② 2Ω
③ 3Ω ④ 4Ω

정답 | ④

해 설

저항$=\frac{\text{전압}}{\text{전류}}=\frac{2V}{0.5A}=4\Omega$

TIP

전기 저항

- 단위 : Ω(옴)
- 1Ω : 1V의 전압에서 1A의 전류가 흐르게 하는 저항의 크기
- **전기 저항이 생기는 이유** : 도선 내의 자유 전자는 전압이 걸리면 전지의 (+)극을 향해 운동하려 하지만, 원자들과 충돌하면서 운동하기 때문에 전자의 이동이 방해를 받기 때문이다.
- **전기 저항과 전류** : 전기 저항이 클수록 전류의 세기는 약해진다. 즉 전류의 세기는 전기 저항에 반비례한다.
- **옴의 법칙** : 전류의 세기(I)는 전압(V)에 비례하고, 전기 저항(R)에 반비례한다.

13 다음 설명에 해당하는 것은?

- 풀잎에 이슬이 맺혔다.
- 얼음물에 있는 컵 표면에 물방울이 맺혔다.

① 액화 ② 기화
③ 응고 ④ 승화

정답 | ①

해 설

주어진 설명에 해당하는 현상은 액화이다. 액화는 기체가 열을 방출하여 액체로 변하는 현상이다.

② **기화** : 액체가 열을 흡수하여 기체로 변하는 현상
③ **응고** : 액체가 열을 방출하여(냉각) 고체로 변하는 현상
④ **승화** : 고체가 열을 흡수하여 바로 기체가 되거나 기체가 냉각되어 바로 고체가 되는 현상

14 다음 그림은 액체의 가열 곡선을 나타낸 것이다. 이에 대한 설명으로 옳지 않은 것은?

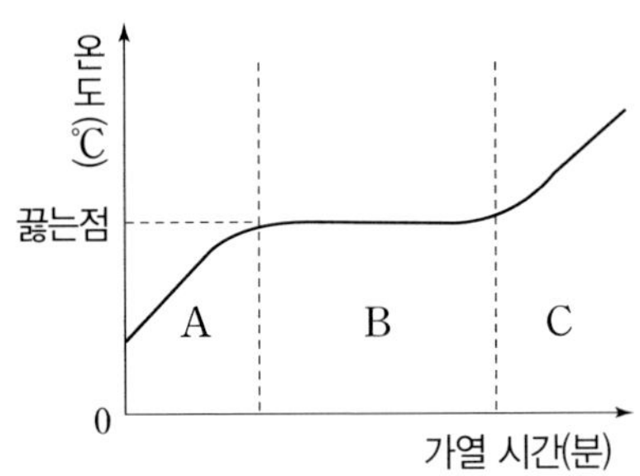

① B구간에서 액체가 기화된다.
② 액체의 양을 늘리면 끓는점이 높아진다.
③ C구간에서 물질 입자의 운동이 가장 활발하다.
④ 가열하는 불꽃의 세기가 셀수록 끓는점에 도달하는 시간이 짧아진다.

정답 | ②

해 설

물질의 양이 많아질수록 끓는점에 도달하는 시간이 길어질 뿐 끓는점은 높아지지 않는다.

15 다음 중 앙금이 생성되는 이온끼리 짝 짓지 않은 것은?

① Ag^{+}, SO_4^{2-}　② Ca^{2+}, SO_4^{2-}
③ Ca^{2+}, CO_3^{2-}　④ Mg^{2+}, Cl^{-}

정답 | ④

해 설
④를 제외하고는 앙금이 생성된다.
① $2Ag^{+}+SO_4^{2-} \rightarrow Ag_2SO_4\downarrow$
② $Ca^{2+}+SO_4^{2-} \rightarrow CaSO_4\downarrow$
③ $Ca^{2+}+CO_3^{2-} \rightarrow CaCO_3\downarrow$

16 이산화탄소를 나타내는 분자식은?

① H_2　② H_2O
③ CO_2　④ HCl

정답 | ③

해 설
③ CO_2 : 이산화탄소
① H_2 : 수소
② H_2O : 물
④ HCl : 염화수소

17 70℃의 물 300g에 질산나트륨을 녹여 포화용액을 만든 다음 20℃로 냉각하였다. 이때 석출되는 질산나트륨의 양을 구하면? (단, 70℃에서 질산나트륨의 용해도는 140, 20℃에서 질산나트륨 용해도는 90이다.)

① 120g　② 150g
③ 180g　④ 210g

정답 | ②

해 설
70℃에서 질산나트륨의 용해도가 140이므로, 물 100g에 질산나트륨 140g이 녹는다. 따라서 물 300g에는 질산나트륨 420g이 녹는다. 20℃에서 질산나트륨의 용해도가 90이므로 물 300g에는 270g이 녹는다. 따라서 석출되는 질산나트륨의 양은 $420-270=150(g)$이다.

18 다음 설명에 해당하는 '혼합물의 분리 방법'으로 알맞은 것은?

> 혼합물을 흡착성 물질에 스며들게 하여, 혼합물의 각 성분 물질이 용매에 따라 이동하는 속도 차이를 이용하여 분리하는 방법이다. 수성 사인펜의 잉크 색소 분리 및 식물의 엽록소 분리 등에 이용된다.

① 용해도 차를 이용한 분리
② 끓는점 차를 이용한 분리
③ 밀도 차를 이용한 분리
④ 크로마토그래피를 이용한 분리

정답 | ④

해 설
제시문에서 설명하고 있는 혼합물의 분리 방법은 크로마토그래피를 이용한 분리에 해당한다.

19 그림과 같이 소금물을 이용하여 좋은 볍씨를 골라낼 때 활용하는 물질의 특성은?

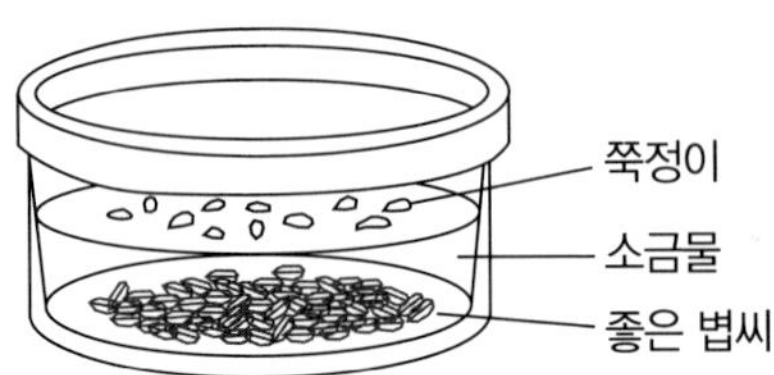

① 밀도의 차이 ② 끓는점의 차이
③ 녹는점의 차이 ④ 용해도의 차이

정답 | ①

해 설
밀도가 큰 물질은 가라앉고 작은 물질은 뜨는 성질을 이용해서 혼합물을 분리하는 방법이다. 적당한 밀도의 소금물에 볍씨를 놓으면 좋은 볍씨는 가라앉고 좋지 않은 볍씨는 뜬다.

20 다음과 같은 혼합물을 분리할 때 공통적으로 이용되는 물질의 특성은?

- 물에 녹차 잎을 넣으면 물이 녹색으로 변한다.
- 콩을 잘게 부순 다음 에테르를 용매로 사용하여 분리한다.
- 약탕기에 물과 한약 재료를 넣고 끓이면 한약 성분이 물에 녹아 나온다.

① 밀도 ② 분별결정
③ 추출 ④ 거름

정답 | ③

해 설
추출은 고체나 액체 혼합물에서 특정 성분 물질만을 녹이는 용매를 사용하여 분리하는 방법이다. 콩 속의 지방을 분리할 때 지방 성분만 에테르에 녹아 나오므로 가열하여 에테르를 증발시키면 지방 성분만 남는다.

21 찌그러진 탁구공을 뜨거운 물에 넣으면 다시 펴지는 까닭을 옳게 설명한 것은?

① 탁구공의 질량이 늘어나기 때문이다.
② 탁구공 속 기체의 압력이 작아지기 때문이다.
③ 탁구공 속 기체의 온도가 낮아지기 때문이다.
④ 탁구공 속 기체 입자의 운동이 활발해지기 때문이다.

정답 | ④

해 설
찌그러진 탁구공을 뜨거운 물에 넣으면 온도가 높아져 탁구공 속 기체 입자의 운동이 활발해진다. 따라서 기체의 부피가 늘어나 찌그러진 탁구공이 다시 펴진다.

22 다음은 식물의 구성 단계를 나타낸 것이다. ㄱ~ㄷ에 들어갈 단계를 바르게 짝지은 것은?

세포 → (ㄱ) → (ㄴ) → (ㄷ) → 개체

	ㄱ	ㄴ	ㄷ
①	조직	조직계	기관
②	조직	기관	조직계
③	조직계	기관	조직
④	조직계	조직	기관

정답 | ①

해 설
식물의 구성 단계는 세포 → 조직 → 조직계 → 기관 → 개체이다.

23 다음 내용에 해당하는 줄기의 구조로 알맞은 것은?

- 뿌리에서 흡수한 물과 무기 양분의 이동통로이다.
- 관다발 안쪽에 위치하며 죽은 세포로 구성되어 있다.

① 표피
② 체관
③ 형성층
④ 물관

정답 | ④

해 설
물관은 뿌리에서 흡수한 물과 무기 양분의 이동통로이며, 관다발 안쪽에 위치하고 긴 대롱 모양이며 죽은 세포로 구성되어 있다. 세포벽이 두껍다는 특징이 있다.

24 다음 소화에 대한 설명으로 옳은 것은?

① 섭취한 음식물이 체내로 흡수될 수 있도록 작게 분해하는 과정이다.
② 소화를 담당하는 기관으로는 혈액, 심장, 혈관이 있다.
③ 신체가 산소를 흡수하고 이산화탄소를 내보내는 과정이다.
④ 세포 호흡의 결과 생성된 노폐물을 몸 밖으로 내보내는 과정이다.

정답 | ①

해 설
소화란 섭취한 음식물이 체내로 흡수될 수 있도록 작게 분해하는 과정으로 입, 위, 소장 등의 소화기관으로 구성되고, 소화기관은 소화관과 소화샘으로 구분되며, ④는 배설에 대한 설명에 해당한다.

25 **다음 중 3대 영양소에 해당하지 않는 것은?**

① 탄수화물　② 단백질
③ 지방　④ 비타민

정답 | ④

해 설
에너지원이나 몸의 구성 성분이 되는 3대 영양소는 탄수화물, 지방, 단백질이다.

26 **소화 효소가 없어 소화 작용은 일어나지 않으나 수분이 흡수되는 곳은?**

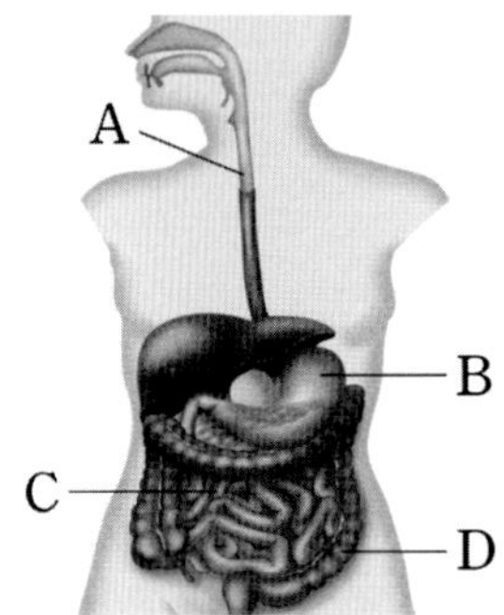

① A － 식도　② B － 위
③ C － 소장　④ D － 대장

정답 | ④

해 설
대장은 길이가 약 1.5m로 소장보다 굵으며 맹장, 결장, 직장으로 구성되어 있고 소화 효소가 없어 소화 작용은 일어나지 않는다.

27 **다음의 혈액을 나타낸 모식도에서 A에 대한 설명으로 옳은 것은?**

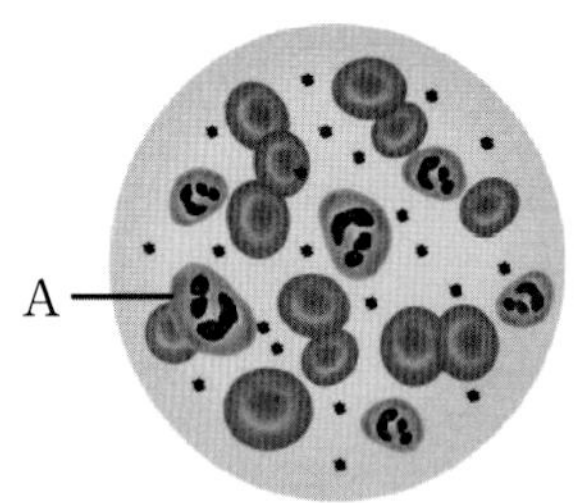

① 식균 작용을 한다.
② 산소 운반 작용을 한다.
③ 혈액 응고 작용을 한다.
④ 체온 유지와 양분 및 노폐물의 운반 작용을 한다.

정답 | ①

해 설
A는 백혈구로 병균을 잡아먹거나(식균 작용) 이들에 대항하는 물질을 만들어 질병으로부터 몸을 보호하는 역할을 한다. 그러므로 몸에 염증이 생기면 백혈구의 수가 늘어난다.

TIP
혈액의 구성 성분
- **적혈구** : 가운데가 오목한 원반형(일정한 모양)으로, 핵이 없고 헤모글로빈이라는 붉은 색소를 가진다. 헤모글로빈은 산소를 운반한다.
- **백혈구** : 불규칙한 모양으로, 핵이 있고 무색투명하다. 식균 작용을 한다.
- **혈소판** : 불규칙한 모양으로, 핵이 없고 무색투명하다. 혈액의 응고 작용을 하여 몸의 상처 발생 시 출혈을 막는다.

28 다음 그림에서 산소를 운반하는 기능을 담당하는 것은?

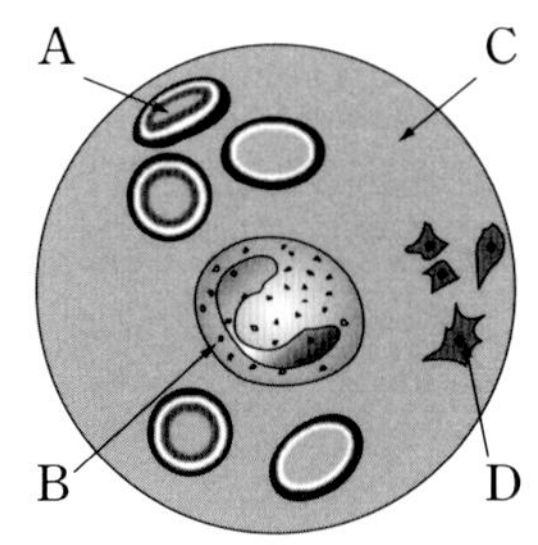

① A ② B
③ C ④ D

정답 | ①

해 설
혈액은 혈장, 혈구(적혈구, 백혈구, 혈소판)로 구성되어 있는데, 이 중 산소를 운반하는 기능을 담당하는 것은 A(적혈구)이다.
① A **적혈구** : 헤모글로빈의 작용으로 산소를 운반
② B **백혈구** : 아메바 운동으로 세균을 잡아먹는 식균 작용
③ C **혈장** : 여러 가지 영양소와 노폐물 및 이산화탄소를 운반, 체온 조절 작용
④ D **혈소판** : 상처가 났을 때 혈액을 굳게 하여 출혈 방지

29 다음 빈칸에 공통으로 들어갈 말로 알맞은 것은?

- (　　)는 뇌와 말초 신경의 연결 통로가 되는 긴 신경 다발이다.
- 자극의 반응 경로는 '자극 → 감각 신경 → (　　) → 운동 신경 → 반응'이다.

① 대뇌 ② 간뇌
③ 연수 ④ 척수

정답 | ④

해 설
뇌와 말초 신경을 연결하는 신호의 전달 통로는 척수이다.
① **대뇌** : 자극에 대한 감각, 판단, 명령을 담당한다.
② **간뇌** : 대뇌와 중간뇌 사이에서 체온과 물질 대사를 조절한다.
③ **연수** : 심장 박동과 호흡, 소화 운동을 조절한다.

30 그림은 사람의 중추 신경계 일부를 나타낸 것이다. A~D 중 근육 운동을 조절하며, 몸의 균형(평형)을 유지하는 기능을 하는 부분은?

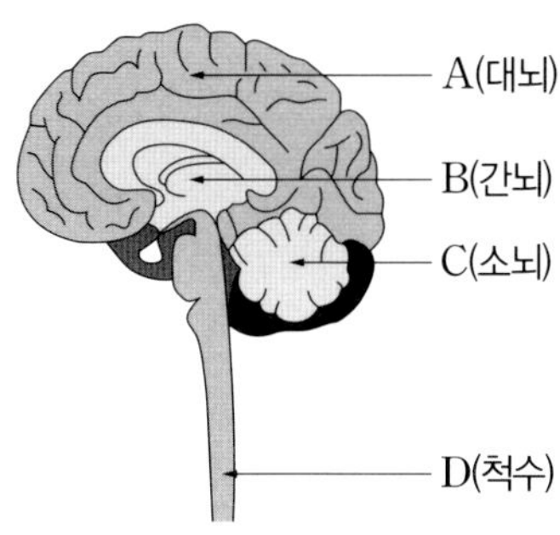

① A ② B
③ C ④ D

정답 | ③

해 설
소뇌 : 몸의 평형을 바르게 유지하기도 하고 여러 근육의 정상적인 긴장상태를 유지시키기 위한 정밀한 제어기관으로서 작용하고 있다.
① **대뇌** : 좌우 두 개의 반구로 이루어져 있으며, 고등한 정신활동을 담당하는 중추이다.
② **간뇌** : 대뇌와 소뇌 사이에 존재하는 작은 뇌로 내장, 혈관과 같은 자율신경을 관리한다.
④ **척수** : 척추 내에 위치하는 중추신경의 일부분으로 뇌와 말초신경의 중간다리 역할을 하며 무릎 반사 운동의 중추이다.

31 다음 설명에 해당하는 호르몬은?

> • 혈당량을 증가시킨다.
> • 심장박동을 촉진시키고 혈압상승을 일으킨다.

① 인슐린
② 티록신
③ 아드레날린
④ 에스트로젠(에스트로겐)

정답 | ③

해 설

① **인슐린** : 이자에서 분비된다. 혈당량 감소를 일으키는 호르몬으로 포도당이 글리코겐으로 합성된다. 분비량이 부족하면 당뇨병에 걸린다.
② **티록신** : 갑상선에서 생성되는 호르몬으로 세포의 대사작용을 조절한다. 티록신이 부족하면 신체, 뇌의 발달 저해로 인해 크레틴병이 발병한다.
④ **에스트로젠(에스트로겐)** : 여성의 2차 성징이 발현되고, 난자를 형성시킨다.

32 감수 분열이 중요한 이유는?

① 어버이의 유전 형질을 자손에게 그대로 물려준다.
② 세대가 거듭되어도 염색체 수를 일정하게 유지한다.
③ 세포의 수를 증가시켜 세포의 수명을 연장한다.
④ 다음 세대의 염색체 수가 반으로 줄어든다.

정답 | ②

해 설

감수 분열을 하지 않으면 세대를 거듭할수록 염색체의 수가 늘어난다. 따라서 감수분열은 세대가 거듭되어도 염색체 수를 일정하게 유지하는 역할을 한다.

TIP

감수 분열

• **감수분열의 특징**
  – 연속 2회 분열로 4개의 딸세포 형성(생식 세포)
  – 염색체 수의 반감($2n \rightarrow n$)
  – 2가 염색체 형성
• **감수 분열의 의의**
  – 염색체 수가 반감된 생식 세포를 형성하므로, 수정에 의해 만들어진 자손의 염색체 수가 어버이의 염색체 수와 동일하다.
  – 세대를 거듭해도 자손의 염색체 수가 일정하게 유지된다.

33 부정소에서 요도까지 연결된 관으로, 정자가 이동하는 통로에 해당하는 기관은?

① 정소　　② 수정관
③ 전립선　　④ 요도

정답 | ②

해 설

① **정소** : 음낭으로 둘러싸인 한 쌍의 기관으로, 정자를 만들고 남성 호르몬을 분비함
③ **전립선** : 정액을 이루는 물질을 만들어 분비
④ **요도** : 수정관과 연결되어 있으며, 정액이 몸 밖으로 나가는 통로

34 생식세포분열에 대한 설명으로 옳은 것은?

① 생물이 생장한다.
② 식물 세포에서만 일어난다.
③ 2개의 세포가 결합하여 1개의 세포가 된다.
④ 생식 기관에서 생식세포가 만들어지는 과정이다.

정답 | ④

해 설
① 체세포 분열이다.
② 식물 세포, 동물 세포에서 모두 일어난다.
③ 세포 한 개가 분열하여 네 개가 된다.

35 여성의 몸에서 난자의 성숙과 배란, 월경이 반복되는 주기는?

① 20일　② 25일
③ 28일　④ 30일

정답 | ③

해 설
생식 주기는 여성의 몸에서 난자의 성숙과 배란, 월경이 28일 주기로 반복되는 것이다.

36 사람의 생식 세포인 정자와 난자가 정상적으로 수정할 때 그 장소가 어디인지 다음 그림에서 찾으면?

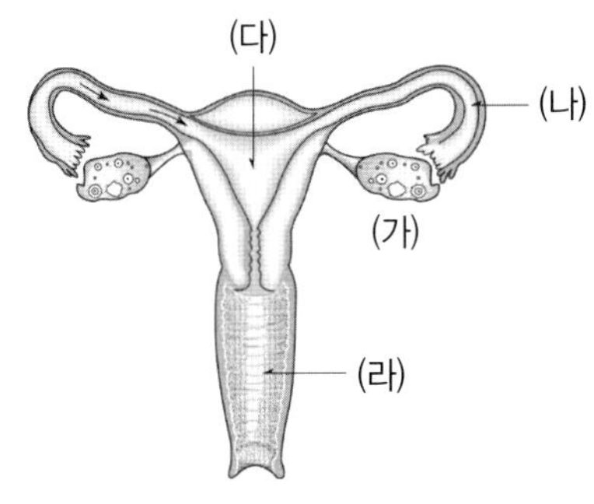

① (가)　② (나)
③ (다)　④ (라)

정답 | ②

해 설
② **수란관** : 정자와 난자는 수란관에서 만나 수정된다.
① **난소** : 난자를 생성하고 여성호르몬이 분비된다.
③ **자궁** : 수정란이 착상하여 태아가 자라는 곳이다.
④ **질** : 자궁과 외부를 이어준다.

37 다음 중 화성암의 특징으로 알맞은 것은?

① 마그마가 식는 위치와 속도에 따라 구분할 수 있다.
② 층리와 화석이 관찰된다.
③ 퇴적물이 쌓여 굳어져 형성된다.
④ 편암, 편마암 등이 있다.

정답 | ①

해 설

화성암은 마그마나 용암이 식어서 굳어져 형성되며, 마그마가 식는 위치와 속도에 따라 심성암과 화산암으로 구분된다.
②, ③ 퇴적암에 관한 설명이다.
④ 변성암에 관한 설명이다.

38 다음 암석들의 공통점으로 옳지 <u>않은</u> 것은?

셰일, 사암, 석회암

① 층리가 잘 나타난다.
② 퇴적물이 쌓여 생성된 암석이다.
③ 다져짐과 굳어짐을 통해 생성된다.
④ 열과 압력을 받은 흔적이 뚜렷하게 나타난다.

정답 | ④

해 설

셰일, 사암, 석회암은 모두 퇴적암으로 층리와 화석이 발견되기도 하며, 다져짐과 굳어짐을 통해 생성된다. 열과 압력을 받는 흔적이 나타나는 것은 변성암이다.

TIP

퇴적암

물과 바람 등의 운반작용에 의해 운반된 광물이 지표의 낮은 압력과 낮은 온도 상태에서 퇴적작용을 거쳐 만들어진 암석

39 다음에서 설명하는 암석은?

- 마그마가 지표에서 굳어져 만들어진 암석이다.
- 제주도에서 흔히 볼 수 있는 어두운 암석이다

① 사암　② 역암
③ 석회암　④ 현무암

정답 | ④

해 설

현무암은 화성암으로 색이 어둡고 지표 근처에서 급속히 냉각되어 세립질이 작다.
① **사암** : 퇴적암으로 퇴적물이 쌓인 후 굳어져 만들어진 암석으로 사암의 주 퇴적물은 모래와 진흙이다.
② **역암** : 퇴적암의 일종으로 역암의 주 퇴적물은 자갈, 모래, 진흙이다. 주로 얕은 바다에 퇴적된다.
③ **석회암** : 퇴적암의 일종으로 석회암의 주 퇴적물은 석회질 물질이다.

40 다음 중 난류의 특징이 아닌 것은?

① 저위도에서 고위도로 흐른다.

② 산소와 영양염류가 풍부하다.

③ 따뜻한 해류이다.

④ 오징어, 고등어, 갈치 등이 풍부하다.

정답 | ②

해 설

산소와 영양염류가 풍부한 것은 한류이다.

TIP

한류와 난류의 구분

- 한류
  - 차가운 해류이다.
  - 고위도 → 저위도
  - 수온과 염분이 낮다.
  - 산소와 영양 염류가 풍부하다.
  - 청록색을 띤다.
  - 명태, 대구, 청어 등이 풍부하다.
- 난류
  - 따뜻한 해류이다.
  - 저위도 → 고위도
  - 수온과 염분이 높다.
  - 산소와 영양 염류가 적다.
  - 청남색(검은색)을 띤다.
  - 오징어, 고등어, 갈치 등이 풍부하다.

41 그림은 우리나라 주변의 해류를 나타낸 것이다. A~D에 대한 설명으로 옳은 것은?

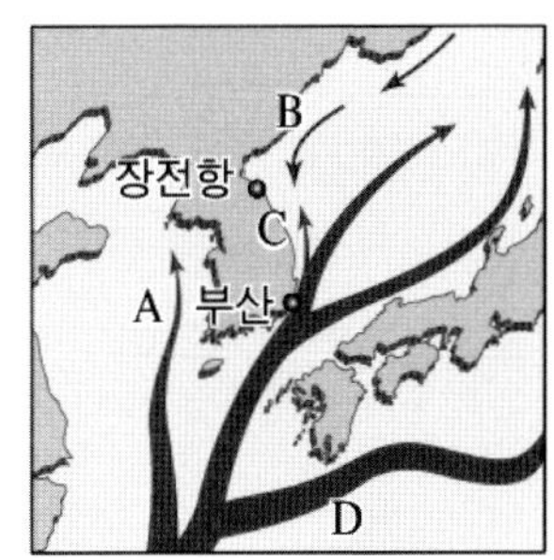

① A와 B는 난류이다.

② B는 구로시오 해류에서 갈라져 나온 것이다.

③ C는 리만 해류에서 갈라져 나온 북한 한류이다.

④ D는 우리나라 주변의 난류를 형성하는 근원 해류이다.

정답 | ④

해 설

A는 황해 난류, B는 북한 한류, C는 동한 난류, D는 구로시오 해류이다. 구로시오 해류는 우리나라 쪽으로 북상하는 난류이다.

② B는 리만 해류에서 갈라져 나와 동해로 흐르는 북한 한류이다.

③ C는 구로시오 해류에서 갈라져 나와 동해로 흐르는 동한 난류이다.

42 지구 대기권 중에서 다음 설명에 해당하는 구간은?

- 위로 갈수록 기온이 높아진다.
- 오존층이 있어 태양으로부터 오는 자외선을 흡수한다.
- 기층이 안정되어 비행기 항로로 이용되고 있다.

① 대류권 ② 성층권
③ 중간권 ④ 열권

정답 | ②

해설
대기권 중 성층권은 지표로부터 11~50km의 구간으로, 위로 갈수록 기온이 높아지며, 높이 20km 정도에 오존층이 있어 자외선을 흡수한다. 또한 기층이 안정되어 대류 현상이 일어나지 않아 비행기 항로로 이용되고 있다.

43 그림의 바람 기호가 나타내는 풍향과 풍속은?

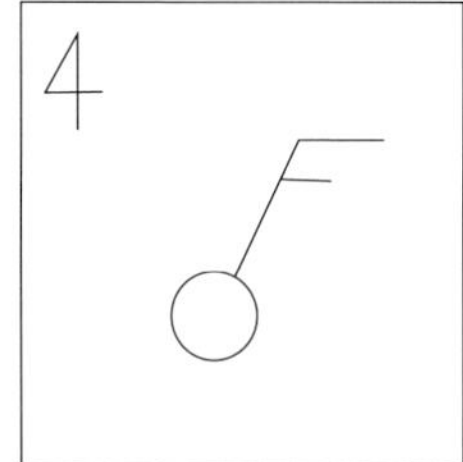

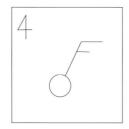

	풍향	풍속		풍향	풍속
①	북동	5m/s	②	북동	7m/s
③	북서	12m/s	④	북서	7m/s

정답 | ②

해설
화살이 날아오는 방향이 풍향, 화살 깃은 풍속을 나타낸다.

44 다음 설명에 해당하는 것은?

- 공기 덩어리가 상승할 때 주로 생성된다.
- 단열 팽창에 의해 공기 덩어리 안의 온도가 낮아져 수증기가 응결된 것이다.
- 모양에 따라 적운형, 층운형으로 분류된다.

① 구름 ② 성에
③ 이슬 ④ 서리

정답 | ①

해설
구름은 공기 중의 수증기가 응결하여 생긴 작은 물방울이나 얼음 알갱이가 상공에 모여 떠있는 것이다.

45 다음의 설명에 해당하는 행성은?

- 태양계 행성 중 가장 크며, 수소와 헬륨으로 된 두꺼운 대기층이 있다.
- 적도 부근에서 붉은 반점이 관측된다.

① 화성 ② 목성
③ 토성 ④ 천왕성

정답 | ②

해 설

태양계 행성 중 가장 크며, 수소와 헬륨으로 이루어진 두꺼운 대기층이 있는 행성은 목성으로 적도 부근에 대기의 소용돌이로 생긴 대적반(붉은 반점)이 관측된다.

① **화성** : 표면은 산화철이 많은 붉은색 암석과 흙으로 덮여 있고 대부분 이산화탄소인 희박한 대기가 있으며, 극지방에는 얼음과 드라이아이스로 된 극관이 존재한다.
③ **토성** : 태양계 행성 중 가장 크며, 밀도는 가장 작고 자전 속도가 가장 빠르다.
④ **천왕성** : 대기 중 메테인으로 의해 청록색으로 보이며, 자전축이 공전 궤도면과 거의 나란하다.

46 다음 중 태양에 대한 설명으로 옳지 않은 것은?

① 자전한다.
② 표면 온도는 약 6000℃이다.
③ 표면이 암석으로 되어 있다.
④ 스스로 빛을 내는 천체이다.

정답 | ③

해 설

태양은 표면이 암석으로 되어 있지 않고, 수소와 헬륨과 같은 가벼운 기체로 이루어져 있다.

TIP

태양

태양계에서 스스로 빛을 내는 유일한 천체인 태양의 지름은 약 140만km이며, 이것은 지구의 109배에 해당한다. 태양은 주로 수소와 헬륨으로 구성되어 있지만, 그밖에 나트륨, 마그네슘, 철 등을 포함해서 70여 종의 기체 성분으로 되어 있다.

47 다음과 같은 특징을 가진 천체는?

- 붉은 별들의 집단이다.
- 구형으로 빽빽하게 모여 있다.
- 나이가 많은 별들로 구성된다.

① 구상 성단 ② 산개 성단
③ 나선 은하 ④ 암흑 성운

정답 | ①

해 설

구상 성단은 수만~수백만 개의 별이 공 모양으로 빽빽하게 밀집한 붉은 별들의 집단으로 주로 100억 년 이상의 늙은 별들로 이루어져 있다.

② **산개 성단** : 은하계에 있는 별의 집단 중 수백 개에서 수천 개의 별들이 지름 수백 광년의 공간에 불규칙하게 모여 있는 것
③ **나선 은하** : 외부 은하의 하나로, 나선팔을 가지고 있는 은하
④ **암흑 성운** : 스스로는 빛나지 않으면서 배후의 별빛을 차단하여 실루엣으로 모습을 나타내는 성운

48 1등성인 별은 6등성인 별과 비교할 때 몇 배나 밝을까?

① 40배 ② 60배
③ 80배 ④ 100배

정답 | ④

해 설
1등성인 별은 6등성인 별보다 5등성이 작다. 등급이 작을수록 밝고, 5등성의 차이는 약 100배의 밝기 차이가 난다. 따라서 1등성이 6등성에 비해서 100배 밝다.

TIP
실시 등급
- 별의 등급 표시
  - 눈으로 관측할 때 가장 밝은 별이 1등성, 가장 어두운 별이 6등성
  - 1등성보다 밝으면 0, −1, −2등성
  - 6등성보다 어두우면 7, 8, 9등성
- 별의 밝기와 등급
  - 1등성은 6등성보다 100배 밝다.
  - 1등급 사이의 밝기 차는 약 2.5배(별의 밝기 차=2.5등급차)

49 다음의 특징을 갖는 행성은?

- 태양에 가장 가깝다.
- 태양계에서 가장 작은 행성이다.

① 수성 ② 금성
③ 화성 ④ 토성

정답 | ①

해 설
수성은 태양계에서 가장 작은 행성으로 태양에 가장 가깝고 태양 주위를 가장 빨리 돌며, 대기가 없어 밤낮의 일교차가 매우 크다.

50 우리 은하를 구성하는 천체가 아닌 것은?

① 성운 ② 성단
③ 태양계 ④ 외부 은하

정답 | ④

해 설
우리 은하는 태양계를 비롯하여 별, 성단, 성운으로 이루어진 천체들의 집단이다.

과학 | 응용문제

01 다음 중 중력에 대한 설명으로 옳지 않은 것은?

① 중력은 떨어져 있어도 작용한다.
② 중력의 크기는 장소에 따라 달라진다.
③ 지구의 중력은 위로 올라갈수록 커진다.
④ 중력은 지구 중심 방향을 향한다.

정답 | ③

해 설

지구 중력은 지구에서 멀어질수록 작아진다. 따라서 위로 올라갈수록 작아진다.
② 극지방에서의 중력이 적도 지방보다 크다.
④ 중력은 지구 중심방향, 즉 수평면에 연직 방향을 향한다.

02 다음 설명에 해당하는 힘은?

- 물체가 외부로부터 힘을 받아 모양이 변한 후, 원래의 상태로 되돌아가려는 힘이다.
- 활이나 용수철 저울에 이용된다.

① 탄성력 ② 마찰력
③ 자기력 ④ 전기력

정답 | ①

해 설

② **마찰력** : 두 물체의 접촉면에서 물체의 운동을 방해하는 힘으로 마찰력의 크기는 접촉면이 거칠수록, 무게가 무거울수록 커진다.
③ **자기력** : 자석과 쇠붙이 또는 자석과 자석 사이에 작용하는 힘이다.
④ **전기력** : 전기를 띤 물체 사이에 작용하는 힘으로 (+)전기, (−)전기가 있다.

03 들고 있던 물체를 떨어뜨릴 때, 떨어지는 동안의 에너지에 대한 설명으로 옳은 것은?

① 운동 에너지는 변화가 없다.
② 위치 에너지는 변화가 없다.
③ 운동 에너지는 감소한다.
④ 위치 에너지는 감소한다.

정답 | ④

해 설

물체가 떨어질 때 운동 에너지는 증가하고, 위치 에너지는 감소한다.

04 **다음 중 물체에 작용하는 힘에 의해 물체의 모양 변화와 운동 상태의 변화가 동시에 일어나는 경우로 적절한 예는?**

① 수레를 끌고 언덕길을 올라갔다.
② 축구공을 발로 힘껏 찼다.
③ 스펀지를 손으로 눌러 찌그러뜨렸다.
④ 도르래로 물체를 끌어올렸다.

정답 | ②

해 설
축구공을 발로 찰 때 순간적으로 모양이 찌그러지면서 동시에 운동 상태가 변한다.
①, ④ 운동 상태만 변화한다.
③ 모양 변화만 나타난다.

05 **다음의 그림에서 운동 에너지가 위치 에너지로 전환되는 구간은?**

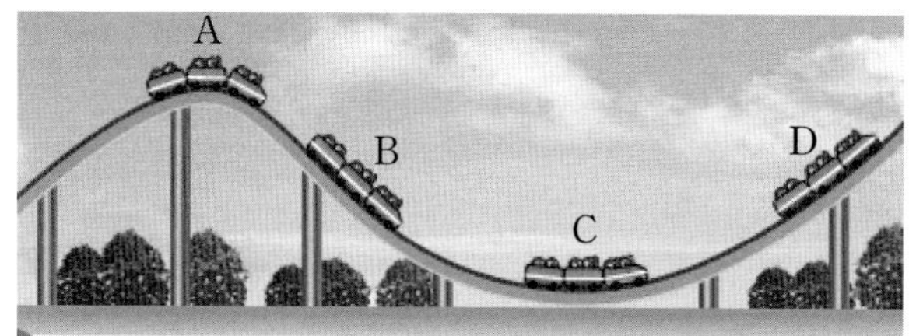

① AB
② BC
③ CD
④ AD

정답 | ③

해 설
롤러코스터가 아래에서 위로 올라갈 때 운동 에너지가 위치에너지로 전환되고, 위에서 아래로 내려갈 때 위치에너지가 운동 에너지로 전환되므로 아래에서 위로 올라가는 지점인 CD가 운동 에너지가 위치 에너지로 전환되는 구간이다.

06 **다음 표는 일정한 온도에서 압력에 따른 기체의 부피를 나타낸 것이다. ㉠과 ㉡에 알맞은 기체의 부피를 바르게 짝지은 것은?**

압력(기압)	1	2	5	10
부피(mL)	100	㉠	20	㉡

	㉠	㉡
①	50mL	10mL
②	40mL	5mL
③	50mL	5mL
④	40mL	10mL

정답 | ①

해 설
'압력(P)×부피(V)=일정'하고,
'1×100=2×㉠=10×㉡'이 되므로
㉠은 50mL, ㉡은 10mL이다.

07 온도가 일정할 때 기체의 압력과 부피의 관계를 바르게 나타낸 그래프는?

①
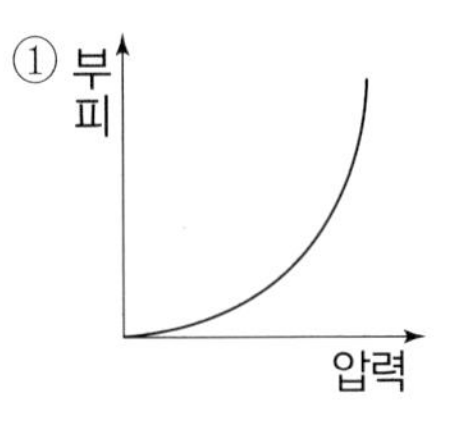

②
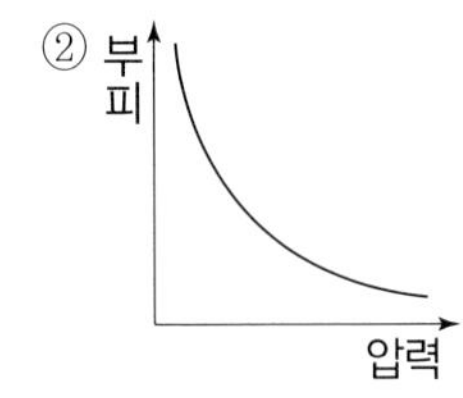

③
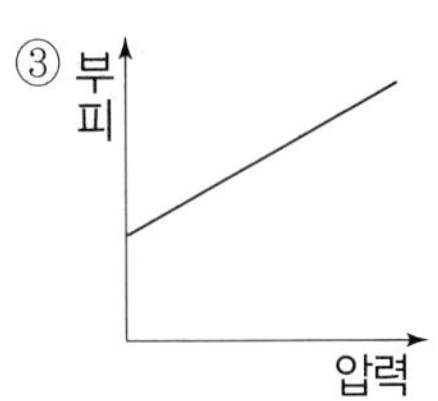

④
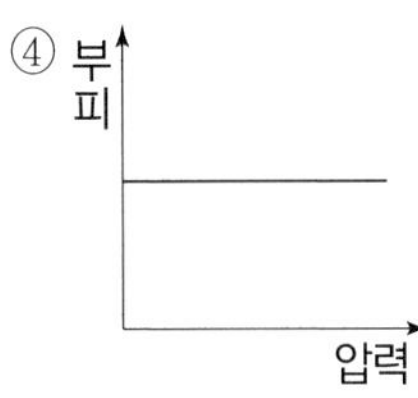

정답 | ②

해 설

온도가 일정할 때 기체에 가해지는 압력이 2배, 3배, …로 증가하면 기체의 부피는 $\frac{1}{2}$배, $\frac{1}{3}$배, …로 감소한다.

08 다음 중 빛에 대한 설명으로 옳지 않은 것은?

① 빛이 없으면 물체를 볼 수 없다.

② 광원은 스스로 빛을 내는 물체이다.

③ 모든 물체는 스스로 빛을 내기 때문에 볼 수 있다.

④ 빛은 진행하는 도중에 장애물을 만나지 않으면 직진한다.

정답 | ③

해 설

광원이 아닌 물체는 광원에서 나온 빛을 반사하기 때문에 볼 수 있다.

TIP

물체를 보는 원리

- **광원** : 스스로 빛을 내는 물체
- **물체를 보는 과정**
  - 광원인 경우 : 광원에서 나온 빛이 직접 눈에 들어오면 광원을 보게 됨
  - 광원이 아닌 경우 : 광원에서 나온 빛이 반사되어 눈에 들어오면 물체를 보게 됨

09 5초 동안 50J의 일을 했을 때 일률은?

① 6W　　② 8W

③ 10W　　④ 12W

정답 | ③

해 설

1W는 1초 동안에 1J의 일을 할 때의 일률이다. 즉 단위는 1W=1J/s이다. 따라서 5초 동안 50J의 일을 했을 때의 일률은 50J/5초=10J/s=10W이다.

10 그림에서 물체를 들어 올리는 데 필요한 최소한의 힘 F의 크기는? (단, 실의 질량과 모든 마찰은 무시한다.)

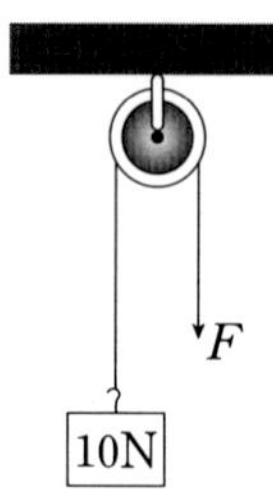

① 8N ② 10N
③ 12N ④ 16N

정답 | ②

해 설
고정 도르래는 힘의 방향만 바꾸고, 힘의 크기에는 이득이 없다. 따라서 물체를 들어 올리는 데 필요한 최소한의 힘 F는 10N이다.

11 다음 기구의 에너지 전환 관계를 잘못 나타낸 것은?

① 형광등 : 전기 에너지 → 빛에너지
② 태양 전지 : 빛에너지 → 전기 에너지
③ 건전지 : 전기 에너지 → 화학 에너지
④ 내연 기관 : 열에너지 → 기계적 에너지

정답 | ③

해 설
건전지는 화학 에너지를 전기 에너지로 전환시킨다.

12 저항 값이 R인 같은 저항 네 개를 직렬로 연결할 때의 전체 저항은 병렬로 연결할 때 전체 저항의 몇 배인가?

① $\frac{1}{4}$배 ② 1배
③ 4배 ④ 16배

정답 | ④

해 설
저항 값이 R인 저항 네 개를 직렬로 연결할 때 저항의 합은
$R+R+R+R=4R$
저항 값이 R인 저항 네 개를 병렬로 연결할 때 저항의 합은
$\frac{1}{R}+\frac{1}{R}+\frac{1}{R}+\frac{1}{R}=\frac{4}{R}$ $\therefore \frac{R}{4}$
직렬로 연결할 때의 전체 저항은 병렬로 연결할 때 전체 저항의 16배이다.

13 **그림과 같이 5Ω과 10Ω의 저항을 직렬로 연결할 때 합성 저항은?**

5Ω 10Ω

① 5Ω ② 10Ω
③ 15Ω ④ 20Ω

정답 | ③

해 설
저항이 직렬로 연결될 때 전체 저항은 각 저항의 합과 같다.

14 **전류에 대한 설명으로 옳지 <u>않은</u> 것은?**

① 전류는 전하의 흐름을 말한다.
② 전류의 단위는 A, mA이다.
③ 전류는 전지의(－)극에서 (＋)극으로 흐른다.
④ 전류의 방향은 전자의 이동 방향과 반대이다.

정답 | ③

해 설
전류는 전지의 (＋)극에서 (－)극으로 흐른다.

15 **다음 그림과 같은 회로에서 2A의 전류가 10초 동안 지나갔을 때 흘러간 전하량은?**

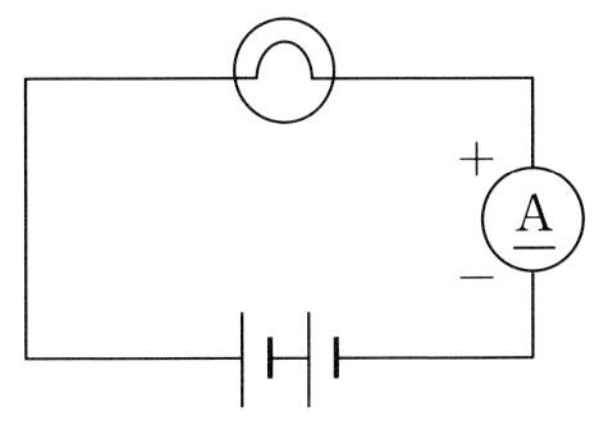

① 10C ② 20C
③ 30C ④ 40C

정답 | ②

해 설
전하량
＝전류의 세기×전류가 통과한 시간
＝2A×10초
＝20C

16 어떤 전구의 저항을 알아보기 위해 전구에 220V의 전압을 걸어 주었더니, 4A의 전류가 흘렀다. 이 전구의 저항은 몇 Ω인가?

① 50Ω ② 55Ω

③ 110Ω ④ 220Ω

정답 | ②

해 설

전압=전류×저항

저항=전압/전류=220V/4A=55Ω

TIP

옴의 법칙

• 전류의 세기는 전압에 비례한다.
• 전압=전류×저항
• 저항=전압/전류
• 전류=전압/저항

17 다음 그림은 이온을 모형으로 나타낸 것이다. 이 모형에 대한 설명으로 옳은 것은?

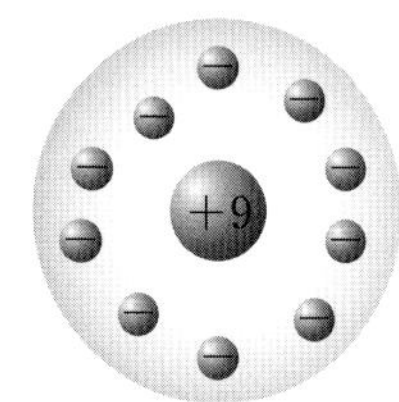

① 금속 원자의 이온이다.

② 원자 번호는 9이다.

③ 전자를 9개 얻어서 형성된 이온이다.

④ (－)전하의 양보다 (＋)전하의 양이 더 많다.

정답 | ②

해 설

원자 번호는 원자핵 속의 양성자 수이므로, 원자 번호는 9임을 알 수 있다.

① (－)전하의 양이 더 많은 음이온이다. 모든 음이온은 비금속 원자의 이온이다.

③ 전자를 1개 얻어서 형성된 이온이다.

④ (＋)전하의 양이 9이고, (－)전하의 양이 10이다.

18 다음은 기체의 분자 운동에 대한 설명이다. (가)와 (나)에 들어갈 것으로 알맞은 것은?

> 기체의 압력이 일정할 때, 온도가 (가)질수록 분자 운동이 활발하여 부피는 (나)한다.

	(가)	(나)		(가)	(나)
①	낮아	감소	②	낮아	증가
③	높아	감소	④	높아	증가

정답 | ④

해 설

기체의 압력이 일정할 때 온도가 (높아)질수록 분자 운동이 활발하여 부피는 (증가)한다.

19 다음 그래프는 액체 물질 A~C를 가열할 때 시간에 따른 온도 변화를 나타낸 것이다. 이에 대한 설명으로 옳은 것은?

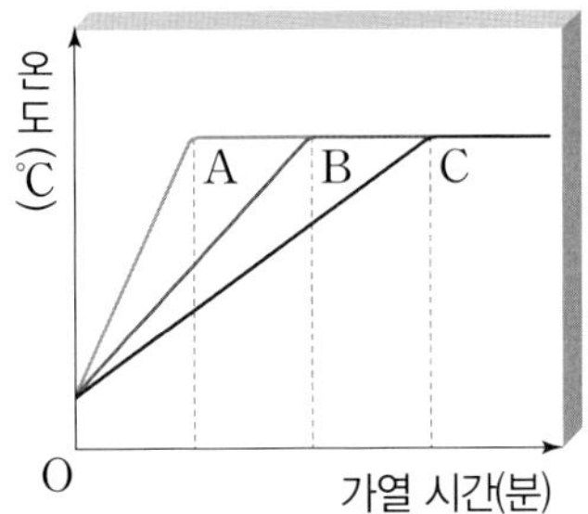

① A의 밀도가 가장 크다.
② A~C의 질량은 같다.
③ A~C는 같은 물질이다.
④ 같은 양을 가열하면 C의 끓는점이 가장 높다.

정답 | ③

해설
A, B, C는 끓는점이 같으므로 같은 종류의 물질이며, 끓기 시작할 때까지 걸리는 시간이 길수록 질량이 많은 것이다. 따라서 밀도는 A~C 모두 같고, 질량은 A<B<C 순으로 많다.

20 원소끼리 바르게 짝지어진 것은?

① 물, 탄소
② 수소, 산소
③ 소금, 염소
④ 에탄올, 드라이아이스

정답 | ②

해설
수소, 산소, 탄소, 염소는 더 이상 분해되지 않는 물질을 이루는 기본 성분인 원소에 해당한다. 소금, 에탄올, 드라이아이스, 이산화탄소, 물은 두 가지 이상의 원소로 이루어진 물질로, 화합물에 해당한다.

21 다음에서 나타내는 물 분자식에 대한 설명으로 옳지 않은 것은?

$3H_2O$

① 전체 분자의 수는 3개이다.
② 전체 원자의 수는 6개이다.
③ 전체 수소 원자의 수는 6개이다.
④ 분자 1개를 이루는 원자의 수는 3개이다.

정답 | ②

해설
전체 분자의 수는 3개이며, 전체 원자의 수는 9개이다.

22 다음 중 순물질끼리 바르게 짝지어진 것은?

ㄱ. 산소	ㄴ. 이산화탄소
ㄷ. 공기	ㄹ. 소금물

① ㄱ, ㄴ　② ㄱ, ㄷ
③ ㄴ, ㄷ　④ ㄷ, ㄹ

정답 | ①

해 설
산소와 이산화탄소는 한 가지 물질로 이루어진 순물질이고, 공기와 소금물은 두 가지 이상의 순물질이 섞여 있는 혼합물에 해당한다.

23 혼합물을 이루고 있는 성분들이 용매를 따라 이동하여 속도차를 이용하는 분리 방법은?

① 거름　② 분별 결정
③ 분별 증류　④ 크로마토그래피

정답 | ④

해 설
크로마토그래피는 혼합물의 용액을 흡수성이 강한 물질에 흡수시켜 각 성분이 용매에 의해 밀려 올라가는 속도의 차를 이용한 혼합물의 분리방법이다.

24 다음 중 거름으로 분리하기에 적당한 혼합물은?

① 어떤 용매에 녹는 고체와 녹지 않는 고체 혼합물
② 서로 잘 섞이는 두 액체 혼합물
③ 끓는점이 다른 두 액체 혼합물
④ 밀도 차가 큰 두 액체 혼합물

정답 | ①

해 설
거름은 어떤 용매에 잘 녹는 고체와 녹지 않는 고체가 섞여 있을 때 두 성분 중 하나만을 녹이는 용매를 사용하여 거름종이로 거르면 용매에 녹는 성분은 거름종이를 통과하고 녹지 않는 성분은 거름종이에 남게 되어 두 물질을 분리할 수 있는 방법이다.

25 다음 중 물에 녹인 후 그림과 같은 장치를 통해 분리할 수 있는 혼합물은?

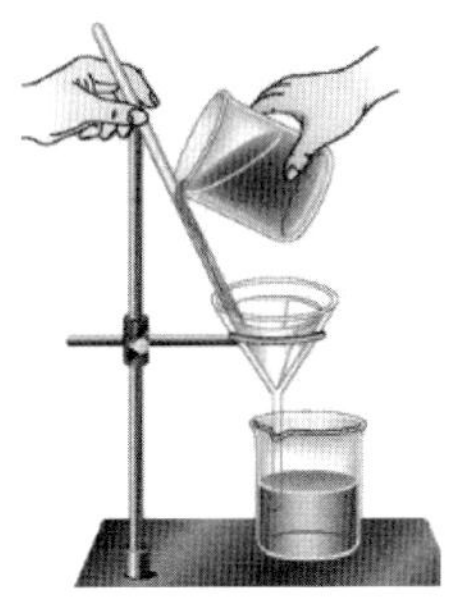

① 소금과 설탕　　② 소금과 모래
③ 볍씨와 쭉정이　　④ 붕산과 염화나트륨

정답 | ②

해 설
그림의 장치는 거름 장치이다. 거름 장치를 통해 소금과 모래, 소금과 황을 분리할 수 있다.

26 다음 중 분별깔때기로 분리할 수 <u>없는</u> 것은?

① 물과 에탄올　　② 물과 식용유
③ 물과 사염화탄소　　④ 물과 에테르

정답 | ①

해 설
밀도가 다르고 두 액체가 서로 섞이지 않는 혼합물은 분별깔때기나 스포이트를 이용하여 분리한다. 물과 에탄올은 끓는점의 차이를 이용하여 분리한다.

27 다음 상태 변화 중 열에너지를 흡수하는 것은?

① 젖은 빨래가 마른다.
② 풀잎에 이슬이 맺힌다.
③ 촛농이 딱딱하게 굳는다.
④ 물이 얼음이 된다.

정답 | ①

해 설
젖은 빨래가 마르는 것은 액체가 열을 흡수하여 기체로 변하는 현상이다(기화열 흡수).
② 기체가 열을 방출하여 액체로 변하는 현상이다(액화열 방출).
③, ④ 액체가 열을 방출하여 고체가 되는 응고 현상에 해당한다(응고열 방출).

28 다음 중 (가) → (나)로 나타낼 수 있는 상태 변화의 예로 적절한 것은?

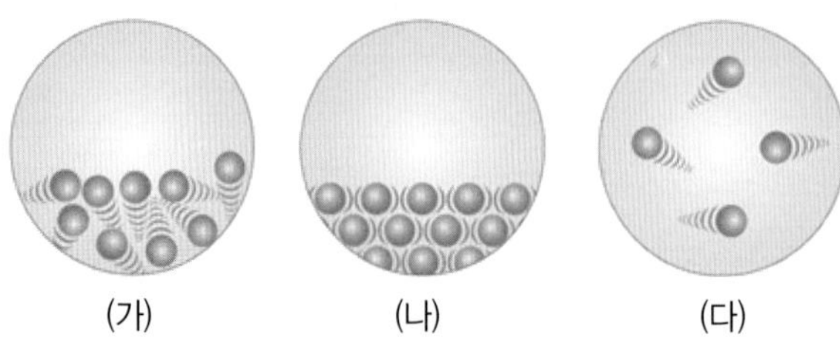

① 마그마가 굳어서 화성암이 된다.
② 어항 속의 물이 점점 줄어든다.
③ 처마 밑에 매달린 고드름이 녹는다.
④ 늦가을 새벽 나뭇잎에 서리가 내린다.

29 다음 중 증발에 대한 설명으로 적절한 것은?

① 맑은 날보다 흐린 날 증발이 잘 일어난다.
② 증발은 기온이 낮을수록 잘 일어난다.
③ 바람이 불면 증발이 잘 일어난다.
④ 맑은 날 아침에 풀잎에 이슬이 맺히는 현상이다.

30 그림은 녹색식물 잎의 표피이다. 기공에서 주로 일어나는 작용은?

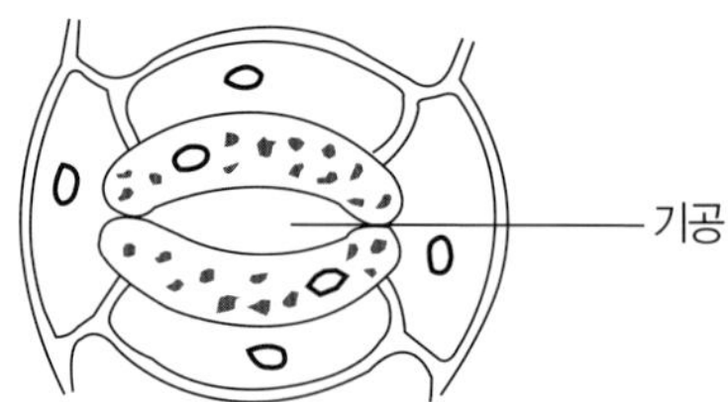

① 지지 작용 ② 증산 작용
③ 저장 작용 ④ 광합성 작용

정답 | ①

해 설
(가)는 액체, (나)는 고체, (다)는 기체이므로 (가)에서 (나)로의 상태변화는 응고이다. 이에 해당하는 현상은 마그마(액체)가 화성암(고체)이 되는 것이다.
② 액체가 기체로 변하는 기화이다.
③ 고체가 액체로 변하는 융해이다.
④ 고체가 기체로 변하는 승화이다.

정답 | ③

해 설
바람이 불면 새로운 공기가 공급되므로 증발이 잘 일어난다.
① 흐린 날보다 맑은 날 증발이 잘 일어난다.
② 증발은 기온이 높을수록 잘 일어난다.
④ 이슬은 공기 중의 수증기가 차가운 물체의 표면에 응결하여 맺힌 물방울이다.

정답 | ②

해 설
두 개의 공변세포로 이루어진 기공에서 기체 교환과 증산 작용이 일어나는데 증산 작용은 식물체 내의 물이 기공을 통해 수증기의 형태로 증발되는 현상이다.
① **지지 작용** : 줄기는 잎, 꽃, 열매 등을 달고 있으며, 식물체를 지탱한다.
③ **저장 작용** : 일부 식물은 줄기에 양분이나 수분을 저장한다.
④ **광합성 작용** : 엽록체에서 빛을 이용하여 유기 양분(포도당)을 생성한다.

TIP
잎의 구조
- **표피 조직**
  - 표피 : 잎을 감싸고 있는 한 겹의 세포층으로 엽록체가 없다.
  - 공변세포 : 표피세포가 변형된 반달 모양의 세포로 엽록체가 있다. 광합성이 일어난다.
  - 기공 : 두 개의 공변세포로 이루어진 구멍이다.
- **책상 조직** : 엽록체를 가진 세포가 빽빽하게 배열된다. 광합성이 가장 활발하게 일어난다.
- **해면 조직** : 엽록체를 가진 세포가 엉성하게 배열된다. 기체의 이동 통로를 형성하고 광합성이 일어난다.
- **잎맥** : 잎에 분포하는 관다발로 물과 양분의 이동 통로이다.

31 식물의 줄기의 기능으로 옳지 않은 것은?

① 지지 작용　② 운반 작용
③ 저장 작용　④ 광합성 작용

정답 | ④

해 설
광합성은 엽록체에서 빛을 이용하여 유기양분(포도당)을 합성하는 것으로, 잎의 기능에 해당한다.
① **지지 작용** : 식물체를 지탱해준다.
② **운반 작용** : 관다발을 통해 물과 무기 양분을 이동한다.
③ **저장 작용** : 껍질의 틈을 통해 산소를 흡수하고 이산화탄소를 방출한다.

32 다음은 식물의 수정과정을 순서 없이 나타낸 것이다. 수정 과정을 순서대로 바르게 나열한 것은?

(가) 밑씨가 자라서 씨가 된다.
(나) 화분이 암술머리에 붙는다.
(다) 화분관 속의 정핵과 밑씨 속의 난세포가 결합한다.
(라) 화분관이 발아하여 암술대를 뚫고 밑씨 쪽으로 자란다.

① (라) → (나) → (다) → (가)
② (나) → (다) → (라) → (가)
③ (나) → (라) → (다) → (가)
④ (라) → (다) → (나) → (가)

정답 | ③

해 설
수분이 되면 화분은 생식핵과 화분관핵을 형성한다. 화분관핵에 의해 화분관이 발아하여 밑씨 쪽으로 길게 자란다. 생식핵이 다시 분열하여 2개의 정핵을 형성한다. 화분 속의 정핵이 밑씨 속의 난세포, 극핵과 각각 결합한다.

33 다음 내용의 설명에 해당하는 것은?

• 생명 활동을 조절한다.
• 유전 물질이 존재하는 곳이다.
• 식물세포와 동물세포에 모두 존재한다.

① 핵　② 세포벽
③ 세포막　④ 세포질

정답 | ①

해 설
생명 활동을 조절하고 생물의 특성을 결정하며, 유전 물질을 포함하는 세포 기관은 핵이다.
② **세포벽** : 세포막 바깥쪽의 단단한 부분으로 세포의 형태를 유지시켜준다.
③ **세포막** : 세포질을 둘러싸고 있는 막으로 물질의 출입을 조절한다.
④ **세포질** : 핵을 제외한 나머지 부분으로 세포 내의 여러 가지 중요한 성분을 포함한다.

34 다음 영양소들의 공통적인 특징으로 옳은 것은?

물, 무기염류, 비타민

① 3대 영양소에 해당한다.
② 에너지원으로 사용된다.
③ 몸을 구성하는 성분 중 하나이다.
④ 생리작용을 조절한다.

정답 | ④

해 설
물, 무기염류, 비타민은 3부 영양소로, 부영양소에 해당하며 에너지원으로 사용되지는 않으나 몸의 생리작용을 조절하는 데 사용된다.
① 3대 영양소는 탄수화물, 지방, 단백질이다.
② 에너지원으로 사용되지 않는다.
③ 몸을 구성하는 성분은 물과 무기염류이다.

35 다음 그림은 호흡 운동의 원리를 알아보는 실험 장치이다. A를 아래로 잡아당겼을 때에 해당하는 우리 몸의 변화로 알맞은 것은?

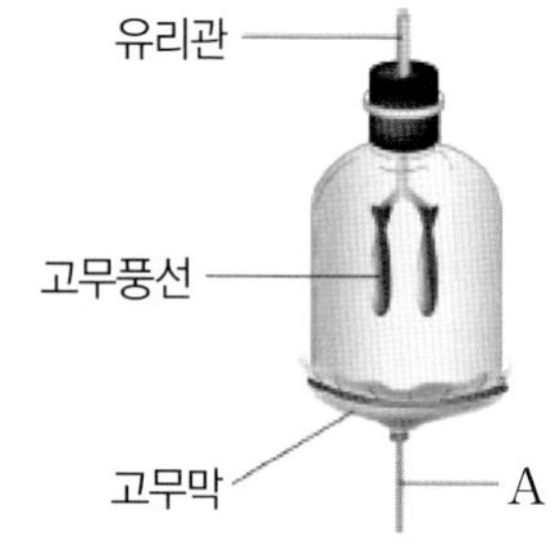

① 갈비뼈가 내려간다.
② 가로막이 올라간다.
③ 가슴 안쪽의 공간이 좁아진다.
④ 가슴 안쪽의 압력이 낮아진다.

정답 | ④

해 설
고무막을 당기는 것은 들숨일 때의 상태를 나타낸다. 들숨일 때 가슴 안쪽의 압력이 낮아진다.
① 갈비뼈가 올라간다.
② 가로막이 내려간다.
③ 가슴 내부의 부피가 증가한다.

36 다음 중 배설의 기능으로 옳은 것은?

① 노폐물 운반
② 에너지 발생
③ 영양소 분해
④ 항상성 유지

정답 | ④

해 설
배설은 체내에서 세포 호흡에 의해 생성된 노폐물을 제거하는 역할을 하며 체액의 농도를 일정하게 유지하는 항상성에도 중요한 역할을 하며 체액의 농도를 일정하게 유지하는 항상성에도 중요한 역할을 한다.
① 노폐물은 운반은 혈액의 기본적 기능이다.
②, ③ 세포의 호흡 결과 영양소가 분해되어 에너지가 발생한다.

37 눈의 구조 중 다음 설명에 해당하는 것은?

- 눈으로 들어오는 빛의 양을 조절한다.
- 눈을 사진기와 비교할 때 사진기의 조리개에 해당한다.

① 각막 ② 홍채
③ 수정체 ④ 망막

정답 | ②

해 설
홍채는 동공의 크기를 변화시켜 눈으로 들어오는 빛의 양을 조절하며 사진기의 조리개와 같은 역할을 한다.
① **각막** : 공막과 연결된 얇고 투명한 막으로, 홍채의 바깥을 감싼다.
③ **수정체** : 빛을 굴절시켜 망막에 상이 맺히도록 한다.
④ **망막** : 눈의 가장 안쪽에 있는 막으로, 시각세포와 신경이 분포하여 물체의 상이 맺힌다.

38 빛을 굴절시켜 망막에 상이 맺히도록 해주는 것은?

① 수정체 ② 모양체
③ 망막 ④ 홍채

정답 | ①

해 설
② **모양체** : 수축과 이완으로 수정체의 두께를 조절하여 거리에 따른 초점을 맞춘다.
③ **망막** : 시세포가 분포하여 상이 맺힌다.
④ **홍채** : 동공의 크기를 변화시켜 눈으로 들어오는 빛의 양을 조절한다.

TIP
시각의 전달 경로
빛 → 각막 → 수정체 → 유리체 → 망막(시세포) → 시신경 → 대뇌

39 다음 설명에 해당하는 감각기는?

- 기체 화학 물질의 자극을 받는다.
- 가장 예민한 감각 기관이다.
- 빨리 피로해져 같은 자극을 계속해서 감각하지 못한다.

① 후각 ② 시각
③ 촉각 ④ 청각

정답 | ①

해 설
후각은 가장 예민하지만 쉽게 피로해져서 같은 냄새를 오래 맡으면 냄새를 잘 느끼지 못한다.

40 다음과 같은 특징을 갖는 뇌는?

> 몸의 근육 운동을 조절하며 자세와 균형을 유지한다.

① 간뇌 ② 대뇌
③ 소뇌 ④ 중뇌

정답 | ③

해 설

① **간뇌** : 체온과 물질대사를 조절한다.
② **대뇌** : 좌 · 우 반구로 나누어져 있으며, 자극의 감각, 운동의 명령, 기억과 판단 등 정신활동을 담당한다.
④ **중뇌** : 홍채의 작용과 눈동자의 운동을 조절한다.

41 다음 중 감수 분열 결과 만들어진 세포는?

① 수정란 ② 표피세포
③ 형성층 ④ 난세포

정답 | ④

해 설

감수분열은 생식 세포를 만들 때 일어나는 세포분열이므로 생식세포인 난세포가 정답이다.

① **수정란** : 정자의 핵과 난자의 핵이 합쳐져 융합하는 수정과정의 결과 형성된다.
② **표피세포** : 식물체의 표면을 덮는 세포이다.
③ **형성층** : 식물의 물관부와 체관부 사이에 있는 한 층의 살아있는 세포층으로, 부피생장이 일어난다.

42 체세포 분열 과정 중 염색사가 응축하여 염색체가 형성되고 방추사가 나타나는 시기는?

① 간기 ② 전기
③ 중기 ④ 후기

정답 | ②

해 설

체세포 분열 과정 중 전기에는 염색사가 응축하여 염색체가 형성되고 얇은 실 모양의 구조물인 방추사가 나타나며 핵막과 인이 사라진다.

① **간기** : 세포 주기 중 가장 긴 시기로, DNA가 복제되고 세포질이 증가한다.
③ **중기** : 염색체가 적도면에 배열되며, 방추사가 달라붙는 시기로 가장 짧은 시기이나 염색체 관찰에 가장 적합한 시기이다.
④ **후기** : 염색체가 분리되어 방추사에 의해 세포의 양극으로 이동한다.

43 다음 내용이 설명하는 기관으로 알맞은 것은?

> • 수정란이 착상하여 태아로 자라는 곳이다.
> • 두꺼운 근육으로 이루어져 있다.

① 난소 ② 수란관
③ 질 ④ 자궁

정답 | ④

해 설
자궁은 정자와 난자가 수정된 수정란이 착상하는 곳으로, 임신 후 태아가 자라는 곳이다.
① 난소 : 난자를 만들고 여성호르몬을 분비하는 곳이다.
② 수란관 : 난자가 자궁으로 이동하는 통로로, 난자와 정자가 만나 수정이 일어난다.
③ 질 : 정자가 들어오고, 출산 시 태아가 나가는 통로이다.

44 다음 중 퇴적암의 특징이 아닌 것은?

① 층리가 발달한다.
② 역암, 사암, 셰일 등으로 구분할 수 있다.
③ 마그마가 식어 굳은 암석이다.
④ 소금이 쌓여 굳어진 암석을 암염이라 한다.

정답 | ③

해 설
마그마가 식어 굳은 암석은 화성암이다.

45 염류의 비율을 알고 있는 해수 A와 염류의 비율을 모르는 해수 B가 있다. 이 때 해수 B의 염류 중 한 가지 양만 측정해도 나머지 염류의 양을 구할 수 있는 이유는?

① 해수 속에 녹아 있는 염류의 비율이 일정하므로
② 증발량과 강수량이 지역마다 다르므로
③ 염화나트륨이 쓴맛을 내므로
④ 염화마그네슘이 짠맛을 내므로

정답 | ①

해 설
지역에 따라 염류의 양은 달라도 바닷물 속에 포함된 염류의 성분비는 항상 일정하므로 해수 A와 B 중 하나의 염류만 측정해도 나머지 염류의 양을 알 수 있다. 이를 염분비 일정의 법칙이라 한다.

46 우리나라의 동해안보다 서해안에서 간만의 차가 더 크게 나타나는 이유로 옳은 것은?

① 서해안의 수압이 낮아서
② 동해안에는 달의 영향을 적게 받아서
③ 서해안은 육지로 둘러싸여 있어서
④ 서해안은 수심이 깊어서

정답 | ③

해 설
서해안은 수심이 얕고 육지로 둘러싸여 있어서 동해안보다 간만의 차가 크다.

TIP
• 조석 : 바닷물이 규칙적으로 높아졌다 낮아졌다 하는 현상
• 만조 : 밀물에 의해 해수면의 높이가 가장 높아졌을 때
• 간조 : 썰물에 의해 해수면의 높이가 가장 낮아졌을 때
• 간만의 차 : 만조와 간조 때 바닷물의 높이 차(조차)
• 조류 : 조석에 의해 생기는 바닷물의 흐름

47 다음의 기호에 알맞은 전선은?

① 한랭전선 ② 온난전선
③ 폐색전선 ④ 정체전선

정답 | ②

해 설
기호에 해당하는 것은 온난전선으로, 따뜻한 공기가 찬 공기쪽으로 이동하면서 찬 공기를 타고 올라갈 때 만들어진다.
① **한랭전선** : 찬 공기가 따뜻한 공기 쪽으로 이동하면서 따뜻한 공기 밑으로 파고들 때 만들어진다.
③ **폐색전선** : 한랭 전선의 이동 속도가 온난 전선보다 빨라 두 전선이 겹쳐져 만들어진다.
④ **정체전선** : 두 기단의 세력이 비슷하여 오랫동안 제자리에 머물러 있는 전선을 말한다.

48 다음은 높이에 따른 온도분포에 의해 나타난 기권의 구조이다. 이에 대한 설명으로 틀린 것은?

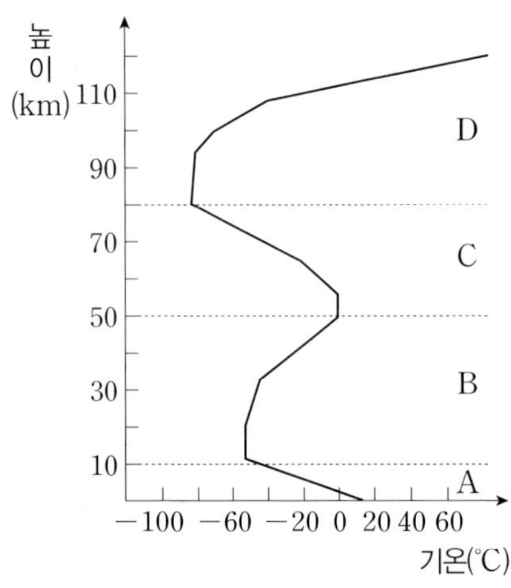

① A : 위로 올라갈수록 기온이 낮아지며, 수증기가 있어 일기변화가 있다.
② B : 위로 올라갈수록 기온이 높아지며, 대류현상이 있어 강수현상이 있다.
③ C : 위로 올라갈수록 기온이 낮아지며, 수증기가 없어 일기변화가 없다.
④ D : 대기가 희박하여 밤과 낮의 온도차가 크다.

정답 | ②

해 설
A는 대류권, B는 성층권, C는 중간권, D는 열권으로 성층권은 전체적으로 분포하는 오존 기체가 자외선을 흡수한다. 성층권에서는 위로 올라갈수록 기온이 올라가며 대류가 일어나지 않고 안정되어 비행기의 항로로 이용된다.

49 별의 밝기에 대한 설명으로 적절하지 않은 것은?

① 등급 값이 작을수록 더 밝은 별이다.
② 거리가 가까울수록 더 밝은 별이다.
③ 별의 실제 밝기는 절대 등급으로 비교한다.
④ 별까지의 거리가 동일해도 별의 밝기는 다를 수 있다.

정답 | ②

해설
별의 밝기는 별들이 실제로 방출하는 에너지양을 비교하기 위해 같은 거리에 있다고 가정하였을 때 별의 밝기 등급을 절대 등급으로 비교하는 것이다. 별의 등급이 낮을수록 밝은 별이고, 별의 등급이 높을수록 어두운 별이다.

50 다음에서 설명하는 천체로 알맞은 것은?

- 표면의 온도가 대략 6,000℃ 정도이다.
- 표면에 흑점과 쌀알무늬가 관측되며, 대기에 홍염, 플레어가 발생한다.

① 달 ② 태양
③ 지구 ④ 화성

정답 | ②

해설
태양은 태양계에서 스스로 에너지를 생성하여 방출하는 유일한 항성으로, 표면 온도가 대략 6,000℃ 정도에 이르고 표면에는 검게 보이는 흑점과 쌀알을 뿌려 놓은 것 같은 무늬가 관찰되며, 대기에는 채층, 코로나, 홍염, 플레어 등이 발생한다.

PART 6

도덕

STEP1. 기본문제

STEP2. 응용문제

도덕 | 기본문제

01 다음 내용이 공통으로 의미하는 것은?

- 도덕적인 사람이 될 수 있게 해 주는 것
- 마음속에 있는 재판관이자 등대와 같은 것

① 본성 ② 본능
③ 도덕 ④ 양심

정답 | ③

해 설
도덕이란 인간이 지켜야 할 도리 또는 바람직한 행동 기준으로, 개인의 양심에 따라 마땅히 지켜야 할 규범이 된다.

02 다음에서 설명하는 용어는?

한 개인이 자신의 행위에 대해 옳고 그름, 선악을 분별하여 도덕적으로 올바른 행동을 하도록 유도하는 마음의 명령이다. 이는 옳은 행동을 했을 경우 떳떳함을 느끼게 하며, 그릇된 행동을 할 경우 부끄러움을 느끼게 한다.

① 예절 ② 양심
③ 진리 ④ 명상

정답 | ②

해 설
주어진 제시문은 양심에 관하여 설명하고 있다.

03 다음 중 도덕적 성찰에 관한 설명으로 옳지 않은 것은?

① 자신의 삶을 돌이켜보아 도덕적 관점에서 반성하는 것이다.
② 문제의 원인을 내 안에서 찾으려는 자세에 해당한다.
③ 상상력을 개발하고 지식을 쌓기 위한 과정에 해당한다.
④ 도덕적 성찰은 잘못된 행동에 대한 개선까지 포함한다.

정답 | ③

해 설
상상력을 개발하고 지식을 형성하기 위해 도덕적 성찰을 행하는 것이라 할 수는 없다.

04 다음 글에서 알 수 있는 성찰의 필요성으로 가장 적절한 것은?

> 인간은 주로 자신의 처지에서 생각하고 행동한다. 그래서 다른 사람의 잘잘못을 철저히 따지는 사람도 자신의 말과 행동은 옳고 그름을 공정하게 판단하지 못하는 경우가 있다.

① 자기감정에 충실하기 위해
② 자신을 객관적으로 바라보기 위해
③ 자신의 욕구를 완전히 버리기 위해
④ 공동체를 위한 희생정신을 기르기 위해

정답 | ②

해 설
성찰을 하는 사람은 자신의 성격, 감정 상태와 변화, 행동의 목적과 의도에 대하여 명료한 평가를 내릴 수 있다. 따라서 자기 자신을 객관적으로 바라보기 위해서는 성찰이 필요하다.

05 다음 글에 해당하는 인간의 특징으로 옳은 것은?

> 사람은 누구나 다른 사람의 도움을 받아야만 살아갈 수 있다. 갓 태어났을 때, 혼자서는 먹지도 걷지도 못하며, 성인이 되어서도 다른 사람과 더불어 살아가야만 인간다운 삶을 살 수 있다.

① 인간은 사회를 떠나서 살 수 없는 사회적 존재이다 .
② 인간은 공간의 제약을 받는 존재이다.
③ 인간은 시간적 제약을 받는 존재이다.
④ 인간이 가장 두려워하는 것은 죽음이다.

정답 | ①

해 설
인간은 다른 사람의 도움 없이는 살아갈 수 없는 사회적 존재이다.

06 인간다운 삶의 모습으로 보기 어려운 것은?

① 인간으로서 훌륭한 성품을 갖춘 삶
② 자신의 본능적 욕구를 억제하고 조절하는 삶
③ 나의 좁은 시야에서 벗어나 모두를 행복하게 하는 삶
④ 옳고 그름을 알고 이를 실천하기 위해 높은 사회적 지위를 추구하는 삶

정답 | ④

해 설
높은 사회적 지위만을 추구하는 삶은 인간다운 삶의 모습이라고 보기 어렵다.

07 ㉠에 들어갈 말로 가장 적절한 것은?

① 나의 좁은 시야에서 벗어나야 하기 때문이야.

② 당위를 알고 따를 수 있는 존재이기 때문이야.

③ 인간은 생존에 필요한 욕구를 지녔기 때문이야.

④ 모두를 행복하게 하는 삶을 살아야 하기 때문이야.

정답 | ②

해 설

인간은 당위를 알고 따를 수 있는 존재이므로 삶의 책임감을 자각하고 인간으로서 마땅히 해야 할 일들을 실천하며 살고자 노력해야 한다.

08 다음 중 자아발견을 위한 질문으로 가장 거리가 먼 것은?

① 나의 의무가 무엇인가?

② 나의 장래 희망은 무엇인가?

③ 나는 어떤 직업을 갖길 원하는가?

④ 친구 생일 선물로 무엇을 살 것인가?

정답 | ④

해 설

자아발견을 위해서는 나의 소망, 능력, 의무 등을 알아야 한다. '친구 생일 선물로 무엇을 살 것인가' 하는 질문은 자아발견과는 아무런 관련이 없다.

09 다음 글에서 설명하고 있는 것을 형성하기 위한 바람직한 자세가 아닌 것은?

> '한날한시에 태어난 손가락도 그 길이가 다르다', '한 어미의 자식도 오롱이조롱이'라는 속담에서도 알 수 있듯이, 얼굴, 성격, 태도, 능력, 행동하는 방식이 모두 같은 사람은 단 한사람도 없다. 이처럼 사람들은 누구나 다른 사람과 구분할 수 있는 자기만의 특성을 가지고 있다.

정답 | ①

해 설

제시된 글에서 설명하고 있는 다른 사람과 구분할 수 있는 자기만의 고유한 특성은 '개성'이다. 개성을 발전시키기 위해서는 주관과 신념을 가지고 다른 사람의 말에 무작정 흔들리지 않으며 자신의 개성을 찾아 가꿀 수 있어야 한다.

① 아직은 어리므로 중요한 일의 결정은 주변의 결정을 따른다.
② 유행보다는 자신에게 어울리는 새로운 것을 찾는 노력을 해야 한다.
③ '나'에 대해 본격적으로 고민해 본다.
④ 독창적인 정보를 생산해서 새로운 디지털 문화를 만들어 낸다.

10 **개성에 대한 설명으로 옳지 않은 것은?**

① 일시적으로 좋아하는 것이다.
② 쉽게 바뀌는 유행과는 다른 것이다.
③ 타인과 구별되는 자기만의 고유한 것이다.
④ 새롭게 창조하고 발전시킬 수 있는 것이다.

정답 | ①

해 설
개성이란 다른 사람과 구분할 수 있는 자기만의 고유한 특성을 말하며 일시적으로 좋아하는 것은 '유행'이다.

11 **빈칸에 들어갈 내용으로 알맞은 것은?**

- 도덕 원리 : 다른 사람에게 피해를 주는 행동은 옳지 않다.
- 사실 판단 : 수업 시간에 떠드는 것은 다른 사람에게 피해를 주는 행동이다.
- 도덕 판단 : ______________________

① 수업 중에 떠들면 선생님께 혼난다.
② 수업 시간에 떠드는 것은 옳지 않다.
③ 다른 사람이 싫어하는 행동을 하면 안 된다.
④ 수업 시간에 떠드는 것은 학교 규칙의 위반이다.

정답 | ②

해 설
지문을 보면 도덕 원리에서 '다른 사람에게 피해를 주는 행동은 옳지 않다'고 했으며, 사실판단에서는 이러한 행위 중 하나로 '수업 시간에 떠드는 것'을 정했다. 따라서 도덕 판단에는 '수업 시간에 떠드는 것은 옳지 않다'가 적절하다.

12 다음에서 설명하는 '이것'으로 알맞은 것은?

> • '이것'은 목표나 이해관계의 차이로 서로 충돌하거나 적대시하는 상태임
> • 외부와의 '이것'은 내부 단결 · 화합을 촉진하며, 문제 해결을 실현하면 통합이 달성되어 보다 건강한 사회가 될 수 있음

① 갈등　② 검소
③ 관용　④ 인내

정답 | ①
해 설
갈등은 욕구나 이해관계의 차이, 가치관의 차이, 구조적 갈등, 사실관계의 갈등 등이 원인이며, 갈등을 회피하기보다는 적극적으로 해결하는 자세가 필요하다.

13 다음에서 설명하는 도덕이론으로 적절한 것은?

> 도덕 법칙 또는 명령에 따르는 것이 인간의 의무이며, 행위의 결과보다 행위의 동기나 의지를 중시하는 동기주의를 강조한다.

① 의무론적 윤리설　② 목적론적 윤리설
③ 이기주의 윤리론　④ 공리주의

정답 | ①
해 설
주어진 제시문에서 설명하는 도덕이론은 의무론적 윤리설에 해당한다.
② **목적론적 윤리설** : 인간이 추구하는 목적은 행복 또는 쾌락이며, 이를 최대한 도출하는 행위가 도덕적이라 보는 윤리설
③ **이기주의 윤리론** : 자신에게 이익이 되는 행위만을 옳다고 생각하는 윤리론
④ **공리주의** : 사회 전체의 이익을 가져오는 행위가 옳은 행위라고 주장.

14 바람직한 토론을 위해 필요한 자세로 바르지 않은 것은?

① 토론의 목적과 규칙에 관해 명확하게 이해하고, 주제와 관련된 지식을 갖춘다.
② 상대방의 의견을 잘 들으면서 그 사람의 주장을 파악하고 무조건적으로 순응한다.
③ 토론 참가자들이 자유롭고 솔직하게 서로의 의견을 교환하도록 한다.
④ 주제와 관계없거나 이미 논의한 사항을 반복하여 말하는 것은 방해가 되므로 삼간다.

정답 | ②
해 설
토론자들은 주어진 문제에 대하여 찬성인지 반대인지 입장을 분명히 정한 후에 상대방의 의견을 듣고 적절한 이유를 들어 자신의 의견이 옳다는 것을 주장해야 한다. 따라서 무조건적으로 순응해야 한다는 설명은 적절하지 않다.

15 다음 내용에 해당되는 가정의 역할로 알맞은 것은?

- 학교생활에서 발생한 친구 간의 사소한 갈등으로 마음이 상했을 때, 우리를 위로해 준다.
- 가정에서 충분한 사랑을 받고 자란 사람은 다른 사람에게 사랑을 베풀 수 있게 된다.

① 위험으로부터 보호하는 울타리 역할
② 도덕성의 함양
③ 학습과 성장에 도움
④ 정서적인 안정감 제공

정답 | ④

해 설
가정은 서로 유대감을 나누고 살아가는 협조적인 생활 공동체이며 순수한 애정을 주고받음으로써 가족 구성원이 심신의 피로를 회복하고 삶에 필요한 정서적 안정감을 느낄 수 있다.

TIP
가정의 기능
의식주 해결, 몸과 마음의 휴식, 사회생활의 출발점, 자녀의 성격과 인격 형성

16 현대사회에서 노인 문제 해결을 위한 노력으로 바람직하지 않은 것은?

① 일자리를 마련한다.
② 의료 복지비용을 축소한다.
③ 경로효진 문화를 적극 장려한다.
④ 여가 문화생활을 위한 시설을 확대한다.

정답 | ②

해 설
노인 문제 해결을 위해서는 의료 복지비용 확대를 비롯하여 노인들의 건강 증진에 도움이 될 수 있는 공공사업을 진행해야 한다.

17 친구관계를 유지하는 바람직하지 않은 자세는?

① 신의(믿음)을 지키며 우정을 형성한다.
② 상호 간의 차이를 인정하는 관용의 자세를 지닌다.
③ 선의의 경쟁보다는 정당하지 않은 방법을 사용하여 결과만을 추구한다.
④ 친구의 잘못에 대해 진심을 담아 충고한다.

정답 | ③

해 설
친구 관계를 유지하는데 있어서 정당하지 않은 방법을 사용하는 것은 바람직하지 않다. 또한 지나치게 결과만을 추구하는 행위도 경계해야 한다.

18 다음의 내용에서 A에게 가장 필요한 자세로 알맞은 것은?

> A는 만날 때마다 B에게 뚱뚱하다고 놀린다. B는 뚱뚱한 것도 속상한데 그런 말을 하는 A가 밉다.

① 적대와 무관심 ② 편견과 선입견
③ 양보와 타협 ④ 대화와 반성

정답 | ④

해 설

A는 B와의 진솔한 대화를 통해 B의 입장을 이해하고 자신의 잘못된 행동을 반성해야 한다.

TIP

바람직한 친구관계 형성을 위한 태도

- 상호 예의 지키기
- 편견과 선입견의 극복
- 관용의 자세
- 역지사지의 자세
- 진솔한 대화와 반성

19 청소년기 이성 교제의 장점이 아닌 것은?

① 성 역할에 대한 고정관념을 유지할 수 있다.
② 바람직한 이성관 형성에 도움을 준다.
③ 만남을 통해 삶의 활력과 즐거움을 누린다.
④ 장래 배우자 선택을 위한 안목을 키울 수 있다.

정답 | ①

해 설

이성 교제를 함으로써 오히려 성 역할에 대한 고정관념을 깨뜨리고 바람직한 성 역할을 이해할 수 있다.

TIP

이성 교제의 장점과 단점

- 장점
  - 자신의 모습을 돌아보고 이해하는 자아 성찰을 할 수 있게 한다.
  - 사랑의 본질을 알게 하고 기쁨을 주며, 감성이 풍부해지고 자신감과 안정감을 갖게 한다.
  - 이성에 대한 비현실적인 생각에서 벗어나게 해준다.
  - 이성 교제를 통해 남녀가 어울려 지내는 방법을 배우게 되며, 남녀의 역할과 기능에 대해서도 알게 된다.
- 단점
  - 이성 교제에 지나치게 몰두한 나머지 청소년기에 꼭 해야 할 학업이나 장래를 위한 준비에 소홀하기도 한다.
  - 일시적인 성적 충동이나 유혹에 빠져 그릇된 성적 행동을 하기도 한다.
  - 이성의 특수성을 잘 이해하지 못하여 갈등이 생기기도 한다.

20 다음에서 설명하는 사이버 공간의 특성은?

> 일정한 자격과 권한이 있는 사람은 누구든지 원하는 정보를 검색할 수 있다.

① 익명성 ② 개방성
③ 다양성 ④ 효율성

정답 | ②

해 설

사이버 공간에서 일정한 자격을 갖고 있는 사람 누구든지 원하는 정보를 검색할 수 있는 특성은 개방성이다.

① **익명성** : 자신을 감출 수 있으며, 상대방이 누구인지도 알지 못함

21 사이버 공간에서 지켜야 할 '네티켓'에 대한 설명으로 옳지 않은 것은?

① 게시판에 글을 쓸 때는 내용을 이해하기 쉽고 간단명료하게 작성한다.
② 공공시설의 컴퓨터를 사용할 때는 기본설정을 바꾸거나 기기를 파손하지 않도록 한다.
③ 음란물이나 폭력물 공유 및 판매를 금지한다.
④ 인터넷 게임을 즐기는 사람끼리는 함부로 말을 하고, 자기 자신의 감정을 가장 중요시 여기도록 한다.

정답 | ④

해 설
네티켓(Netiquette)은 네트워크(Network)와 에티켓(Etiquette)의 합성어로, 인터넷 공간에서 지켜야 할 예의범절이다. 사이버 공간 역시 현실의 공간과 마찬가지로 인간과 인간의 만남이 이루어지는 사회적인 공간이므로 자신의 감정을 앞세워 함부로 말하지 않고 상대방을 존중하는 태도가 필요하다.

22 다음에 나타난 현대 사회의 문제점은?

- 타인의 개인 정보를 허락 없이 공개하는 행위
- 타인의 일상을 몰래 촬영하여 인터넷에 유포하는 행위

① 약물 중독　② 역사 왜곡
③ 자원 고갈　④ 사생활 침해

정답 | ④

해 설
정보화 사회가 되며 이런 사생활 침해 문제가 사회 문제로 인식되고 있는데, 개인의 정보를 허락 없이 공개하거나 인터넷에 유포하는 행위는 사생활 침해에 해당한다.

23 다음의 내용과 관계 깊은 상부상조의 전통에 해당하는 것은?

유교적인 예속을 보급하고, 농민들의 공동체적 결속을 목적으로 한 양반들이 만든 조선시대 향촌사회의 자치 규약

① 향약　② 계
③ 두레　④ 품앗이

정답 | ①

해 설
주어진 제시문은 상부상조의 전통 중 향약에 대한 설명이다. 향약은 상부상조와 권선징악을 목적으로 한 양반들이 만든 자치규약을 말한다.
② **계** : 예로부터 내려오는 독특한 민간 협동 자치 단체로, 친목과 공제를 목적으로 하고 있지만 도로보수나 서당운영 등 마을 전체를 위한 공공사업도 시행한다.
③ **두레** : 농번기에 일손을 돕기 위해 조직된 민간 협동 조직체제로, 농사일에 많은 일손이 필요할 때 한 집에서 한 사람씩 동원되었다.
④ **품앗이** : 일손이 모자랄 때 이웃 간에 서로 도와가며 일을 해주고 일로서 갚은 노동 교환을 내용으로 하는 공동 작업을 말한다.

24 인간 존중을 실천할 수 있는 사고방식으로 옳지 않은 것은?

① 모든 사람은 평등하다.
② 사람은 인종, 언어 등의 조건으로 차별을 받아서는 안 된다.
③ 나의 권리만큼 다른 사람의 권리도 소중하다.
④ 우리 민족이 가지고 있는 권리가 가장 중요하다.

정답 | ④

해설
우리 민족의 권리가 가장 중요하다는 사고방식은 인간 존중을 해칠 수 있다.

25 다음 중 봉사 활동의 특성으로 옳은 것만을 〈보기〉에서 모두 고른 것은?

〈보기〉

ㄱ. 마음속으로 대가를 바라면서 봉사활동을 해야 한다.
ㄴ. 한결같은 마음으로 지속적으로 실천하는 것이 중요하다.
ㄷ. 스스로 다른 사람을 돕고자 하는 마음에서 나오는 행위이다.

① ㄱ, ㄴ　② ㄴ, ㄷ
③ ㄱ, ㄷ　④ ㄱ, ㄴ, ㄷ

정답 | ②

해설
봉사활동은 타인 또는 사회를 위해 노력하는 행동으로서 대가를 바라지 않는 순수한 실천 행위이다. 또한 한결같은 마음으로 지속적인 실천을 하며, 스스로가 다른 사람을 돕고자 하는 마음에서 나오는 행위이다.

26 다음 중 타인 존중을 실천한 자세로 가장 적절한 것은?

① 상대방이 나와 가치관이 다르다면 배척하는 태도를 취한다.
② 내 의견은 항상 올바르다고 생각하고 타인의 의견은 무시한다.
③ 상대방에 대한 존중 없이도 자신은 존중받을 수 있다는 자세가 필요하다.
④ 다른 사람의 어려움을 외면하지 않고 공감하고 이해해준다.

정답 | ④

해설
타인 존중이란 다른 사람의 가치관과 개성, 생활습관, 이해관계 등을 인정하고 그들의 생각과 감정을 이해하며, 또한 다른 사람이 어려움을 겪을 때 이를 외면하지 않는 것이다.

27 다음 중 인권에 대한 설명으로 적절하지 않은 것은?

① 인간다운 삶을 위해 보장되어야 하는 기본적 권리이다.
② 인종, 신분, 성별, 종교, 이념, 재산 등에 관계없이 누구나 동등하게 누릴 수 있다.
③ 태어난 이후 출생신고를 해야 비로소 생기는 권리이다.
④ 국가는 인권을 보장할 의무가 있다.

정답 | ③

해 설
인권은 인간다운 삶을 위해 보장되어야 하는 기본적 권리로, 태어나면서 자연적으로 갖게 되는 권리이다. 따라서 출생신고를 해야지만 생기는 권리라는 설명은 잘못되었다.

28 다음 ( ) 안에 들어갈 말로 적절한 것은?

> ( )이란 남성과 여성이 각자의 성에 따라 사회가 바라는 기대에 맞추어 행동하는 것을 말한다. 예를 들어 "여자는 얌전해야 하고 남자는 씩씩해야 한다."는 어른들의 기대에 맞춰 행동한다면, 이는 ( )에 따라서 기대되는 행동을 한다고 할 수 있다.

① 가부장제　② 고정관념
③ 성 역할　④ 양성평등

정답 | ③

해 설
제시된 글은 성 역할에 대한 내용으로 고정관념이란 그 사람의 마음속에서 늘 자리하여 잘 변하지 않는 확고한 의식이나 생각을 말한다.

29 다음 글이 의미하는 것은 무엇인가?

> 미국의 인류학자인 마거릿 미드는 유기니아의 세 원시 부족의 모습을 연구하였다. 연구 결과에 따르면 챔블리 족 여자들은 지배적이고 공격적이어서 주로 경제 활동을 하고, 남자들은 수동적이고 예술적이어서 몸치장을 하거나 이야기 나누는 것을 좋아한다고 한다. 이에 비해 아라페시 족은 남녀의 기질에 차이가 거의 없고, 남녀 모두 온화하고 협조적인 성격을 가지고 있으며, 서로 가정적이기를 기대한다는 것이다.

① 남자는 여자를 보호하기 위해 노력한다.
② 여자와 남자의 신체적 특징이 다름을 인정한다.
③ 성 역할이나 성 고정 관념은 처음부터 정해져 있는 것이 아니다.
④ 다른 사람의 삶의 모습을 이해하려고 노력한다.

정답 | ③

해 설
마거릿 미드의 연구 결과를 통해 성 역할이나 성 고정 관념은 처음부터 정해져 있는 것이 아니라 시대나 장소에 따라 변화되는 것임을 알 수 있다. 그러므로 어느 한쪽의 성이 다른 성보다 선천적으로 우월하다거나 열등하기 때문에 성 역할을 나누거나 고정화하는 것은 설득력이 약하다.

30 다음 중 성차별 사례로 볼 수 없는 것은?

① 남자는 간호사나 유치원 선생님을 지원하는 데 한계가 있다.
② 여자들에게 남자 화장실 사용을 제한한다.
③ 여자는 사관학교에 갈 수 없다.
④ 학급 임원에서 회장은 남학생을 부회장은 여학생을 선출한다.

정답 | ②

해 설
성차별은 남성 혹은 여성에 대한 고정적인 생각 때문에 여성 혹은 남성에게 불이익을 주는 행동을 말한다. 따라서 ②는 성차별의 사례로 볼 수 없다.

31 양성평등에 대한 설명으로 가장 거리가 먼 것은?

① 남녀의 생물학적 차이를 인정하지 않는다.
② 인간의 존엄성이라는 측면에서 남녀가 서로 평등하다는 의미이다.
③ 성이 다르다는 이유로 개인이 가진 잠재력을 발휘할 수 있는 기회를 박탈하지 않는다.
④ 성에 근거하여 법률적, 사회적으로 차별하지 않는다.

정답 | ①

해 설
양성평등은 남녀의 신체적인 차이는 인정하되, 인간의 존엄성이라는 측면에서 서로 평등하다는 것을 의미한다.

TIP
양성평등 실현을 위한 노력
• 성역할 고정관념 극복
• 성차별 문화 개선
• 잘못된 사회 구조 및 제도 개선

32 다음과 같은 생각을 가진 사람에게 필요한 것은?

> 며칠 전 인도 사람과 같이 식사를 하였습니다. 인도 사람이 손으로 식사를 한다는 것을 알고 있었지만, 막상 식사를 해보니 매우 비위생적으로 느껴졌습니다.

① 문화 절대주의 ② 문화 사대주의
③ 문화 상대주의 ④ 자문화 중심주의

정답 | ③

해 설
제시문에서 갖고 있는 문화 인식 태도는 자기의 문화가 다른 문화보다 우월하다고 믿고, 자기 문화의 기준에 따라 다른 문화를 평가하는 자문화 중심주의이므로 문화의 다양성을 인정하는 문화 상대주의적 태도가 필요하다.

33 다음과 같은 문화가 형성된 배경으로 옳은 것은?

> 티베트의 사람들은 사람이 죽으면 시체를 새가 먹게 산에 던진다. 티베트는 나무가 없어서 화장도 불가능하고, 물이 없어서 수장도 불가능하다. 그리고 추워서 땅을 파기가 불가능하다. 조장은 티베트 사람들이 시체를 처리할 수 있는 최상의 방법이다.

① 언어와 종교 ② 자연 환경
③ 역사적 배경 ④ 정치와 경제

정답 | ②

해 설
티베트의 조장은 장례를 치르기 어려운 자연환경에 의하여 생겨난 풍습이다.

34 남한과 북한이 상생을 이루기 위한 바람직한 노력의 자세를 모두 고르면?

> ㄱ. 남북 경제 협력 ㄴ. 남북의 군비 증강
> ㄷ. 지속적인 남북 대화 ㄹ. 남북 상호 간의 비난

① ㄱ, ㄴ ② ㄱ, ㄷ
③ ㄴ, ㄷ ④ ㄷ, ㄹ

정답 | ②

해 설
남북의 군비 증강과 상호 간의 비난은 남북 관계를 악화시킨다.

35 다음 ( ) 안에 들어갈 말로 적절한 것은?

> ( )은/는 통일을 달성하는 과정에서 필요한 유·무형의 비용을 말한다. 이러한 예로는 남북한 사회 제도의 통합 비용, 경제 재건 비용 등이 있다.

① 평화 비용 ② 분단 비용
③ 기회 비용 ④ 통일 비용

정답 | ④

해 설
보기 글은 통일 비용에 대한 내용이다. 분단 비용은 남북한 사이의 대결과 갈등으로 지출되는 비용으로 통일을 달성하는 과정에서 필요한 통일 비용과는 다르다.

36 남북한이 상생의 공동체를 이루기 위하여 노력해야 할 것으로 옳지 않은 것은?

① 정기적으로 이산가족 상봉을 한다.
② 북한의 핵문제를 해결하기 위해 협상한다.
③ 빠른 속도로 경제 협력이 이루어지도록 한다.
④ 남북한의 대화를 위해 꾸준히 노력한다.

정답 | ③

해설
남북 경제 공동체 형성을 위한 방향으로 발전해 나가기 위해서 쌍방향적이고 상호 보완적인 방법으로 경제 협력이 이루어져야 하므로 빠른 속도로 경제 협력을 하는 것은 옳지 않다.

37 다음 글에서 알 수 있는 인간의 특성은?

> 어느 인디언 부족 아이가 있었다. 어느 날 이 아이는 '지금 짜고 있는 양탄자가 완성될 즈음이면 땅의 어머니에게로 돌아가게 될 것'이라는 할머니의 말을 듣고, 아이는 할머니의 죽음을 막기 위해 양탄자를 짜지 못하게 풀었다. 아이를 안타깝게 여긴 할머니는 아이에게 "해는 뜨고 진다. 선인장은 영원히 활짝 필 수 없다."라고 말씀하셨다.

① 인간은 무한한 능력을 가진 존재이다.
② 인간은 한계를 극복해 나가는 존재이다.
③ 인간은 시간적 제약을 받는 존재이다.
④ 인간은 할 수 있는 것이 아무 것도 없다.

정답 | ③

해설
뒷부분에 있는 할머니의 말에서 인간이 시간적 제약을 받는 존재임을 알 수 있다.

38 죽음을 맞이하는 태도로 옳지 않은 것은?

① 자신의 삶을 돌아보고 정리한다.
② 죽음을 원망하며 비관한다.
③ 주위의 사람들에게 감사의 말을 전한다.
④ 자신의 죽음 뒤에 남을 가족들에게 축복을 보낸다.

정답 | ②

해설
자신의 죽음을 원망하며 비관하기보다는 죽음을 겸허히 받아들이고 자신의 삶을 돌아보는 것이 죽음을 맞이하는 태도로 적절하다.

39 다음과 관련 있는 과학 기술의 특징은?

> 정보 통신 기술의 발달로 전 세계에서 일어나는 일들을 실시간으로 확인할 수 있게 되었다. 하지만 국가나 기업이 이런 정보를 활용하여 개인을 감시할 수 있다.

① 과학 기술 발달은 우리 인류의 삶을 풍요롭게 한다.
② 과학 기술 발달로 인해 발생하는 부작용은 국가의 책임이다.
③ 과학 기술 발달은 긍정적 측면, 부정적 측면을 모두 지니고 있다.
④ 과학 기술 발달로 삶에 끼치는 부정적 측면은 점점 사라질 것이다.

정답 | ③

해 설
과학 기술의 발달로 인류의 삶이 풍요로워졌지만 여러 윤리적 · 환경적 문제가 일어날 가능성도 높아지고 있다. 따라서 과학 기술 발달은 긍정적 측면과 부정적 측면을 모두 지니고 있다고 볼 수 있다.

40 과학 기술이 나아가야 할 방향으로 옳지 않은 것은?

① 미래 세대의 권리와 자연에 대한 책임을 고려하는 방향이어야 한다.
② 과학 기술의 혜택은 특정 인류만 누릴 수 있게 해야 한다.
③ 과학기술의 발달이 인간의 존엄성을 해치지 않아야 한다.
④ 민주주의 실현에 도움이 되는 방향이어야 한다.

정답 | ②

해 설
과학기술의 발달에 따른 혜택을 일부 부유층이나 특정인이 독점하는 것은 바람직하지 않다.

41 다양한 종교를 이해하는 데 필요한 자세로 옳지 않은 것은?

① 다른 종교의 장점도 수용하고 포용할 수 있어야 한다.
② 타종교가 가지고 있는 역사적 배경에 대하여 알려고 노력해야 한다.
③ 다른 종교의 고유한 특성을 인정한다.
④ '이것만이 진리'라고 믿는 태도를 가져야 한다.

정답 | ④

해 설
다양한 종교를 이해하기 위해서는 이것만이 진리라고 믿는 태도를 버려야 한다. 즉 개방성을 가지고 상대 종교의 장점을 받아들여야 한다.

42 종교의 가치에 대한 설명으로 가장 거리가 먼 것은?

① 인간의 삶을 성찰하게 한다.

② 죽음에 대한 두려움을 극복할 수 있다.

③ 현실의 삶에서 중요하게 여기는 부, 권력, 명예 등을 이루기 위한 답을 제시한다.

④ 자신뿐만 아니라 이웃의 삶을 돌봐야 한다는 가르침을 준다.

정답 | ③

해 설

종교는 사람이 자신의 유한성을 인식하고, 죽음을 넘어 자신의 삶을 가치 있게 만들도록 노력하는 데 큰 역할을 하므로 현실의 삶에서 중요하게 여기는 부, 권력, 명예 등을 이루기 위한 답을 제시한다는 것과는 거리가 멀다.

43 다음에서 세계평화를 위협하는 원인으로 볼 수 있는 것은?

ㄱ. 종교적 박해	ㄴ. 민주화
ㄷ. 빈곤	ㄹ. 부정부패

① ㄴ, ㄷ　　② ㄱ, ㄹ

③ ㄱ, ㄴ, ㄹ　　④ ㄱ, ㄷ, ㄹ

정답 | ④

해 설

세계평화를 위협하는 원인으로는 정치적 탄압, 종교적 박해, 빈곤, 부정부패가 있다.

TIP

세계평화의 위협 요인

전쟁, 빈곤과 기아, 환경 파괴, 정치적 탄압과 부패, 종교적 박해

44 다음과 같은 현상을 일컫는 용어는?

> 사람의 품성이나 능력보다도 그 사람이 지닌 외모가 중요한 평가의 대상이 되고 있다. 작고 예쁜 얼굴에 날씬한 몸매를 지닌 사람은 주목을 받을 뿐만 아니라 취업, 면접, 결혼과 같은 상황에서 남보다 좋은 평가를 받지만 능력이 있어도 외모가 훌륭하지 못하면 제대로 된 평가를 받지 못한다.

① 무한 이기주의　　② 물질 만능주의

③ 인간 중심주의　　④ 외모 지상주의

정답 | ④

해 설

외모 지상주의는 외모가 개인 간의 우열뿐 아니라 인생의 성패까지 좌우한다고 믿어 외모에 지나치게 집착하는 경향 또는 그러한 사회 풍조를 말한다.

45 다음에서 설명하는 현상은?

경제적, 물질적 가치만을 중시하여 인간이 가져야 할 본연의 가치를 상실하고, 물질적 요소로만 인간을 판단하는 풍조를 일컫는 말.

① 물질만능주의 ② 외모지상주의
③ 학벌중심주의 ④ 생명경시풍조

정답 | ①

해 설
주어진 제시문에서 설명하는 현상은 물질만능주의이다. 물질만능주의는 돈을 가장 소중한 것으로 여겨 지나치게 돈에 집착하는 태도이다.
② **외모지상주의** : 외모를 중심에 두는 사고방식
③ **학벌중심주의** : 학벌을 중심으로 판단하는 태도
④ **생명경시풍조** : 생명을 가볍게 여기는 태도

46 다음에서 설명하는 것은?

- 성품과 행실이 맑으며 지나친 욕심이 없는 것을 뜻함.
- 부정부패를 멀리 해야 하는 공직자에게 강조되는 덕목임.

① 관용 ② 이성
③ 친절 ④ 청렴

정답 | ④

해 설
청렴은 성품과 행실이 높고 맑으며 탐욕이 없는 것으로, 공직자는 청렴결백한 자세로 부정부패를 멀리해야 한다.

TIP
청렴
부끄러움이 없는 깨끗한 마음씨를 가지고 직분을 다하는 것, 공직자의 자세

47 다음 글과 관련이 깊은 한국적 미의 특징은?

우리 조상들은 한옥을 지을 때 뒷산의 능선을 보고 지붕의 곡선을 정하였다. 그리고 원래 휘어져 있는 목재를 그대로 사용하였다.

① 해학미 ② 현란한 기교
③ 자연과의 조화 ④ 인위적인 아름다움

정답 | ③

해 설
'뒷산의 능선을 보고 지붕의 곡선을 정하였다'는 것으로 보아 자연의 조화를 중요시했음을 알 수 있으며 '목재를 그대로 사용'하여 자연스러운 아름다움을 강조하였음을 추측해 볼 수 있다.

48 **재난에 대한 설명으로 옳은 것은?**

① 어느 한 나라의 재난은 다른 나라에 많은 영향을 준다.
② 재난은 후진국에서만 일어난다.
③ 과학 기술의 발달로 모든 재난을 예측할 수 있다.
④ 각 나라의 재난은 각자의 힘으로 해결해야 한다.

정답 | ①

해 설
인간의 힘으로는 해결할 수 없는 자연 재해로 인한 피해규모가 크기 때문에 전 지구적 차원에서 협력의 중요성이 증가하고 있다.

49 **마음을 다스리는 방법으로 바르지 않은 것은?**

① 다른 사람을 존중하고 배려하며 살아야 한다.
② 자신의 욕망을 절제하고 인격을 수양해야 한다.
③ 자연과 조화를 이루며 순리에 따르는 삶을 살아야 한다.
④ 평소 평상심을 유지하기보다는 감정적으로 행동하여야 한다.

정답 | ④

해 설
인간다운 삶을 살기 위해서는 본능적인 욕망을 절제하고 정신적인 가치를 추구해야 하고, 자연과 조화를 이루어 순리에 따르는 삶을 살아야 하며 다른 사람의 입장을 존중하고 배려하며 감정적으로 행동하지 않고 평상심을 유지하는 등 마음을 다스려야 한다.

50 **다음에서 설명하는 이상사회로 적절한 것은?**

> 이성과 지혜를 갖춘 철인이 통치하는 나라로, 통치자의 지혜와 이성, 수호자의 용기, 생산자의 절제가 갖춰진 이상사회

① 대동사회(大同社會)
② 소국과민(小國寡民)
③ 플라톤의 철인 국가
④ 토머스 모어의 유토피아

정답 | ③

해 설
① 대동사회는 공자가 주장한 이상사회로 모두가 화합하고 더불어 살 수 있는 조화로운 사회를 주장했다.
② 소국과민은 노자가 주장한 이상사회로 작은 땅에 백성들이 자연의 질서에 순응하며 살아가는 사회를 주장했다.
④ 토마스 모어는 유토피아란 모두가 존엄하고 소유와 생산이 평등하며, 적당한 노동과 충분한 여가를 즐기며, 경제적으로 풍요로우나 검소하게 사는 사회임을 주장했다.

도덕 | 응용문제

01 욕구와 당위에 대한 설명으로 옳은 것은?

① 욕구와 당위는 일치할 수 없다.
② 욕구와 당위는 항상 대립하는 것이다.
③ 욕구를 추구하는 것은 부자연스러운 일이다.
④ 욕구를 지나치게 추구하면 잘못된 선택과 행동을 할 수 있다.

정답 | ④

해 설
욕구를 지나치게 추구하면 잘못된 선택과 행동을 할 수 있으므로 보다 행복한 삶을 영위하기 위해서는 욕구를 추구하면서 억제하고 스스로 절제할 수 있어야 한다.

02 욕구충족과 도덕적 의무에 대한 설명 중 바르지 않은 것은?

① 도덕적 의무를 따르면 동물는 다른 인간다움을 유지하고 평화로운 사회를 형성할 수 있다.
② 도덕적 의무를 따르기 위해서는 모든 욕구가 무시되어야 한다.
③ 사회적 제도나 분위기도 욕구 충족과 도덕적 의무의 갈등에 영향을 끼친다.
④ 도덕적 의무와 욕구를 조화시키기 위해서는 이성적 판단과 의지를 통한 꾸준한 연습이 필요하다.

정답 | ②

해 설
욕구의 충족은 인간의 생존과 행복을 위한 기본적인 조건이므로 무시할 수 없다.

03 다음 중 도덕과 예절에 대한 설명으로 옳지 않은 것은?

① 도덕은 자율적 규범이다.
② 예절의 기준은 양심이다.
③ 도덕은 착하고 바른 삶을 살아가는 것을 목적으로 한다.
④ 예절은 원만한 인간관계를 유지하기 위한 행위이다.

정답 | ②

해 설
예절의 판단 기준은 관습이다.

04 다음 빈칸에 들어갈 말을 순서대로 바르게 짝지은 것은?

> • (　　)을 어기면 양심의 가책을 받는다.
> • (　　)을 어기면 강제적인 처벌을 받는다.

① 관습 – 법　② 도덕 – 법
③ 예절 – 도덕　④ 법 – 예절

정답 | ②

해 설
도덕은 개인의 양심에 따른 삶의 규범이므로 판단 기준이 양심이고, 법은 피해 방지를 위해 준수하도록 규제하는 규범으로 판단 기준이 법이다.

05 다음의 밑줄 친 '이것'이 가리키는 바로 적절한 것은?

> 이것은 마음의 명령으로서 우리가 바람직한 행동을 하도록 이끌어 주며, 그렇지 못했을 때에는 죄책감과 부끄러움을 느끼도록 한다.

① 법　② 도덕
③ 양심　④ 관습

정답 | ③

해 설
양심은 자기 행위의 옳고 그름, 선악을 분별하는 마음의 명령으로, 도덕적 판단의 기준이 되며, 도덕적으로 올바른 행동을 하도록 돕는다.

06 다음 중 삶의 목적에 대한 설명으로 옳지 않은 것은?

① 개인이 소중하게 생각하는 가치가 반영되어 있다.
② 인생을 살아가면서 실현하고자 하는 일을 의미한다.
③ 삶의 목적이 뚜렷할 때 인생을 계획적으로 살게 된다.
④ 세월이 가면서 자연스럽게 이루어지는 인생목표이다.

정답 | ④

해 설
삶의 목적은 이루고자 하는 일이나 삶의 방향을 뜻하며 개인이 추구하는 가치가 반영되어 있다. 따라서 삶의 목적은 저절로 이루어지는 것이 아니라, 끊임없는 노력을 통하여 이루어야 한다.

07 다음 중 밑줄 친 '이것'에 해당하는 것으로 알맞은 것은?

> 인간은 불완전한 존재이기 때문에 누구나 잘못을 하기 마련이다. 따라서 같은 잘못을 되풀이하지 않기 위해 끊임없이 이것을 해야 한다. 매일 이것을 함으로써 도덕적 인간으로 나아갈 수 있다.

① 도덕적 실천　　② 도덕적 판단
③ 도덕적 성찰　　④ 도덕적 의지

정답 | ③

해 설
도덕적 성찰은 자신의 삶을 객관적으로 깊이 살펴보고 도덕적 관점에서 반성하며, 바람직한 삶을 위한 방안을 모색하는 것이다.

08 다음 중 신념에 대한 설명으로 옳지 않은 것은?

① 올바른 신념은 정신적 가치보다는 물질적인 가치를 중요하게 여겨야한다.
② 어떤 신념을 갖느냐에 따라 개개인의 삶이 결정된다.
③ 신념이란 사람들이 스스로 옳다고 굳게 믿고 삶의 기준으로 삼는 것이다.
④ 인생의 좌우명에는 그 사람의 신념이 담겨 있다.

정답 | ①

해 설
신념이란 사람들이 스스로 옳다고 굳게 믿고 삶의 기준으로 삼는 것으로, 어떤 일에 대한 확고한 믿음이나 생각을 의미하며 올바른 신념은 다른 사람과 더불어 사는 삶을 중시하며 긍정적인 생각을 담고 있어야 하고 물질적 가치뿐만 아니라 정신적 가치도 소중히 여겨야 한다.

09 다음에서 설명하는 인간의 특성으로 옳은 것은?

> 인간은 혼자서는 절대로 살 수 없으므로, 다른 사람들과 함께 살아가기 위해서 언어, 지식, 생활 습관, 가치관 등을 배운다.

① 사회적 존재　　② 도구적 존재
③ 윤리적 존재　　④ 이성적 존재

정답 | ①

해 설
인간은 혼자서 살아갈 수 없기 때문에 다른 사람들과 함께 살아가기 위해 사회 속에서 언어, 지식, 생활 습관, 가치관 등을 배우는 사회적 존재이다.

10 **다음 중 사람이 태어난 후 다양한 경험을 통해 양심이 만들어진다고 주장하는 학설을 가리키는 말로 옳은 것은?**

① 성악설 ② 선천설
③ 성선설 ④ 생득설

정답 | ①

해 설
양심은 사람이 태어난 후에 다양한 경험을 통해 만들어진다고 보는 입장은 후천설, 또는 성악설, 경험설이다.

TIP
양심의 형성

구분	선천설(성선설, 생득설)	후천설(성악설, 경험설)
의미	사람은 모두 태어나면서부터 양심을 지니고 있다.	양심은 사람이 태어난 후에 다양한 경험을 통해 만들어진다.
사상가	맹자, 루소	순자, 홉스
공통점	• 모든 인간에게는 양심이 존재하며 이러한 양심이 도덕적으로 옳고 그름을 구별해 주는 역할을 한다. • 양심을 가꾸기 위해 끊임없이 노력해야 함을 강조한다.	

11 **타율적인 사람의 특징으로 옳지 않은 것은?**

① 다른 사람의 강요나 억압적인 분위기에 따르는 사람
② 다른 사람의 의견을 무비판적으로 받아들이는 사람
③ 결정론적 가치관을 그대로 받아들이는 사람
④ 스스로 옳고 그름을 이성적으로 판단할 수 있는 사람

정답 | ④

해 설
타율이란 자신의 의사와 관계없이 외부의 압력에 따라 행동하는 것을 의미하므로, 스스로 옳고 그름을 이성적으로 판단할 수 있는 경우에는 타율이 나타나지 않는다.

12 **다음 중 도덕적 자율성에 대한 설명으로 옳지 않은 것은?**

① 선의지에 따른 도덕적 실천이어야 한다.
② 자신의 행동이 자기 자신에게 미치는 영향을 고려하여 행동한다.
③ 자기 스스로 정한 도덕 원칙을 적극적으로 실천한다.
④ 이성에 따른 합리적 사고를 하고 올바른 판단을 내려야 한다.

정답 | ②

해 설
도덕적 자율성은 자신의 행동이 상대방에게 미치는 영향을 고려하여 행동하는 것이다.
① 선의지는 사람으로 하여금 도덕적인 행동을 적극적으로 실천할 수 있게 도와준다.
③ 자기 스스로 정한 도덕원칙을 적극적으로 실천해야 한다.

13 다음에서 설명하는 것으로 가장 적절한 것은?

- 도덕적이라고 여기는 자기 자신을 의미한다.
- 자신이 가지고 있는 도덕적 힘에 대한 신뢰를 바탕으로 형성된다.
- 도덕적 가치와 기준에 따라 행동하도록 해준다.

① 도덕적 지혜　② 도덕적 판단
③ 도덕적 감정　④ 도덕적 자아

정답 | ④

해 설
도덕적 자아란 도덕적이라고 여기는 자기 자신의 모습으로, 내면의 도덕적 힘에 대한 신뢰를 바탕으로 형성되며 도덕적 가치와 기준에 따라 행동하도록 한다.

14 자아 정체성을 올바르게 형성한 사람의 특징은?

① 자신의 문제를 스스로 해결한다.
② 주어진 일을 수동적으로 해결한다.
③ 어려운 일이 생기면 쉽게 포기한다.
④ 자신의 이익 중심으로 생각하고 행동한다.

정답 | ①

해 설
자아 정체성이란 개인이 자신의 모습에 대해 갖는 생각이다. 자아 정체성이 바르게 형성된 사람은 자신의 참된 모습을 알고, 자신의 목표와 가치관 등을 명확히 하게 된다. 또한 자신의 문제를 스스로 해결하고, 주어진 일에 능동적으로 참여하며, 어려움이 있어도 자신이 추구하는 목표를 이루기 위해 끊임없이 노력한다.

15 자아존중감이 낮은 사람의 특징으로 옳은 것은?

① 동기부여, 방향제시에 도움을 준다.
② 자신감이 높고 표현 능력이 강하다.
③ 스트레스에 대한 대처 능력이 약하다.
④ 자성 예언을 한다.

정답 | ③

해 설
자아존중감이 낮은 사람은 스트레스에 대한 대처능력이 약하고 대인관계나 자아실현에 어려움을 겪는다.

16 일에 관한 설명으로 옳지 않은 것은?

① 여가활동과 구별된다.
② 공동체적 활동이 아닌 개인적 활동이다.
③ 자아를 실현할 수 있다.
④ 자신과 가족의 생계를 유지한다.

정답 | ②

해 설
일은 개인적 활동이지만 동시에 공동체적 활동이기도 하다.

TIP
일의 기능
- 개인적 측면
  - 필요한 재화 획득을 통한 생계유지
  - 자신의 능력 확인 및 가능성 발휘
  - 보람과 성취감 획득 및 자아실현
- 사회적 측면
  - 사회적 역할 수행, 봉사활동 등을 통한 사회 참여, 문화의 전수
  - 사회구성원으로서의 역할 수행, 소속감 형성
  - 사회의 유지 · 발전에 기여

17 다음 글에서 알 수 있는 일의 목적으로 가장 적절한 것은?

> 농부는 농부로서, 공무원은 공무원으로서, 과학자는 과학자로서 각자의 자리에서 주어진 일을 충실히 해 나갈 때 사회가 유지되고 발전할 수 있다.

① 문명과 문화를 형성하고 발전시킨다.
② 생계와 의식주를 해결한다.
③ 사회 구성원으로서의 역할을 한다.
④ 자신의 능력을 발휘하고 자아를 실현한다.

정답 | ③

해설
일은 사회 구성원으로서의 역할을 하며 소속감을 형성하게 한다. 각자의 자리에서 사회 구성원으로서의 역할과 책임을 다 할 때 사회가 유지되고 발전할 수 있다.

18 밑줄 친 내용에 대한 의미로 가장 적절한 것은?

> 나무를 키우는 정원사가 더 건강한 나무를 키우기 위해 가지치기를 하듯, <u>부모가 자식에게 베푸는 자애는 엄격한 모습으로 표현되기도 한다.</u>

① 자애는 본능에서 비롯된 것이다.
② 자애는 부모가 무조건적으로 희생하는 것이다.
③ 자애는 자식의 개성과 사생활을 존중하지 않는 것이다.
④ 자애는 자식의 잘못을 바로잡고 올바른 길로 인도하는 것이다.

정답 | ④

해설
자애는 항상 온화한 모습으로만 나타나는 것이 아니라 때로는 엄격한 모습으로 표현되기도 한다. 이것은 자식의 잘못을 바로잡고 올바른 길로 인도하기 위해 자식을 꾸짖는 것이다.

19 일의 목적과 의의로 옳지 <u>않은</u> 것은?

① 물질적 필요를 충족시킨다.
② 사회의 유지와 발전에 기여한다.
③ 잠재적 가능성을 발휘하여 자아를 실현한다.
④ 높은 사회적 지위를 얻을 수 있다.

정답 | ④

해설
일의 목적과 의의에는 자아실현, 생계유지, 사회 유지와 발전에 기여, 타인과의 교류를 통한 소속감 형성, 사회 참여의 기회 등이 있다.

20 **진로를 선택할 때 고려해야 하는 것으로 옳지 않은 것은?**

① 내면적 가치보다는 외면적 가치를 존중해야 한다.

② 장기적인 안목을 바탕으로 선택해야 한다.

③ 자신의 흥미와 적성을 고려해야 한다.

④ 결정하면 바꾸기 어렵기 때문에 주체적인 결정이 필요하다.

정답 | ①

해 설

진로를 선택할 때에는 외면적 가치보다는 내면적 가치에 우선한 결정이 필요하다.

TIP

진로 선택 시 고려해야 할 사항

- 자신의 흥미, 적성, 능력, 가치관 등을 고려하여 선택한다.
- 한번 결정하면 바꾸기 어렵고 큰 영향을 주기 때문에 주체적인 결정이 필요하다.
- 다양한 진로 정보를 수집, 분석 및 활용한다.
- 외면적 가치보다는 내면적 가치를 우선해야 한다.
- 장기적 안목을 바탕으로 진로를 선택한다.

21 **바람직한 부모와 자녀 관계에 대한 설명으로 옳지 않은 것은?**

① 부모는 올바른 태도로 자녀에게 모범을 보인다.

② 부모는 자녀가 어떠한 잘못을 해도 사랑으로 감싸고 이해한다.

③ 자녀는 부모의 권위를 존중하고 부모의 마음을 이해한다.

④ 자녀는 부모를 공경하고 물질적으로 봉양하는 효도를 실천한다.

정답 | ②

해 설

부모는 자녀가 잘못을 했을 경우, 사랑을 담아 엄격히 꾸짖어 고쳐야 한다. 어떠한 잘못을 해도 무조건적으로 감싸고 이해하는 것은 올바른 자애의 태도가 아니다.

22 **친구 간의 갈등을 해결하는 방법으로 옳지 않은 것은?**

① 친구의 입장을 고려한다.

② 가깝고 친한 친구에게는 기본적인 예절은 지키지 않는다.

③ 열린 마음을 가지고 진솔하게 대화한다.

④ 자신에게는 잘못이 없는지를 먼저 생각한다.

정답 | ②

해 설

친구와의 갈등을 해결하기 위해서는 친구의 입장을 고려하며 열린 마음을 가지고 진솔하게 대화하려는 자세가 필요하고 가깝고 친한 친구일수록 기본적인 예절을 지키려고 노력해야 한다.

23 **다음 중 학교 폭력 유형으로 옳지 않은 것은?**

① 금품 갈취　　② 집단 따돌림

③ 또래 상담　　④ 신체 폭력

정답 | ③

해 설

또래 상담이란 상담 훈련을 받은 또래 친구가 동등한 입장에서 친구의 어려움을 들어주고 함께 고민해 주는 것으로, 학교 폭력을 예방하고 해결할 수 있는 방안에 해당한다.

24 사이버 공간에서 지켜야 할 도덕적 책임이 아닌 것은?

① 나와 타인을 존중해야 한다.
② 자신의 행동에 대해서 책임을 져야 한다.
③ 현실 세계의 도덕을 그대로 적용해서는 안 된다.
④ 다른 사람에게 피해를 주어서는 안 된다.

정답 | ③

해설
사이버 공간에서도 현실 세계와 마찬가지로 나와 타인에 대한 존중, 정의 추구, 책임 있는 행동, 해악 금지 등과 같은 도덕적 태도를 지녀야 한다.

25 다음에서 설명하고 있는 사이버 공간의 특성으로 가장 적절한 것은?

> 현실에서는 얼굴을 마주 대하며 인간관계를 맺고 의사소통을 하지만, 사이버 공간에서는 자신의 모습을 드러내지 않을 수 있다. 이로 인해 현실에서는 자신을 드러내지 않았던 사람들이 자신의 주장을 당당하게 표현할 수 있게 되었다. 하지만 잘못된 언행을 해도 자신의 신분을 숨기고 책임을 회피할 수 있다는 점에서 문제가 되기도 한다.

① 자율성 ② 다양성
③ 개방성 ④ 익명성

정답 | ④

해설
사이버 공간에서 자신의 모습을 드러내지 않고 활동할 수 있는 특성을 익명성이라고 한다. 이는 자유로운 표현이 가능하다는 장점이 있지만, 책임을 회피할 수 있다는 단점도 있다.

26 다음의 상황에서 문제 해결을 위해 가장 필요한 자세는?

> 공동의 문제가 발생했을 때 모든 사람이 '누군가가 해결하겠지.'라는 생각으로 모르는 체 한다면, 문제는 결코 해결될 수 없다.

① 자발적 참여 ② 원활한 의사소통
③ 지역 이기주의 극복 ④ 배려와 존중

정답 | ①

해설
공동의 문제 해결을 위해서는 '나 하나쯤이야'라는 생각을 버리고 주인의식을 가지고 자발적으로 참여하려는 자세를 지녀야 한다.

27 비폭력으로 얻을 수 있는 결과로 옳지 않은 것은?

① 인간 존중을 실천할 수 있다.
② 개인의 마음에 평화가 생긴다.
③ 전쟁 준비를 위한 예산을 다른 분야에 효율적으로 사용할 수 있다.
④ 다음 다툼을 준비할 수 있는 여유가 생긴다.

정답 | ④

해 설
비폭력으로 얻고자 하는 것은 다음 다툼을 위한 준비가 아니라 평화이다.

28 다음 글이 의미하는 청소년 문화의 성격으로 가장 적절한 것은?

> 청소년 문화는 새롭고 독립적인 영역을 지니며, 성인문화와 대등한 또 하나의 영역을 형성하고 있다.

① 저항 문화 ② 대안 문화
③ 하위 문화 ④ 미성숙한 문화

정답 | ②

해 설
청소년 문화는 새롭고 독립적인 영역을 창출함으로써 기존 문화의 대안이 되기도 한다.

TIP
청소년 문화에 대한 시각
- **비행 문화** : 바람직하지 못한 일탈 문제를 초래함
- **저항 문화** : 기존의 질서와 문화적 틀을 깨뜨리려는 청소년의 욕구가 반영되어 있음
- **하위 문화** : 사회 전체 문화의 일부분에 불과함
- **대안 문화** : 새롭고 독립적인 영역을 지니며 기존의 잘못된 문화의 대안이 됨
- **미성숙한 문화** : 성인문화를 모방한 것에 불과함

29 다음 글과 관련된 주장으로 보기 어려운 것은?

> 인간은 누구나 소중한 존재이며, 다른 사람에게 존중받으며 살아갈 권리를 지닌다.

① 서로를 가엾게 여기고 사랑해야 한다.
② 내가 하기 싫은 일을 남에게 시키지 말아야 한다.
③ 인간을 하늘처럼 존엄하게 대우해야 한다.
④ 인간을 목적이 아닌 수단으로 대우해야 한다.

정답 | ④

해 설
제시된 내용은 인간의 존엄성에 대한 설명이다. 인간을 수단이 아닌 목적으로 대우할 때 인간의 존엄성이 실현될 수 있다.

30 인간 존중 실천의 태도로 옳지 않은 것은?

① 역지사지의 태도를 지닌다.
② 사회적 약자에게도 공정한 기회를 보장한다.
③ 불가피하게 가지게 된 조건으로 인한 차별은 받아들인다.
④ 최소한의 인간다운 생활을 위한 제도적 기반 마련에 힘쓴다.

정답 | ③

해 설
불가피하게 가지게 된 조건들로 차별 받는 사람들을 이해하고 배려하며 그들에게도 동등한 기회를 보장하는 것이 올바른 인간 존중 실천의 태도이다.

31 다음의 (   ) 안에 들어갈 말로 적절한 것은?

> (   )(이)란 여성과 남성에게 성별을 이유로 서로 다른 기회를 제공하거나 불이익을 주는 것을 말한다. 이는 조선시대에 여자아이보다 남자아이를 더 중요하게 생각하는 남아선호로 나타났다.

① 성 차이　② 성 차별
③ 고정 관념　④ 성 정체성

정답 | ②

해 설
제시된 글의 내용은 성 차별에 대하여 서술하고 있다. 성 차이란 남성과 여성의 신체적 · 심리적인 구별을 말한다.

32 다음과 같은 제도는 무엇인가?

> 우리나라에서는 사회적 약자를 배려하고 사회 통합과 지역 균형 발전에 이바지하기 위해 교육 여건이 열악한 지방 학생들에게 일정 비율의 입학 정원을 배정하여 대학 입학 기회를 제공하는 제도를 실시하고 있다.

① 여성 할당제　② 지역 할당제
③ 적극적 우대 조치　④ 장애인 고용 할당제

정답 | ②

해 설
농어촌 지역과 도시 지역의 균형 발전을 도모하고, 도시 지역에 비해 농어촌 지역이 교육 수혜나 사회 복지 체제가 미비한 데 대한 배려로 시행되는 입학제도이다.

33 여성의 자아실현을 돕는 방법으로 옳지 않은 것은?

① 탁아 시설을 확충한다.
② 육아 휴직 제도를 확대한다.
③ 결과의 평등을 보장한다.
④ 고용에서 남녀평등을 보장한다.

정답 | ③

해 설
사람마다 능력이나 노력 정도가 다르므로 모든 사람에게 결과의 평등을 보장하는 것은 옳지 않다.

34 다음 (　　) 안에 들어갈 말로 적절한 것은?

> (　　)은/는 충분한 능력을 갖춘 사람이 직장 내 성차별이나 인종 차별 등의 이유로 고위직을 맡지 못하는 상황을 말한다. 이러한 차별은 공식적인 정책 등에는 드러나지 않아서 존재하지 않는 것처럼 보이기 때문에 이렇게 불린다.

① 고정관념　　② 유리 천장
③ 남아선호　　④ 여성 할당제

정답 | ②

해 설
유리 천장은 직장에서 대다수의 여성들, 소수 인종, 성적 소수자들이 영향력 있고 수입이 많은 자리를 갖지 못하게 하는 장애물이다.

35 성의 의미 중 젠더(gender)에 대한 설명으로 옳은 것은?

① 성에 대한 욕망이나 태도, 관습 등 모든 것을 포함하는 개념이다.
② 선천적으로 가지고 태어나는 본래의 성이다.
③ 여성다움과 남성다움을 의미하는 것으로 성 정체성이나 성 역할과 관련된다.
④ 생물학적인 남녀의 구별이다.

정답 | ③

해 설
① 섹슈얼리티(sexuality)에 대한 설명이다.
②, ④ 남녀를 생물학적으로 구별해주는 섹스(sex)에 대한 설명이다.

36 문화에 대한 관점으로 바르지 않은 것은?

① 자문화 중심주의는 집단 내의 성원들을 단결시키고 자부심을 갖도록 하는 긍정적인 면도 있다.

② 문화 사대주의는 선진문화를 수용한다는 긍정적인 면도 있다.

③ 문화 상대주의는 문화의 다양성을 인정하는 태도이다.

④ 문화 상대주의는 곧 도덕적 상대주의를 말한다.

정답 | ④

해 설

문화 상대주의가 곧 도덕적 상대주의를 말하는 것은 아니다.

37 다음 글은 어떤 것에 대한 예인가?

> 한글 창제 당시, 한자가 아닌 다른 문자를 만들어 사용하는 것을 부끄러운 일이라 생각했던 몇몇 신하들이 한글 만들기를 반대하였다.

① 도덕적 상대주의 ② 문화 상대주의

③ 문화 사대주의 ④ 자문화 중심주의

정답 | ③

해 설

제시된 글은 중국 글자인 한자를 동경하는 것이므로 문화 사대주의의 예라고 볼 수 있다.

38 문화 교류 및 체험의 필요성으로 적절하지 않은 것은?

① 문화 발전을 위한 자극과 활력소를 공급받을 수 있다.

② 문화 개방성을 높이는 한편, 문화 정체성 확립에 기여할 수 있다.

③ 국가 이미지를 제고할 수 있다.

④ 문화의 순수성을 유지할 수 있다.

정답 | ④

해 설

문화 교류 및 체험의 필요성은 새로운 문화를 접함으로써 기존 양식의 파괴와 재해석, 그리고 새로운 창조를 위한 풍부한 자양분을 얻을 수 있다. 따라서 ④는 적절하지 않다.

39 통일을 해야 하는 이유로 거리가 <u>먼</u> 것은?

① 민족 문화의 이질성 회복을 위해
② 우리나라의 국제적 위상을 높이기 위해
③ 이산가족의 아픔을 해소시키기 위해
④ 휴전으로 인한 전쟁의 불안으로부터 벗어나기 위해

정답 | ①

해 설
민족의 이질성을 극복하고 동질성을 회복하는 것이 통일의 필요성에 해당한다.

40 남북의 동질성 회복을 위해 우리가 해야 할 일로 적절하지 <u>않은</u> 것은?

① 남과 북이 다른 점이 많음을 인정한다.
② 경제적 교류 확대를 통해 경제 격차를 해소한다.
③ 모든 분야에 걸쳐 동시다발적으로 교류한다.
④ 상호 신뢰와 친밀감 형성을 위해 노력한다.

정답 | ③

해 설
모든 분야에 걸쳐 동시다발적으로 교류하기보다는 접근하기 쉬운 사회 · 문화 분야에서부터 점진적이고 지속적으로 접근하며 교류해야 한다.

41 북한 주민의 생활에 대한 설명으로 옳은 것은?

① 국가의 감시와 통제가 여전히 심하게 행해진다.
② 주민 복지를 위해 군사비 지출을 줄이고 있다.
③ 인터넷을 활용하여 외부 세계와 자유롭게 소통한다.
④ 전면적인 시장경제제도의 도입으로 생활수준이 향상되었다.

정답 | ①

해 설
② 군사비 지출을 늘리고 있다.
③ 북한 주민은 인터넷을 사용할 수 있지만 외부로는 연결되지 않는다.
④ 경제특구나 개방지역 등 제한적인 지역에서만 시장경제제도를 도입하였다.

42 다음 ( ) 안에 들어갈 말로 알맞은 것은?

> ( )은/는 군사 경계선으로 같은 민족 간의 전쟁이었던 6 · 25 전쟁이 끝날 무렵 유엔군과 북한군 사이에 맺어진 '한국 군사정전에 관한 협정'에 의해 군사행동의 경계선으로 결정되었다.

① 휴전선 ② 38선
③ 남방 한계선 ④ 철책선

정답 | ①

해 설
제시된 글은 휴전선에 대한 내용이다.

43 다음 중 국가의 역할에 대한 관점이 다른 하나는?

① 개인의 생활에 최소한으로 개입해야 한다.
② 국민의 인간다운 삶을 보장해야 한다.
③ 복지와 삶의 질 개선에 힘써야 한다.
④ 지나친 자유를 제한해야 한다.

정답 | ①

해 설
개인의 생활에 최소한으로 개입하여 개인의 자유를 최대한 보장해야 한다는 것은 소극적 국가관이다. 나머지는 모두 적극적 국가관에 해당한다.

TIP
국가관
- 소극적 국가관
  - 국민의 자유 보장을 위해 개입을 최소화(개인의 자유 보장)
  - 국가는 치안과 국방에만 전념
  - 야경국가, 자유주의 국가
  - 경제적 이익의 증가, 효율성 향상
- 적극적 국가관
  - 국민의 인간다운 삶의 보장을 위해 국가가 적극 개입(국가 역할 확장)
  - 복지 제공, 삶의 질 개선 등 국민 생활의 어려움을 해소
  - 복지국가
  - 빈부격차나 사회 갈등의 해결

44 다음에서 설명하는 단체는 무엇인가?

> 지역–국가–국제적으로 조직된 자발적인 비영리 시민단체이다. 공동의 이해를 가진 사람들이 특정 목적을 위해 조직한 것으로 다양한 서비스와 인도주의적 기능을 수행한다. 정부정책을 감시하고 정보제공을 통해 시민의 정치 참여를 장려한다.

① OECD ② NGO(비정부기구)
③ OPEC ④ NAFTA

정답 | ②

해 설
NGO는 유엔 기구와는 조직의 목적에 따라 다양한 관계에 있으며 각국의 공식–비공식 기구를 합치면 100만개가 넘을 것으로 추산된다.

45 다음 중 자연을 바라보는 관점이 다른 것은?

① 자연 본래 가치를 존중해야 한다.

② 인간은 자연을 보전하며 살아야 한다.

③ 인간은 자연과 공생을 추구해야 한다.

④ 자연은 인간에게 혜택을 줄 때 가치가 있다.

정답 | ④

해 설

④는 인간 중심주의적 자연관에 대한 설명이고, 나머지는 생태 중심주의적 자연관에 대한 설명이다.

46 삶의 유한성을 극복하려는 인간의 노력으로 적절하지 않은 것은?

① 종교는 인간의 현실적 고통을 극복할 수 있게 해주었다.

② 진리를 찾기 위해 노력하였다.

③ 꿈과 이상을 예술로 표현함으로써 현실을 초월하고자 하였다.

④ 신체의 한계를 극복할 수 있었던 것은 인간이 자연적 존재이기 때문이다.

정답 | ④

해 설

인간이 자연적 존재인 동시에 이성을 가진 정신적 존재이기 때문에 신체의 한계에 순응하는 대신 적극적으로 극복해 가는 자기 초월적 노력을 할 수 있게 되었다.

47 고통에 대한 설명으로 옳지 않은 것은?

① 고통은 인간에게 불필요한 것이다.

② 인간은 누구나 고통을 피하고 싶어 한다.

③ 고통은 정신적 고통과 육체적 고통이 있다.

④ 양심의 가책으로 인한 고통은 우리가 도덕적인 생활을 하도록 이끈다.

정답 | ①

해 설

육체적 아픔을 느끼는 것은 더 큰 상처나 질병을 예방할 수 있도록 해주며, 정신적 고통은 인간에게 발전을 가져다주는 역할을 하므로 ①은 옳지 않다.

48 **종교가 삶에 주는 긍정적인 기능이 아닌 것은?**

① 존재에 대한 궁극적인 의미를 제공함으로써 세계관을 구성하는 토대를 마련한다.
② 인간의 적극성을 약화시킬 수 있다.
③ 사회적 유대를 제공한다.
④ 개인에게 심리적 안정을 제공한다.

정답 | ②

해 설
종교에서는 대개 신에게 순종적인 자세를 강조하는데, 이러한 교리가 종교나 지도자에게 의존하는 태도를 발전시킬 수 있다. 이로써 적극적이며 능동적인 요소보다는 겸손과 인내, 순종 등의 덕을 지나치게 강조하여 소극적인 인간상을 만들 수도 있다.

49 **인간의 삶과 예술의 관계를 설명한 것으로 옳지 않은 것은?**

① 예술은 인간의 행복하고 아름다운 모습만을 표현한 것이다.
② 예술은 인간의 삶을 풍요롭게 만든다.
③ 인간은 언젠가 죽지만 예술의 가치는 영원하다.
④ 예술의 창조는 예술가 자신의 지식과 상상력 등을 의미 있는 경험에 더하여 만들어진다.

정답 | ①

해 설
예술은 인간의 희로애락 감정을 그대로 담아낸다. 여기서 희로애락이란 인간이 느끼는 기쁨, 노여움, 슬픔, 즐거움의 감정을 일컫는 말이다.

50 **'갑'과 '을'에게 공통적으로 필요한 것은?**

갑 : 순간적인 유혹에 이끌려 충동적으로 물건을 산다.
을 : 남에게 자랑하거나 과시하기 위해서 물건을 산다.

① 합리적 소비　② 대중문화 지향
③ 물질 만능주의　④ 쾌락 지상주의

정답 | ①

해 설
갑은 충동구매를 하고 있고, 을은 과시소비를 하고 있으므로 갑과 을에게는 합리적 소비가 필요하다.

모의고사

제1교시

국 어

01 **다음 괄호 안에 들어갈 친구 2의 위로하는 대답으로 적절한 것은?**

> 친구 1 : 어제 하굣길에 차와 부딪칠 뻔했어.
> 친구 2 : (   )

① 나는 어제 버스를 타고 갔어.
② 큰일 날 뻔 했구나. 다행이다.
③ 그렇게 조심성이 없어서 어쩌니?
④ 그 자리에 없었던 게 너무 아쉽다.

02 **다음 대화의 밑줄 친 ㉠을 언어 예절에 맞게 고친 것은?**

> 엄마 : 혜린아, 이번에 성적이 많이 올랐구나. 축하한다.
> 혜린 : 응, ㉠ <u>할아버지가 꾸준히 노력하면 반드시 좋은 결과를 얻을 수 있다고 했어. 그래서 꾸준히 노력했더니 정말로 성적이 올랐어.</u>

① 할아버지가 꾸준히 노력하면 반드시 좋은 결과를 얻을 수 있다고 하셨어.
② 할아버지께서 꾸준히 노력하시면 반드시 좋은 결과를 얻으실 수 있다고 했어요.
③ 할아버지께서 꾸준히 노력하시면 반드시 좋은 결과를 얻을 수 있다고 하셨어요.
④ 할아버지께서 꾸준히 노력하면 반드시 좋은 결과를 얻을 수 있다고 하셨어요.

03 **다양한 종류의 글쓰기에 대한 설명으로 올바르게 짝지어지지 <u>않은</u> 것은?**

① 안내문 – 어떤 대상에 대해 글쓴이가 알고 있는 지식, 정보 등을 전달하는 글
② 보고서 – 직접 경험하였거나 알게 된 정보를 체계적으로 정리하여 알려주는 글
③ 기사문 – 육하원칙에 따라 사실을 그대로 적은 글
④ 건의문 – 개인이나 집단의 요구 사항과 문제 해결 방안을 담은 글

04 **보고서를 작성할 때 지켜야 할 요건으로 적절한 것은?**

① 인용한 자료의 익명성을 준수한다.
② 사실의 여부가 확인되었다면 주관적인 평가가 허용된다.
③ 조사, 관찰, 실험의 결과를 정확하게 제시한다.
④ 필요에 따라 타인의 연구결과를 적절히 수정해서 사용한다.

05 다음 개요에서 ㉠의 세부 내용으로 가장 적절한 것은?

제목	우리 ○○중학교를 소개합니다.
처음	○○중학교의 위치
중간	• ○○중학교의 연혁 • ○○중학교의 구조 • ○○중학교의 행사 …… ㉠
끝	○○중학교로 오는 길 소개

① ○○중학교의 학생 수
② ○○중학교의 설립 날짜
③ ○○중학교의 학교 축제
④ ○○중학교의 올해 일정

06 다음 밑줄 친 부분의 예로 적절하지 않은 것은?

> 주어가 다른 대상에 의해서 동작이나 행동을 당하는 것을 피동이라 하고, 이를 나타내는 문장을 피동문이라고 한다.

① 할아버지가 할머니에게 손녀를 업혔다.
② 도둑이 경찰에게 잡혔다.
③ 그 문제가 곧 해결된다.
④ 나무꾼이 사슴을 나무 뒤에 숨겼다.

07 다음 문장의 밑줄 친 문장 성분이 다른 하나는?

> 바람에 연이 펄펄 날린다.

① 10월의 가을 하늘은 높다.
② 조금 전까지 눈이 내렸었다.
③ 꽃이 활짝 핀 자태를 뽐냈다.
④ 정답이 틀린 걸 알아차렸다.

08 다음 단어들의 공통적인 특성으로 알맞은 것은?

> 바다, 책상, 행복, 홍길동

① 사람이나 사물의 움직임을 나타낸다.
② 사람이나 사물의 이름을 나타낸다.
③ 사람이나 사물의 상태 혹은 성질을 나타낸다.
④ 사람, 사물, 장소의 이름을 대신하여 나타낸다.

09 다음 규정이 적용되는 예가 아닌 것은?

> 〈표준 발음법 제4장〉
> 제13항 홑받침이나 쌍받침이 모음으로 시작된 조사나 어미, 접미사와 결합되는 경우에는, 제 음가대로 뒤 음절 첫소리로 옮겨 발음한다.

① 헛웃음 ② 앞으로
③ 덮이다 ④ 꽃을

[10～13] 다음 글을 읽고 물음에 답하시오.

(가) 지상에는/아홉 켤레의 신발
아니 현관에는 아니 들깐에는
아니 어느 시인의 가정에는
㉠ 알전등이 켜질 무렵을
문수(文數)가 다른 아홉 켤레의 신발을.

내 신발은/십구 문 반(十九文半)
눈과 얼음의 길을 걸어/그들 옆에 벗으면
육 문 삼(六文三)의 코가 납작한
귀염둥아 귀염둥아/우리 막내둥아.

– 박목월, 「가정」 –

(나) 누님이 편지 보며 하마 울까 웃으실까.
눈앞에 삼삼이는 고향 집을 그리시고
㉡ 손톱에 꽃물 들이던 그 날 생각하시리.

양지에 마주 앉아 실로 찬찬 매어 주던
㉢ 하얀 손 가락 가락이 연붉은 그 손톱을
지금은 꿈 속에 본 듯 힘줄만이 서노라.

– 김상옥, 「봉선화」 –

(다) 가시리 가시리잇고 나는
버리고 가시리잇고 나는
위 증즐가 대평성대(大平盛代)
〈중략〉
설온 님 보내옵나니 나는
가시는 듯 돌아오소서 나는
위 증즐가 대평성대(大平盛代)

– 작자미상, 「가시리」 –

(라) 그립다/말을 할가/하니 그리워.

그냥 갈가/그래도/다시 더 한 번

저 산에도 까마귀, 들에 까마귀,
서산(西山)에는 해 진다고
㉣ 지저귑니다.

앞강물, 뒷강물/흐르는 물은
어서 따라오라고 따라가자고
흘러도 연달아 흐릅디다려.

– 김소월, 「가는 길」 –

10 고전 시가의 전통을 계승한 현대 시조는?

① (가) ② (나)
③ (다) ④ (라)

11 (가)~(라)의 시적 화자의 정서를 잘못 말한 것은?

① (가) – 자식에 대한 애정
② (나) – 누님에 대한 그리움
③ (다) – 이별에 대한 슬픔
④ (라) – 자연에 대한 사랑

12 (다)에서 밑줄 친 후렴구의 주된 효과는?

① 시의 주제를 강조함
② 시의 운율을 느끼게 함
③ 임이 빨리 돌아오기를 희망함
④ 임을 원망하는 마음을 표시함

13 ㉠~㉣ 중, 심상의 성격이 다른 것은?

① ㉠ ② ㉡
③ ㉢ ④ ㉣

[14~17] 다음 글을 읽고 물음에 답하시오.

> 우리가 눈발이라면
> 허공에 쭈빗쭈빗 흩날리는
> 진눈깨비는 되지 말자.
> 세상이 바람 불고 춥고 어둡다 해도
> 사람이 사는 마을
> 가장 낮은 곳으로
> 따뜻한 함박눈이 되어 내리자.
> 우리가 눈발이라면
> 잠 못 든 이의 창문가에서는
> 편지가 되고
> 그이의 ㉠ 길고 붉은 상처 위에 돋는
> 새 살이 되자.
>
> – 안도현, 「우리가 눈발이라면」

14 ㉠과 같은 심상이 사용된 것은?

① 접동새 소리 ② 짭쪼름한 미역
③ 별들이 많이 떴다 ④ 서늘한 옷자락

15 윗글에서 '소외되고 외로운 사람이 있는 곳'에 해당하는 시어는?

① 진눈깨비 ② 함박눈
③ 가장 낮은 곳 ④ 새살

16 윗글의 서로 대조적인 시어를 바르게 연결한 것은?

① 진눈깨비 ↔ 허공
② 함박눈 ↔ 눈발
③ 함박눈 ↔ 새살
④ 진눈깨비 ↔ 함박눈

17 윗글의 운율을 형성하는 요소로 적절한 것은?

① 글자수 반복
② 일정한 음보 반복
③ '~자'하는 청유형 어미의 반복
④ 대조적 의미의 시어 사용

[18~20] 다음 글을 읽고 물음에 답하시오.

(가) 어느 시골에 가난한 아버지가 살고 있었다. 그는 얼마나 가난했던지 아들들에게 남겨 줄 것이라고는 맷돌과 표주박과 대나무 지팡이와 장구뿐이었다. 가난한 아버지는 숨을 거두기 전에 세 아들을 불러 앉혔다.
"내거 너희들에게 남겨 줄 것이라곤 아주 보잘것없는 이런 것밖에는 없구나. 내가 죽거든 이 물건들이라도 가지고 분수에 맞게 잘 살도록 해라."
아버지는 이런 말을 남긴 다음 큰아들에게는 맷돌을, 둘째 아들에게는 표주박과 대나무 지팡이를, 그리고 셋째 아들에게는 장구를 준 후에 숨을 거두었다.

– 「아버지의 유물」 –

(나) 일주일을 참다가 나는 인터폰을 들었다. 인터폰으로 직접 위층을 부르거나 대면하지 않고 경비원을 통해 이쪽 의사를 전달하는 간접적인 방법을 택하는 것은 나로서는 자신의 품위와 상대방에 대한 예절을 지키기 위해서였던 것이다. 나는 자주 경비실에 전화를 걸어, 한밤중에 조심성 없이 화장실 물을 내리는 옆집이나 때 없이 두들겨 대는 피아노 소리, 자정 넘어서까지 조명등 쳐들고 비디오 찍어 가며 고래고래 악을 써 삼동네에 잠을 깨우는 함진

아비의 행태 따위가 얼마나 교양 없고 몰상식한 짓인가, 소음 공해와 공동생활의 수칙에 대해 주의를 줄 것을 선의의 피해자들을 대변해서 말하곤 했었다.

– 오정희, 「소음 공해」 –

(다) 일의 시작은 ㉠ 지난 연말부터였다. 여름의 원미동 거리는 가게에 딸린 단칸방의 무더위를 피하기 위해 나온 동네 사람들로 자정 무렵까지 북적이게 마련이었으나, 추위가 닥치면 그렇지가 않았다. 너나 할 것 없이 아랫목으로 파고들어서 텔레비전이나 쳐다보는 것으로 족하게 여기고, ㉡ 찬바람이 씽씽 몰아치고 있을 밤거리야 상관할 바가 아니었다. 낮 동안 햇살이 발갛게 비치어 기온이 다소 올라가도 사정은 크게 달라지지 않았다. 요즘 집집마다 ㉢ 유행처럼 번지기 시작한 유선방송이라는 게 시도 때도 없이 영화를 보내 주고 있기 때문에, 사람들은 변소 갈 시간도 아끼면서 ㉣ 법석을 떨어 대는 아이들을 바깥으로 내몰아 놓고서 이내 텔레비전 앞에 붙어 앉는 것이다.

– 양귀자, 「원미동 사람들」 –

18 (가)~(다) 중, 서술자가 글 속에 등장하는 것은?

① (가) ② (나)
③ (다) ④ (나), (다)

19 (가)의 밑줄 친 부분의 문맥적인 의미는?

① 화려한 것 ② 하찮은 것
③ 값이 비싼 것 ④ 얻기 힘든 것

20 ㉠~㉣ 중 시대적 · 사회적 배경을 잘 드러내는 것은?

① ㉠ ② ㉡
③ ㉢ ④ ㉣

[21~23] 다음 글을 읽고 물음에 답하시오.

(가) 신문은 마땅히 윤 의사를 규탄하는 보도를 하지 않을 수 없게 될 것이다. 그러나 이러한 보도가 사건을 정확히 알리는 보도가 될 수 없다는 것은 분명하다. 윤 의사의 의거 활동은 우선 역사적으로 이해하지 않으면 안 된다. 일본이 한국을 식민지로 삼고 있으며, 식민지 제도라는 것이 인류 역사상 ㉠ 배격돼야 할 옛날의 제도라는 판단이 앞서야 한다.

(나) 윤 의사의 폭탄 ㉡ 투척을 정확히 이해하기 위해서는 이 사건에 이 같은 수많은 사실이 횡적으로 종적으로 얽혀 있다는 점을 우선 알아야 한다. 한 사건을 정확히 보도하는 데 만약 이와 같은 풍부한 지식이 필요하다면, 어떤 의미에서는 주관적 보도라고 하지 않을 수 없다. 정확한 보도를 하기 위해서는 고도의 사회 과학적 소양과 문화적, 철학적 소양이 필요하다.

(다) 신문이 진실을 보도해야 한다는 것은 새삼스러운 설명이 필요 없는 당연한 이야기다. 정확한 보도를 하기 위해서는 문제를 전체적으로 보아야 하고, 역사적으로 새로운 가치의 편에서 보아야 하며, 무엇이 ㉢ 근거이고, 무엇이 조건인가를 명확히 해야 한다고 했다. 또, 훌륭한 의미에서의 주관성을 가져야 한다고 했다. 그런데 이러한 준칙을 강조하는 것은 기자들의 기사 작성 기술이 미숙하기 때문이 아니

라, 이해관계에 따라 특정 보도의 내용이 달라지기 때문이다. 자신들에게 유리하도록 기사가 보도되게 하려는 외부 세력이 있으므로 진실 보도는 일반적으로 수난의 길을 걷게 마련이다. 양심적이고자 하는 언론인이 때로 ㉣ 형극의 길과 고독의 길을 걸어야하는 이유가 여기에 있다.

21 윗글을 읽는 방법으로 적절하지 않은 것은?

① 사실과 의견을 구별하며 읽는다.

② 의견이 논리적으로 일관성이 있는지 살펴본다.

③ 주장에 대한 이유가 타당한지 파악하며 읽는다.

④ 인물 간의 갈등 해결에 초점을 맞추어 읽는다.

22 윗글의 중심 내용으로 가장 적절한 것은?

① 신문의 역사

② 윤 의사 의거의 역사적 진실

③ 신문 보도와 방송 보도의 차이점

④ 진실 보도를 위해 언론이 나아갈 길

23 ㉠~㉣의 뜻풀이로 옳지 않은 것은?

① ㉠ 배격(排擊) : 남의 사상이나 의견 등을 싫어하여 물리침.

② ㉡ 투척(投擲) : 돌 따위의 물건을 힘껏 멀리 던짐.

③ ㉢ 근거(根據) : 자기의 학설이나 의견을 굳게 내세움.

④ ㉣ 형극(荊棘) : 고난이나 장애 따위를 비유하여 이르는 말.

[24～25] 다음 글을 읽고 물음에 답하시오.

(가) 세계에서 가장 오래된 목판 인쇄물 "무구정광대다라니경" 두루마리. 석가탑 사리함 안 비단보에 싸여 있던 그 두루마리는 한지로 만들어졌다.

(나) '한지(韓紙)'는 한국 고유의 종이를 이르는 말이다. 조히(종이), 조선종이, 창호지, 문종이, 참종이, 닥종이 등으로 불렸던 우리 종이가 한지로 불리기 시작한 것은 20세기 초.중반 서양 종이인 '양지(洋紙)'가 들어와 널리 알려지기 시작하면서부터였다.

(다) 한지를 창호지로 쓰면 문을 닫아도 바람이 잘 통하고 습기를 잘 흡수해서 습도 조절의 역할까지 한다. 흔히 한지를 '살아 있는 종이'라고 하는 이유도 여기에 있다. 반면 양지는 바람이 잘 통하지 않고 습기에 대한 친화력도 한지에 비해 약하다. 한지가 살아 숨 쉬는 종이라면, 양지는 뻣뻣하게 굳어 있는 종이라고 할 것이다.

(라) 한지의 질을 향상시킨 조상들의 비법은 여기에 그치지 않는다. 한지 제조의 마무리 작업인 '도침(搗砧)'이 바로 그것이다. 도침이란 종이 표면을 매끄럽게 하기 위해 풀칠한 종이를 여러 장씩 겹쳐 놓고 방아로 골고루 내리치는 과정을 말한다.

24 윗글의 내용 전개 방식으로 가장 적절한 것은?

① 한지의 변천 과정을 제시하고 있다.
② 한지의 문제점을 사례 제시를 통해 부각하고 있다.
③ 한지를 세계에 알리기 위한 국가적 노력을 언급하고 있다.
④ 한지의 장점을 양지와의 비교를 통해 제시하고 있다.

25 윗글의 내용과 일치하는 것은?

① '양지'는 우리나라 고유의 종이를 이르는 말이다.
② 한지의 질을 향상시킨 조상들의 비법으로 '도침'이 있다.
③ "무구정광대다라니경" 두루마리는 비단으로 만들어졌다.
④ 우리 종이가 '한지'로 불리기 시작한 것은 고려 시대부터이다.

제2교시

수 학

01 60을 소인수분해하는 과정을 나타낸 것이다. 소인수분해한 결과로 옳은 것은?

$$\begin{array}{r|l} 3 & 60 \\ \bigcirc & 20 \\ \bigcirc & 10 \\ & 5 \end{array}$$

① 3×20　② $3\times 2\times 10$

③ $3^2\times 2\times 5$　④ $3\times 2^2\times 5$

02 오리와 돼지가 모두 합하여 26마리가 있다. 다리수의 합이 74개라고 할 때 오리는 모두 몇 마리인가?

① 12마리　② 13마리

③ 14마리　④ 15마리

03 다음의 〈보기〉 중에서 정비례관계인 것을 모두 고른 것은?

〈보기〉

ㄱ. $y=2$

ㄴ. $y=\frac{x}{4}$

ㄷ. $y=\frac{3}{x}$

ㄹ. $y=2(x-2)+4$

① ㄱ, ㄴ　② ㄴ, ㄷ

③ ㄷ, ㄹ　④ ㄴ, ㄹ

04 좌표평면 위의 두 점 P, Q의 좌표로 옳은 것은?

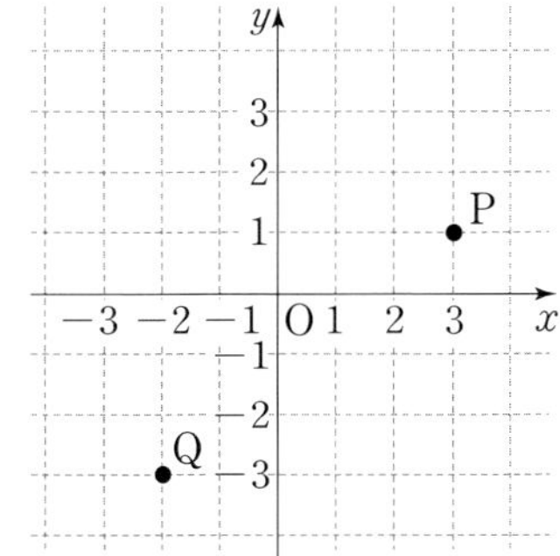

① P(3, 1), Q(−2, −3)

② P(3, 1), Q(−3, −2)

③ P(1, 3), Q(−2, −3)

④ P(1, 3), Q(−3, −2)

05 다음은 학생 20명의 통학시간을 조사하여 줄기와 잎 그림으로 나타낸 것이다. 통학시간이 5번째로 긴 학생은 몇 분인가?

통학시간(1|5는 15분)

줄기	잎			
0	5	7	8	9
1	0	2	5	7
	8	9		
2	0	1	3	4
	7	8		
3	1	2	5	8

① 27분 ② 28분
③ 31분 ④ 32분

06 한 개의 주사위를 한 번 던질 때, 5보다 작은 수의 눈이 나올 확률은?

① $\frac{1}{3}$ ② $\frac{1}{2}$
③ $\frac{2}{3}$ ④ $\frac{5}{6}$

07 연립방정식 $\begin{cases} x+y=5 \\ -x+2y=1 \end{cases}$ 을 풀면?

① $x=1,\ y=3$ ② $x=2,\ y=3$
③ $x=3,\ y=1$ ④ $x=3,\ y=2$

08 소수점 아래의 어떤 자리에서부터 일정한 숫자의 배열이 끝없이 되풀이 되는 무한소수를 순환소수라 한다. 분수 $\frac{4}{99}$를 순환 소수로 나타내면 다음과 같다. 이 무한소수의 순환마디는?

$$\frac{4}{99}=0.04040404\cdots$$

① 0 ② 04
③ 040 ④ 404

09 $x^8 \div x^4 \times x^2$을 간단히 하면?

① x^3 ② x^4
③ x^5 ④ x^6

10 그림에서 □ABCD∽□EFGH이고, $\overline{AB}=4$cm, $\overline{EF}=6$cm이다. $\overline{BC}=3$cm일 때, $\overline{FG}$의 길이는?

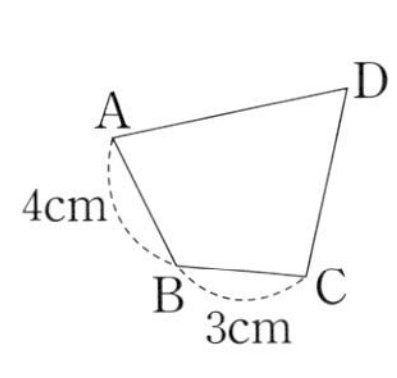

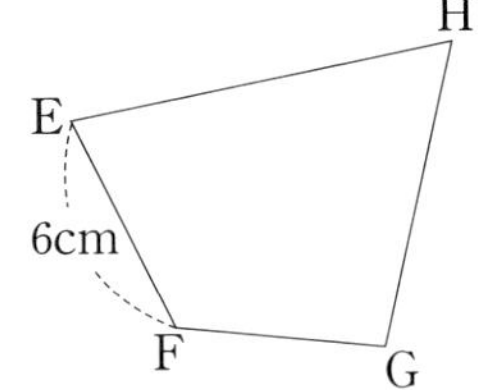

① 8cm ② $\frac{9}{2}$cm
③ 5cm ④ $\frac{11}{2}$cm

11 다음 〈보기〉와 같이 삼각형의 세 변의 길이가 주어졌을 때, 직각삼각형인 것은?

〈보기〉

ㄱ. 2cm, 3cm, 4cm
ㄴ. 3cm, 4cm, 5cm
ㄷ. 6cm, 8cm, 10cm
ㄹ. 5cm, 12cm, 14cm

① ㄱ, ㄴ ② ㄱ, ㄷ
③ ㄴ, ㄷ ④ ㄴ, ㄷ, ㄹ

12 넓이가 $2x^2-x-3$인 직사각형 모양의 그림이 있다. 가로의 길이가 $2x-3$일 때, 세로의 길이는?

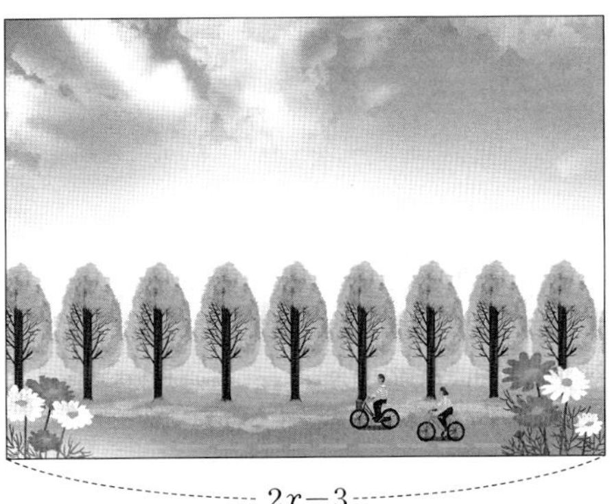

① $x+3$ ② $2x+1$
③ $x+1$ ④ $x-1$

13 $3\sqrt{5}\times\sqrt{6}\div\sqrt{3}$을 간단히 하면?

① $2\sqrt{14}$　② $3\sqrt{10}$
③ $2\sqrt{19}$　④ $\sqrt{10}$

14 다음 식을 전개한 것은?

$(x+5)(x-5)$

① $x^2+10x+25$　② x^2+25
③ $x^2-10x+25$　④ x^2-25

15 이차함수 $y=(x-2)^2+1$의 그래프에 대한 설명으로 옳은 것은?

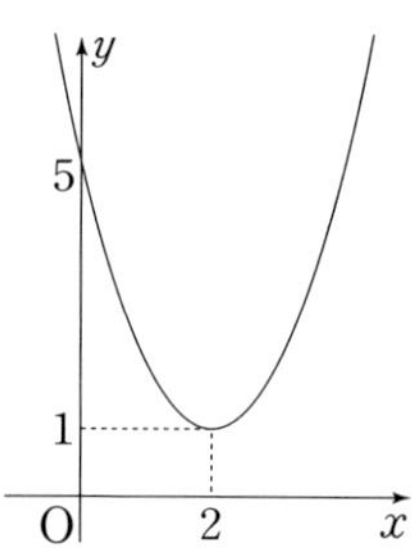

① 위로 볼록하다.
② 직선 $x=1$을 축으로 한다.
③ 점 $(0, 5)$를 지난다.
④ 꼭짓점의 좌표는 $(2, -1)$이다.

16 아래 그림에서 4개의 직각삼각형은 모두 합동이고, $\overline{AB}=13$, $\overline{AE}=12$일 때, □EFGH의 넓이는?(단, 그림의 비율은 무시한다.)

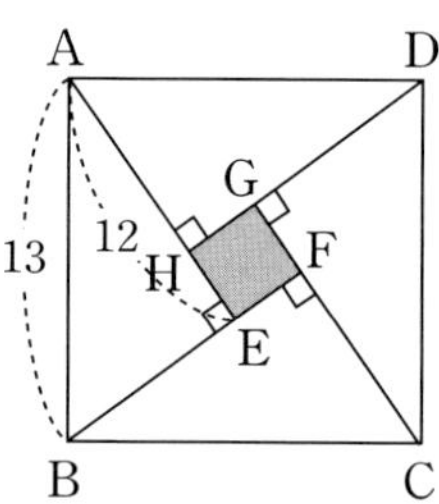

① 49　② 36
③ 25　④ 16

17 그림과 같이 $\angle C=90^\circ$인 직각삼각형 ABC에서 $\tan B \times \sin B$의 값은?

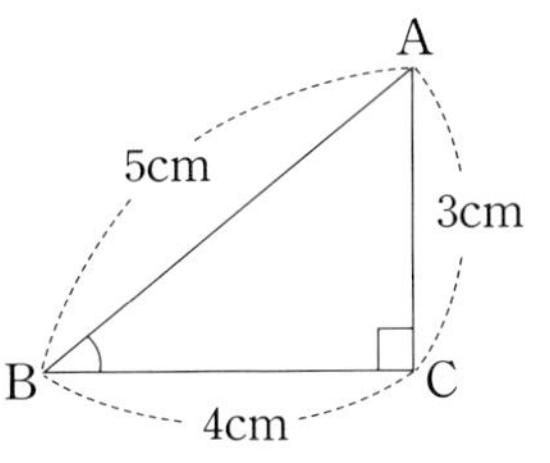

① $\frac{1}{5}$ ② $\frac{3}{10}$
③ $\frac{2}{5}$ ④ $\frac{9}{20}$

18 그림과 같이 원 O에서 $\angle APB$는 호 AB에 대한 원주각이고, 선분 AB는 지름이다. $\angle x$의 크기는?

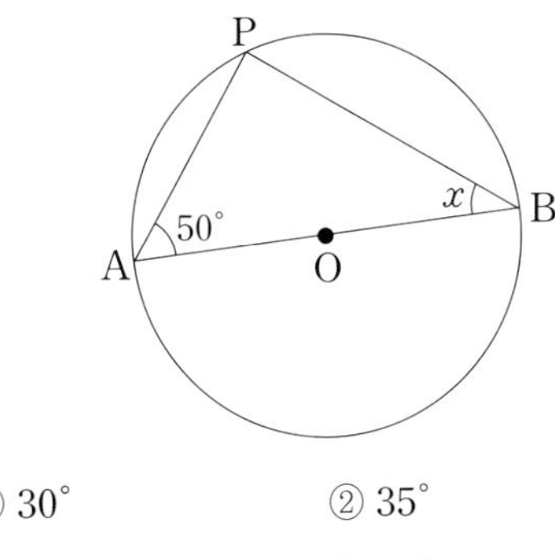

① 30° ② 35°
③ 40° ④ 45°

19 그림과 같이 삼각형 ABC는 원 O에 외접하고 점 D, E, F는 접점이다. $\overline{AD}=2$cm, $\overline{BE}=5$cm, $\overline{CF}=3$cm일 때, 삼각형 ABC의 둘레의 길이는?

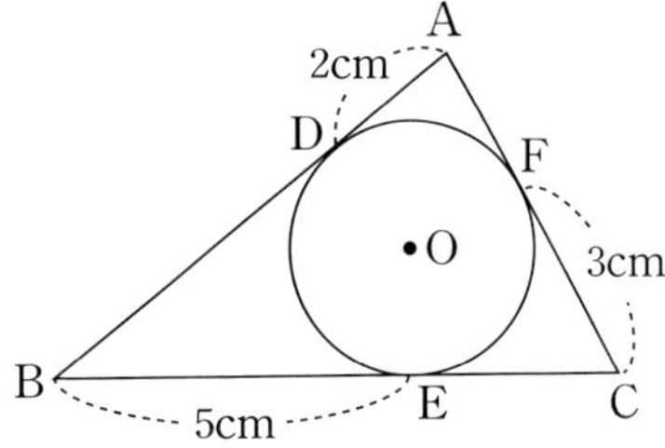

① 14cm ② 16cm
③ 18cm ④ 20cm

20 방과후 수학반 학생 15명의 영어 성적과 수학 성적의 상관도이다. 수학 성적이 영어 성적보다 높은 학생의 수는?

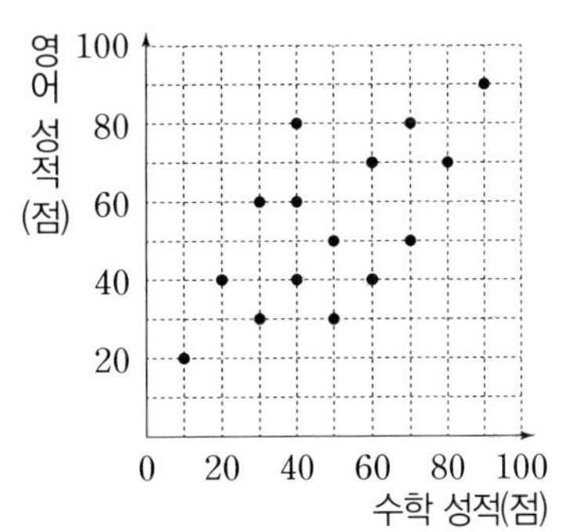

① 2 ② 3
③ 4 ④ 5

제3교시

영 어

01 다음을 모두 포함할 수 있는 단어로 가장 적절한 것은?

doctor, teacher, lawyer, police

① subject ② job
③ sport ④ hobby

02 두 단어의 의미 관계가 나머지 셋과 다른 것은?

① run – walk
② sleep – wake
③ eat – drink
④ play – work

03 다음 대화의 빈칸에 들어갈 말로 가장 적절한 것은?

A : Can I take your order?
B : Yes. One pizza ________.

① please ② want
③ order ④ take

04 다음 대화에서 B가 사려고 하는 것은?

A : May I help you?
B : Yes, please. I want to buy a cap with a flower on it.

①

②

③

④

05 다음 대화의 마지막 응답으로 가장 적절한 것은?

A : You look tired. What's the matter?
B : I carried twenty baggage. So my leg is very hurt.
A : ________________

① I'm glad to hear that.
② That's too bad.
③ That's so funny.
④ Good for you.

[06~07] 밑줄 친 부분의 뜻으로 가장 알맞은 것을 고르시오.

06

She is a kind neighbor in a village.

① 성실한 ② 게으른
③ 유명한 ④ 친절한

07

We specialize in selling clothes.

① ~을/를 알고 있다.
② ~을/를 전문으로 하다.
③ ~을/를 판매하다.
④ ~을/를 즐겁게 여기다.

[08~10] 대화의 빈칸에 들어갈 말로 가장 적절한 것을 고르시오.

08

A : __________ many members do you have?
B : It's six members.

① What ② How
③ Where ④ Here

09

A : Why __________ camera is not to work?
B : It is broken.

① those ② it
③ this ④ was

10

A : What's __________ plan for the weekend?
B : I will go to the beach.

① you ② your
③ our ④ yours

11 다음 빈칸에 공통으로 들어갈 말로 가장 적절한 것은?

- There are a lot ______ vases on the table.
- I take care ______ my sister.

① with ② in
③ from ④ of

12 그림에 대한 설명으로 옳은 것은?

① Tom is sleeping on the sofa.
② Bill is eating a sandwich.
③ Alice is talking on the phone.
④ Susan is reading a book.

13 다음 대화의 내용으로 가장 적절한 것은?

A : What's your favorite sports?
B : I like tennis. How about you?
A : I like basketball.

① 좋아하는 운동
② 보고 싶은 영화
③ 배우고 싶은 외국어
④ 살고 있는 국가

14 다음 대화에서 B가 콘서트에 오지 못한 이유는?

A : Why are you not came to the concert yesterday?
B : When I took a subway, time of departure was delayed.

① 길을 잘못 들어서
② 표를 잘못 가져와서
③ 출발 시간이 지연되어서
④ 지하철이 사고가 나서

15 다음 글을 쓴 목적으로 가장 적절한 것은?

• Don't smoke.
• Don't put trash in toilet
• Wash your hands after using.

① 화장실 안내문
② 제품 사용 시 주의사항
③ 올바른 개인위생 준수
④ 금연구역 설정

16 다음 대화 직후 B가 A를 위해서 할 일은?

A : I'm sorry, My house key is in the office. Could you drop by my office?
B : Okay. Don't worry. Please send me your office address to cell phone.

① 택시 타기
② 주소 확인하기
③ 열쇠 찾기
④ 사무실 들어가기

17 다음 대화에서 밑줄 친 말의 의도로 가장 적절한 것은?

A : Let's go to the park with us.
B : Thank you. But today I'm busy.

① 동의하기 ② 감사하기
③ 권유하기 ④ 거절하기

18 다음 대화에서 B에 대한 A의 질문으로 가장 적절한 것은?

A : ______________________?
B : Tomorrow will be rainy so you must take a umbrella.

① Where is my umbrella
② How's the weather
③ Do you know tomorrow's weather
④ Can you come to this room

19 글의 내용과 일치하는 것은?

Friday, July 15th
It was a holiday today. I went to the Jeju island with my friend. I had a water play in the beach. It was fun.

① 오늘은 월요일이다.
② 해변에서 놀았다.
③ 가족과 제주도에 갔다.
④ 6월에 놀러갔다.

20 주어진 말에 이어질 두 사람의 대화를 〈보기〉에서 찾아 순서대로 가장 적절하게 배열한 것은?

Are you see my bag?

〈보기〉
(A) Your welcome.
(B) I saw at the our classroom.
(C) OK, Thank you.

① (A)-(B)-(C) ② (A)-(C)-(B)
③ (B)-(C)-(A) ④ (C)-(A)-(B)

21 Tom에 대한 내용과 일치하지 않는 것은?

Tom is fifteen years old. He likes play the bicycle. He is the tallest in our class. He has a one younger sister.

① 15살이다.
② 자전거 타는 것을 좋아한다.
③ 우리 교실에서 키가 가장 크다.
④ 남동생이 한 명 있다.

22 다음 안내 문구를 볼 수 있는 장소로 알맞은 것은?

> Please quiet in the indoor for the people to read books.

① 도서관 ② 박물관
③ 백화점 ④ 공항

23 다음 표의 내용과 일치하는 것은?

Name	Weight(kg)
Jimmy	63
Sam	65
Mike	70
Robert	74

① Sam is weighter than Jimmy.
② Jimmy is the most weight.
③ Mike is weighter than Robert.
④ Robert is the most light.

24 다음은 Sam의 운동 계획표이다. Sam이 눈 오는 날에 하는 운동은?

Weather	Rainy	Sunny	Cloudy	Snowy
Sports	bowling	swimming	basketball	skiing

① 농구 ② 수영
③ 스키 ④ 볼링

25 다음 안내문으로 보아 수영장에 입장할 수 없는 시간은?

> SWIMMING POOL
> • Tues-Friday 9:00 a.m. ~ 9:30 p.m.
> • Saturday and Sunday 10:30 a.m ~ 5:00 p.m.
> • Closed Mondays

① 화요일 오전 10시
② 수요일 오전 11시
③ 목요일 오후 6시
④ 토요일 오전 8시

제4교시

사 회

01 괄호 안에 들어갈 환경문제로 알맞은 것은?

> (　　　　)
> 1. 사막 주변의 초원 지역이 점차 사막처럼 변하는 현상
> 2. 생활공간의 감소, 식량 부족, 모래폭풍(황사) 등의 피해 발생

① 산성비　② 사막화
③ 태풍　④ 지구 온난화

02 다음과 같은 주민 생활이 나타나는 기후로 옳은 것은?

> • 라프 족, 이누이트 족, 네네츠 족 등의 생활 무대
> • 동물의 털과 가죽으로 만든 의복을 주로 착용
> • 기온이 낮아 농경은 어려우며 유목이나 사냥 · 어로 등으로 생활

① 스텝 기후　② 사막 기후
③ 툰드라 기후　④ 열대 우림 기후

03 관광 산업의 긍정적 영향으로 옳지 않은 것은?

① 고용 창출로 인한 인구 유출 방지
② 종사자의 임금향상
③ 국제수지 개선효과
④ 성수기의 교통 체증

04 밑줄 친 (가)에 해당하는 사례로 가장 적합한 도시가 아닌 것은?

> ___(가)___은/는 대도시 주변에서 중심 도시 기능인 주거, 행정, 공업 등의 역할을 분담한다.

① 성남　② 과천
③ 안산　④ 부산

05 다음에서 설명하는 섬으로 알맞은 것은?

> • 우리나라 가장 동쪽에 위치하는 화산섬이다.
> • 한류와 난류가 교차되는 황금어장이자 자원의 보고이다.

① 독도　② 울릉도
③ 강화도　④ 제주도

06 자원에 대한 설명으로 옳은 것은?

① 천연자원은 재생이 가능한 자원만을 지칭한다.
② 자원의 가치는 시대와 장소, 경제 상황 등에 따라 달라진다.
③ 노동력, 기술 등은 모두 좁은 의미의 자원에 포함된다.
④ 최근 에너지 자원의 소비량이 감소하고 있다.

07 다음과 같은 국제적 이동을 보이는 자원으로 가장 알맞은 것은?

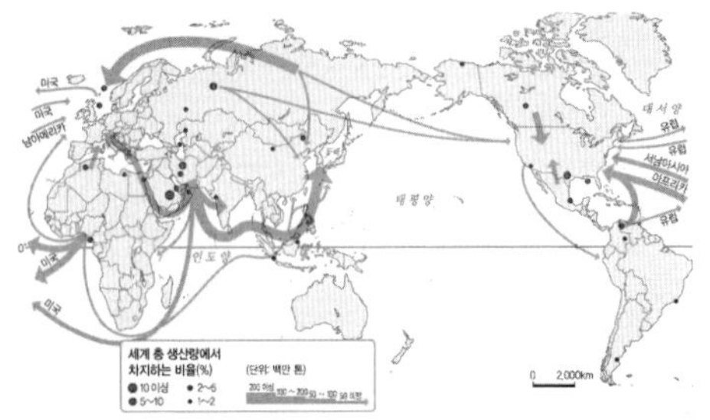

① 석탄 ② 석유
③ 철광석 ④ 구리

08 다음 중 신재생에너지에 해당하지 <u>않는</u> 것은?

① 지열 에너지 ② 풍력 에너지
③ 화력 에너지 ④ 태양광 에너지

09 그림과 같이 구성되는 정부 형태에 대한 설명으로 적절하지 <u>않은</u> 것은?

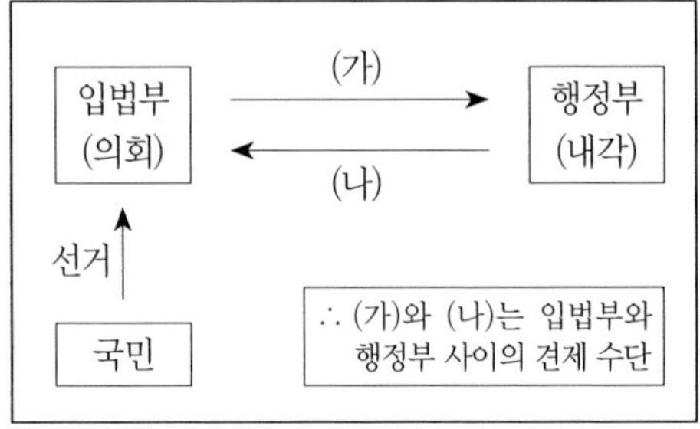

① 권력 융합적인 정부 형태이다.
② 정부는 법률안 제출권을 가진다.
③ (가)에는 내각불신임권이 들어갈 수 있다.
④ (나)에는 법률안거부권이 들어갈 수 있다.

10 다음 내용에 해당하는 민주 시민의 정치 참여 활동은?

- '민주주의의 꽃'이라고 함
- 가장 기본적인 정치 참여 방법
- 보통, 평등, 직접, 비밀의 원칙 적용

① 선거 ② 여론 형성
③ 정당 활동 ④ 시민 단체 활동

11 다음 설명에 해당하는 헌법재판소의 권한으로 알맞은 것은?

> 헌법재판소는 국회의 탄핵소추가 있는 경우 고위공직자 등에 대한 탄핵 심판을 담당한다.

① 위헌 법률 심판권
② 탄핵 심판권
③ 권한 쟁의 심판권
④ 정당 해산 심판권

12 올바른 소비 생활의 모습으로 볼 수 없는 것은?

① 기회비용을 고려하여 소비한다.
② 수입보다 소비를 더 많이 한다.
③ 돈과 관련된 신용관리를 중요시한다.
④ 가계부를 정리하여 계획적 소비를 한다.

13 다음 중 공급과 수요에 대한 설명 중 적절하지 않은 것은?

① 수요곡선은 우하향 형태이다.
② 공급곡선은 우상향 형태이다.
③ 가격과 수요량은 서로 반대 방향으로 움직인다.
④ 가격이 하락하면 공급량은 증가한다.

14 다음 글에서 설명하는 민주정치의 원리는?

> 헌법에 의해 민주정치의 원리를 규정한다. 법의 지배를 통해 국민의 자유와 권리를 보장한다. 법치주의와 불가분의 관계에 있다.

① 국민주권 ② 국민자치
③ 입헌주의 ④ 권력분립

15 다음에서 설명하는 개념은 무엇인가?

> 공공기관을 통해 공급되어 구성원 모두가 공동으로 이용할 수 있는 재화와 서비스를 말한다. 대가없이 사용할 수 있으며, 내가 사용해도 다른 사람의 소비에 영향을 주지 않는다.

① 대체재 ② 공공재
③ 보완재 ④ 외부효과

16 수요 · 공급 그래프에서 가격이 P에서 P'로 상승하였을 때의 변화를 알맞게 짝지은 것은? (단, 다른 조건은 일정함.)

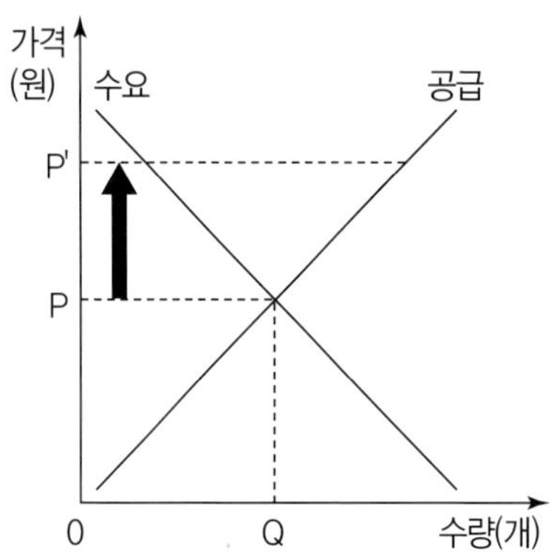

	수요량	공급량
①	감소	증가
②	증가	감소
③	감소	감소
④	증가	증가

17 사회 집단의 종류와 특징을 잘못 연결한 것은?

① 내집단 – 자신이 속해있는 집단
② 외집단 – 이질감과 배타성을 느끼는 집단
③ 1차 집단 – 전인격적인 인간관계가 이뤄지는 집단
④ 2차 집단 – 구성원들이 얼굴을 마주하며 친밀감을 느끼는 집단

18 다음의 유적과 유물을 통해 알 수 있는 신석기 시대의 특징으로 옳은 것은?

① 채집, 어로 생활
② 종교 의식의 발생
③ 사회 계급의 분화
④ 농경을 통한 정착 생활

19 다음 설명을 통해 알 수 있는 삼한 사회의 특징은?

> 귀신을 믿으며 …… 사람을 뽑아 천신에게 제사지내는 일을 맡아 보게 하고 그를 천군이라 한다. 또한 이들 여러 고을에는 각각 소도라 부르는 특별한 장소가 있다.

① 연맹 왕국 ② 농경 발달
③ 사유 재산 발생 ④ 제정 분리 사회

20 다음 설명에 해당하는 제도는?

> • 혈통의 높고 낮음에 따라 관직과 생활방식이 죽을 때까지 고정됨
> • 성골과 진골만이 왕족으로서 왕위에 오를 수 있음

① 골품제 ② 호포제
③ 진대법 ④ 균역법

21 다음 설명에 해당하는 발해의 왕은?

> • 흑수말갈을 정벌하는 등 발해의 영토를 크게 넓혔다.
> • 당나라와의 전쟁에서 등주를 공격하여 승리했다.
> • 일본과 국교를 맺어 고구려를 계승하였음을 국제적으로 알렸다.

① 고왕 ② 무왕
③ 문왕 ④ 선왕

22 다음 중 고려 광종의 정책으로 적절하지 <u>않은</u> 것은?

① 우리나라 최초로 과거제를 실시했다.
② 노비안검법을 시행했다.
③ 기인 · 사심관제도를 실시했다.
④ 관료 서열을 체계적으로 정비했다.

23 다음 설명에 해당하는 조선의 제도는?

> • 기존의 공물 진상을 쌀로만 바치게 하여 백성의 부담을 완화
> • 징수한 쌀을 통해 관청에서 필요한 물품을 공인들로부터 구매하여 사용

① 영정법 ② 과전법
③ 직전법 ④ 대동법

24 다음 설명에 해당하는 조선의 왕은?

> • 세 차례의 환국을 일으켜 왕권 강화
> • 상평통보를 주조하여 화폐경제 실시
> • 백두산정계비를 건립하여 국경 확정

① 효종 ② 숙종
③ 경종 ④ 영조

25 3.1 운동의 배경으로 옳은 것을 <보기>에서 고른 것은?

<보기>

> ㄱ. 일본의 명성황후 시해
> ㄴ. 일제의 강압적인 무단통치
> ㄷ. 대한제국 군대의 강제 해산
> ㄹ. 민족자결주의의 확산

① ㄱ, ㄴ ② ㄴ, ㄷ
③ ㄱ, ㄷ ④ ㄴ, ㄹ

제5교시

과 학

01 다음 설명에 해당하는 힘은?

> • 물체와 접촉면 사이에서 물체의 운동을 방해하는 힘이다.
> • 브레이크나 신발의 바닥부분 등에 활용된다.

① 마찰력 ② 전기력
③ 자기력 ④ 탄성력

02 다음 중 기울기가 다른 빗면을 이용하여 같은 물체를 높이 h까지 각각 일정한 빠르기로 끌어 올릴 때, 힘의 크기가 가장 큰 것은?(단, 모든 마찰은 무시한다.)

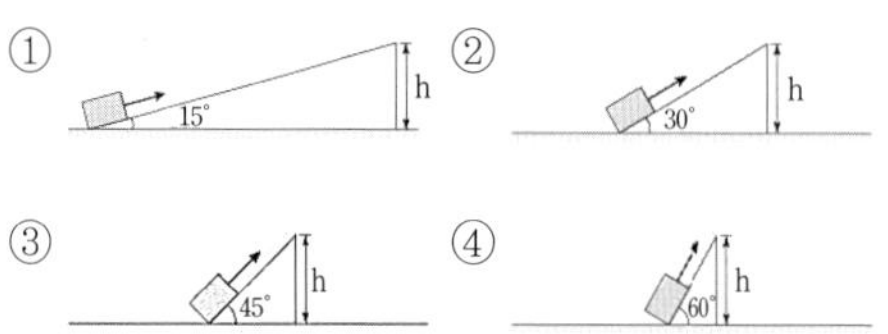

03 그림은 A 지점에서 지면으로 떨어지고 있는 공을 나타낸 것이다. B 지점에서 공의 위치 에너지는?(단, 역학 에너지는 보존된다.)

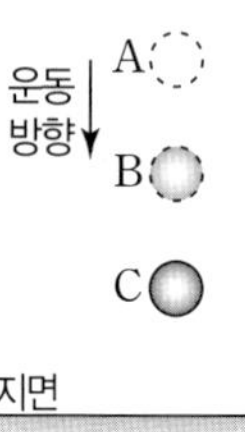

지점	위치 에너지	운동 에너지
A	60J	0J
B	(　　)	20J
C	20J	40J

① 30J ② 40J
③ 50J ④ 60J

04 질량 3kg인 물체가 3m/s의 속력으로 움직일 때 이 물체의 운동 에너지는?

① 6J ② 7J
③ 8J ④ 9J

05 다음 설명에 해당하는 물리량은?

- 단위는 V를 사용한다.
- 전기 회로에 전류를 흐르도록 하는 능력이다.
- 전류의 양과 비례하고 저항의 크기에 반비례한다.

① 전력량　　② 전압
③ 전자기　　④ 발열량

06 전기 회로에서 전류가 흐를 때, 전류에 대한 설명으로 옳지 않은 것은?

① 전하의 흐름을 전류라고 한다.
② 다른 말로 '전위차'라고도 한다.
③ 전자의 이동 방향과 반대이다.
④ 전지의 (+)극에서 (−)극으로 흐른다.

07 소비 전력이 200W인 텔레비전을 4시간 시청하였을 때 사용한 전력량은?

① 600Wh　　② 700Wh
③ 800Wh　　④ 900Wh

08 다음 설명에 해당하는 빛의 성질은?

- 어떤 물체가 거울에 비쳐 좌우가 반대인 모양으로 보임
- 강물의 수면 위에 산과 나무가 비침

① 분산　　② 합성
③ 반사　　④ 굴절

09 다음 중 진폭이 가장 작은 파동은?

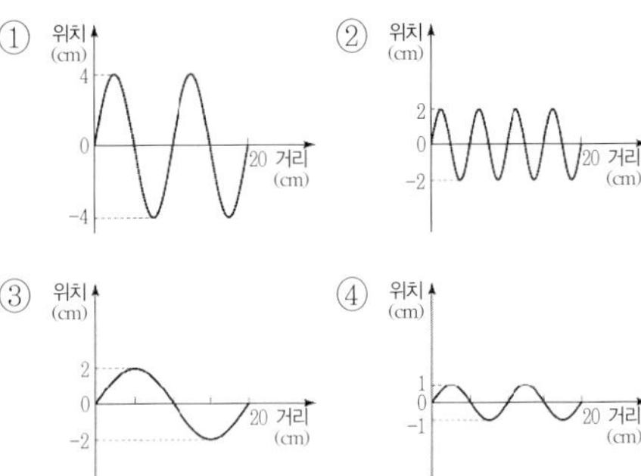

10 다음 그림과 같은 파동의 A~D의 명칭을 바르게 연결한 것은?

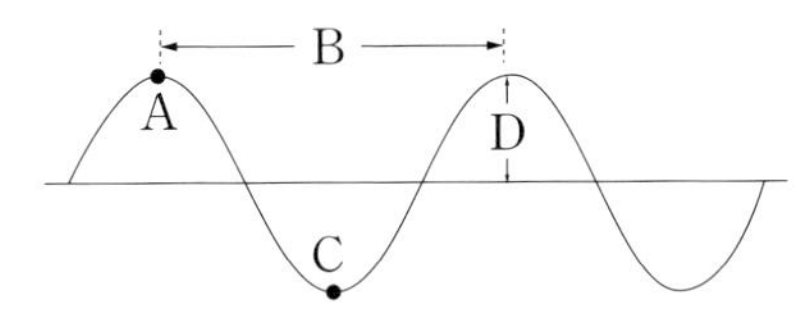

① A − 골　　② B − 진동수
③ C − 마루　　④ D − 진폭

11 다음은 물질의 변화를 설명한 것이다. 괄호에 들어가는 것은?

> 1. 물질의 변화
>   가. 물리 변화
>   1) 물질의 고유한 성질은 변하지 않고 모양과 상태가 변하는 것
>   2) 예 (　　　　　　　　　　)
>   나. 화학 변화
>   1) 물질의 화학적 성질이 변하여 새로운 물질로 변하는 것
>   2) 예 종이가 불에 탄다.

① 설탕이 탄다.
② 나무가 쪼개진다.
③ 과일이 익는다.
④ 철이 녹슨다.

12 〈보기〉에서 순물질을 고른 것은?

〈보기〉

ㄱ. 구리	ㄴ. 공기
ㄷ. 설탕물	ㄹ. 염화나트륨

① ㄱ, ㄷ　　② ㄱ, ㄹ
③ ㄴ, ㄷ　　④ ㄴ, ㄹ

13 그림은 잎의 단면 구조를 나타낸 것이다. A~D 중 광합성이 가장 활발한 조직은?

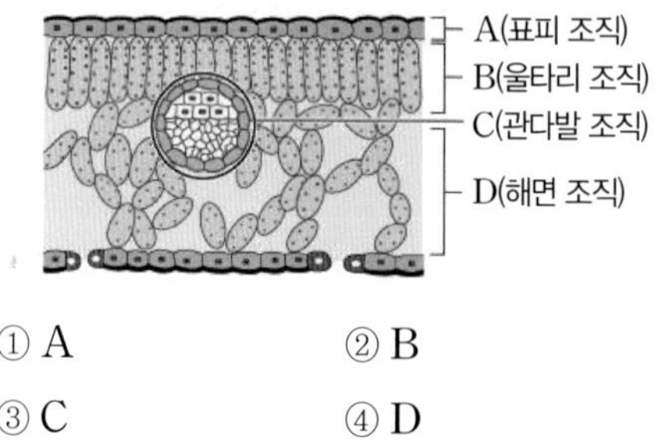

① A　　② B
③ C　　④ D

14 다음 설명에 해당하는 줄기의 구조는?

> • 관다발의 안쪽에 존재한다.
> • 뿌리에서 흡수한 물이 이동하는 통로다.

① 체관　　② 물관
③ 표피　　④ 형성층

15 다음은 엽록체에서 일어나는 광합성 과정을 나타낸 것이다. (가)에 들어갈 물질로 가장 알맞은 것은?

> 물 + 이산화탄소 $\xrightarrow{\text{빛 에너지}}$ 포도당 + (가)

① 이산화탄소　　② 수소
③ 산소　　④ 질소

16 생식세포 분열에 대한 설명으로 적절한 것은?

① 생물이 생장한다.
② 식물 세포에서만 일어난다.
③ 2개의 세포가 결합하여 1개가 된다.
④ 생식 기관에서 생식세포가 만들어지는 과정이다.

17 다음은 사람의 귀 구조를 나타낸 것이다. 전달된 음파를 진동시키는 곳은?

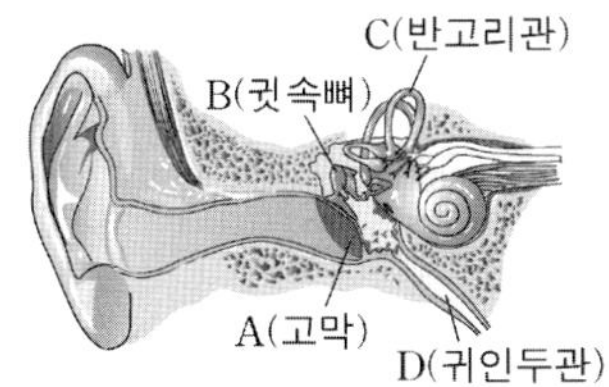

① A　　② B
③ C　　④ D

18 다음은 사람의 내분비샘을 나타낸 것이다. 아드레날린을 분비하는 부신의 위치는?

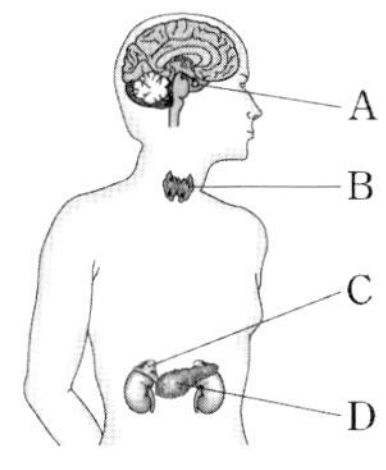

① A　　② B
③ C　　④ D

19 다음 설명에 해당하는 암석으로 알맞은 것은?

> • 마그마나 용암이 식은 다음 굳어져 형성된다.
> • 크게 심성암과 화산암으로 구분된다.

① 화성암　　② 퇴적암
③ 변성암　　④ 응회암

20 다음 설명에 해당하는 우리나라의 계절은?

> • 북태평양 기단의 영향으로 고온 다습하다.
> • 남고북저형의 기압 배치가 주로 나타난다.

① 봄　　② 여름
③ 가을　　④ 겨울

21 그림은 기단을 기온과 습도에 따라 분류한 것이다. **A~D** 중 한랭 다습한 오호츠크해 기단이 속한 곳은?

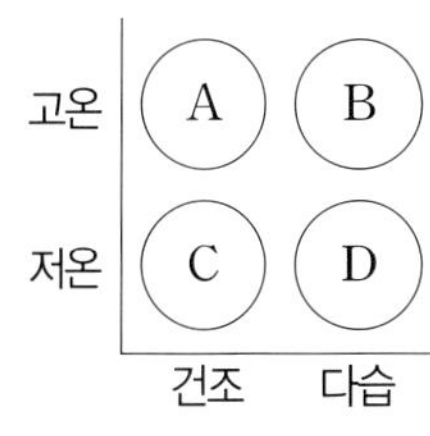

① A　　② B
③ C　　④ D

22 다음은 공기가 단열 상승하여 구름이 형성되는 과정을 나타낸 것이다. A에 해당하는 것은?

> 공기 상승 → 단열 팽창 → (A) → 구름 생성

① 기압 상승 ② 기온 하강
③ 부피 감소 ④ 상대 습도 감소

23 지구 대기권의 구조 중 오존층이 있어서 태양으로부터 오는 자외선을 흡수하는 구간은?

① 열권 ② 대류권
③ 성층권 ④ 중간권

24 다음의 특징을 갖는 행성은?

> • 고리가 있다.
> • 태양계에서 가장 큰 행성이다.

① 수성 ② 금성
③ 화성 ④ 목성

25 다음 설명에 해당하는 천체는?

> • 행성에 비해 크기가 작다.
> • 화성과 목성 사이에서 공전한다.

① 위성 ② 혜성
③ 소행성 ④ 왜소행성

제6교시

도 덕

01 훌륭한 인격을 갖추기 위해 필요한 것을 〈보기〉에서 모두 고른 것은?

〈보기〉

ㄱ. 책임감　　ㄴ. 예의
ㄷ. 폭력　　ㄹ. 겸손

① ㄱ　　② ㄱ, ㄴ
③ ㄱ, ㄴ, ㄷ　　④ ㄱ, ㄴ, ㄹ

02 다음 중 예절에 대한 설명으로 옳지 않은 것은?

① 예절은 습관화된 생활 규범이다.
② 예절은 사회구성원들이 원만한 인간관계를 유지하는 데 반드시 필요하다.
③ 예절은 때와 장소, 상대방에 관계없이 일정한 방법으로 표현되어야 한다.
④ 예절의 근본정신은 모든 사회에서 공통적이다.

03 다음에서 올바른 소비생활로 볼 수 있는 것은?

ㄱ. 합리적 소비　　ㄴ. 모방 소비
ㄷ. 윤리적 소비　　ㄹ. 충동적 소비

① ㄱ, ㄴ　　② ㄱ, ㄷ
③ ㄴ, ㄹ　　④ ㄷ, ㄹ

04 현대 가정생활의 변화 모습에 대한 올바른 설명이 아닌 것은?

① 가정의 기능을 대신하는 곳이 많아졌다.
② 가정의 모습이 매우 다양해지고 있다.
③ 가정의 기본적인 기능과 역할의 중요성이 점점 줄어들고 있다.
④ 국제결혼의 추세가 증가하며 다문화 가정이 늘고 있다.

05 사이버 공간에서 지켜야 할 예절로 적절하지 않은 것은?

① 예의 바른 태도와 정중한 마음으로 상대방을 대한다.
② 비속어나 욕설 등을 사용하지 않는다.
③ 사생활을 침해하지 않는다.
④ 다른 사람의 저작물을 허락 받지 않고 사용한다.

06 통일을 해야 하는 이유가 아닌 것은?

① 민족의 분열을 막기 위해
② 민족 문화의 이질화를 심화시키기 위해
③ 동북아시아와 세계 평화에 기여하기 위해
④ 이산가족들의 인간적인 삶의 문제를 해결하기 위해

07 다음 내용과 관련된 일의 개인적 의미로 가장 적절한 것은?

> 일을 함으로써 자신이 갖고 있는 능력을 확인하고 보람과 성취감을 획득하여 하나의 가능성으로 잠재되어 있던 자아를 완전히 실현할 수 있게 된다.

① 사회의 유지
② 자아실현
③ 친밀감 형성
④ 사회 구성원으로서의 역할 수행

08 밑줄 친 (가)에 들어갈 용어로 가장 적절한 것은?

> (가) 은/는 상대방의 말에 귀를 기울임으로써 상대방이 존중받는다고 느끼며 신뢰감을 형성하는 데 중요한 역할을 한다.

① 관용　② 예의
③ 경청　④ 인내

09 다음 내용과 같이 주장한 사상가는?

> 도덕률을 존중하고 자유의지에 따라 살아가는 자율인을 이상적 인간으로 보아야 한다. 또한 인간을 수단이 아닌 목적으로 대우해야 함을 잊어선 안 된다.

① 칸트　② 헤겔
③ 루소　④ 흄

10 다음에서 청소년 문화를 바라보는 관점은?

> 청소년 문화는 기존의 질서와 문화적 틀을 깨뜨리려는 청소년의 욕구가 반영되어 있다.

① 미성숙한 문화　② 기성 문화
③ 대안 문화　④ 저항 문화

11 다음 밑줄 친 부분에서 선생님이 강조하고자 하는 것은?

> 선생님 : 태섭아, 네가 은영이 보고 뚱뚱하다고 놀렸니?
> 태섭 : 은영이가 뚱뚱한 것은 사실이잖아요. 저는 그저 장난으로 이야기했어요.
> 선생님 : 그래도 그렇지. 너는 은영이의 입장을 생각해 보았니?

① 상대방의 입장을 생각해 보는 태도
② 자신의 욕구를 성찰하는 자세
③ 다른 사람의 어려움을 이해하는 태도
④ 도덕적인 문제에 적극적으로 관심을 갖는 자세

12 **사익과 공익에 대한 이해가 바르지 못한 것은?**

① 사익을 우선시하는 견해를 가진 사람들은 기본적으로 '최대 다수의 최대 행복'을 추구한다.
② 공익을 위해 무조건 사익을 버려야 한다는 태도를 보여서는 안 된다.
③ 사익을 우선시하는 견해를 가진 사람들은 개인의 자유와 권리를 중시한다.
④ 인간은 혼자 살 수 없기에 개인의 이익이 공익과 충돌할 때면 자신의 이익을 포기할 줄도 알아야 하고, 타인의 이익을 존중하는 마음도 가져야 한다.

13 **마음을 다스리는 방법으로 적절한 것은?**

① 긍정적인 마음을 갖는다.
② 몸의 건강은 신경 쓰지 않아도 된다.
③ 갈등의 원인을 항상 남의 탓으로 돌린다.
④ 자기의 약점은 최대한 숨겨야 한다.

14 **플라톤의 이상 사회와 유학이 추구하는 대동 사회의 공통점은?**

① 계급이 없는 평등 사회
② 지도자의 도덕성을 중시
③ 죽음과 고통으로부터의 해방
④ 절대적 빈곤으로부터의 해방

15 **욕구와 당위에 대한 설명으로 옳은 것은?**

① 욕구와 당위는 일치할 수 없다.
② 욕구와 당위는 항상 대립하는 것이다.
③ 욕구를 추구하는 것은 부자연스러운 행위이다.
④ 욕구를 지나치게 추구하면 잘못된 선택과 행동을 할 수 있다.

16 **다음 중 도덕적 성찰이 중요한 이유로 옳지 않은 것은?**

① 인간다운 삶을 살기 위해서는 도덕적 성찰이 필요하다.
② 도덕적 성찰은 삶을 반성할 수 있으나, 자신의 잘못을 바로잡기는 어렵다.
③ 도덕적 성찰을 통해 다른 사람에게 공감할 수 있는 더 나은 사람으로 성장할 수 있다.
④ 사회의 도덕적 문제점을 인식하고 이를 해결하려고 노력하게 된다.

17 **다음에서 설명하는 인간 본성의 관점은?**

> 사람의 본성은 선천적으로 착하나 나쁜 환경이나 물욕으로 악하게 변화한다.

① 성선설 ② 성무선악설
③ 성악설 ④ 성선악혼설

18 다음의 내용과 관계 깊은 상부상조의 전통에 해당하는 것은?

> 농번기에 일손을 돕기 위해 조직되어 농사일에 많은 일손이 필요할 때 한 집에서 한 사람씩 동원한 민간 협동 조직

① 계　　② 두레
③ 향약　　④ 품앗이

19 청소년기를 가치 있게 보내기 위한 방법으로 적절하지 <u>않은</u> 것을 〈보기〉에서 고른 것은?

〈보기〉
ㄱ. 대중문화를 무비판적으로 추종한다.
ㄴ. 창조적인 문화를 생산하기 위해 노력한다.
ㄷ. 디지털 시대에 적응하기 위해 게임에만 몰두한다.
ㄹ. 자신의 갈등과 고민을 긍정적으로 받아들이고 열린 자세로 해결해 나간다.

① ㄱ, ㄴ　　② ㄱ, ㄷ
③ ㄴ, ㄹ　　④ ㄷ, ㄹ

20 다음과 가장 관련이 깊은 인간관계는?

• 장유유서(長幼有序)
• 부자유친(父子有親)

① 형제　　② 부모와 자식
③ 친구　　④ 스승과 제자

21 ㉠에 들어갈 말로 가장 적절한 것은?

• 도덕 원리 : 법을 어기는 행동을 해선 안 된다.
• 사실 판단 : 무임승차를 하는 것은 법을 어기는 행동이다.
• (㉠) : 무임승차를 해선 안 된다.

① 도덕 판단　　② 가치 전도
③ 자아 실현　　④ 자아 바판

22 다음 중 국가의 필요성으로 적절하지 <u>않은</u> 것은?

① 국민의 생명과 안전 보호
② 갈등 조정 등 실제적인 기능 수행
③ 민족정신의 보존과 계승
④ 각종 사회복지 혜택 제공

23 진정한 아름다움을 추구하는 방법으로 적절하지 <u>않은</u> 것을 〈보기〉에서 고른 것은?

〈보기〉
ㄱ. 자신만의 매력을 키우기 위해 노력한다.
ㄴ. 사회가 만들어 놓은 외모 차별의식을 기른다.
ㄷ. 내면적 아름다움을 볼 수 있는 안목을 기른다.
ㄹ. 대중매체가 심어 준 획일적인 미의 기준을 따른다.

① ㄱ, ㄴ　　② ㄱ, ㄷ
③ ㄴ, ㄹ　　④ ㄷ, ㄹ

24 **도덕적으로 자율적인 인간이 되기 위한 노력으로 적절한 것은?**

① 다른 사람의 강요에 따라 행동한다.
② 옳은 행동을 실천할 의지를 기른다.
③ 감정적 판단에 자신의 욕구를 맡긴다.
④ 자신의 잘못을 지적하면 적극적으로 변호한다.

25 **다음에서 설명하는 이상적인 인간상은?**

> 유교에서 인격 완성의 최고 경지에 이른 완전한 인간을 이르는 말이다.

① 소인 ② 성인
③ 군자 ④ 천인

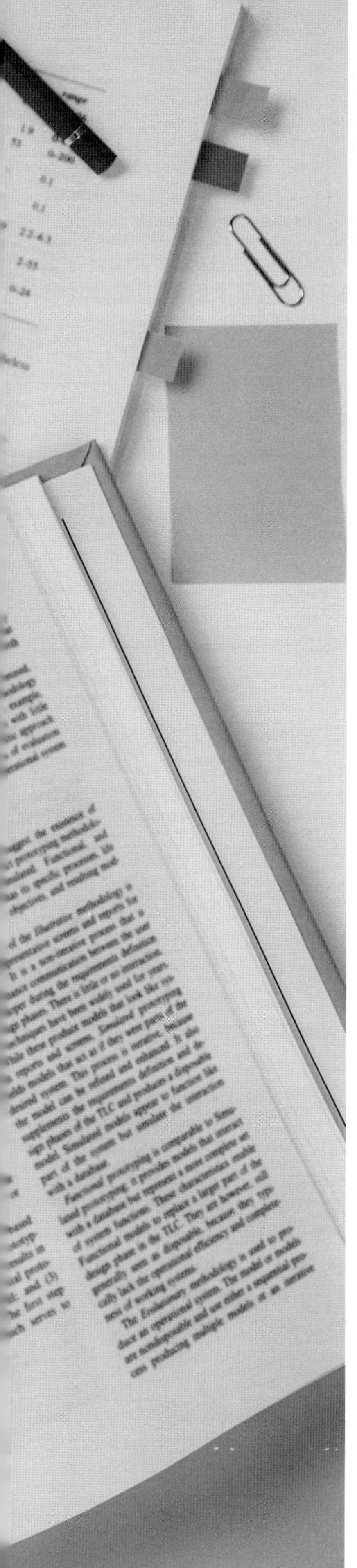

PART 8

정답 및 해설

제1교시 국어

정답

01 ②	02 ④	03 ①	04 ③	05 ③
06 ①	07 ①	08 ②	09 ①	10 ②
11 ④	12 ②	13 ④	14 ③	15 ③
16 ④	17 ③	18 ②	19 ②	20 ③
21 ④	22 ④	23 ③	24 ④	25 ②

해설

01 제시된 대화에서 어제 있었던 일을 말하는 친구 1에게 친구 2는 위로하는 의도의 대답을 해야 하므로 ②가 적절한 대답이다.

02 '할아버지'는 높임의 대상이므로 '께서'라는 조사를 붙이는 것이 옳다. 또한 '노력하다'의 주체는 '혜린'이므로 '노력하면'이 옳다. 또한 좋은 결과를 얻을 수 있다고 말한 주체는 '할아버지'이고, 청자는 '엄마'이므로 '하셨어요'가 옳다. 이를 정리하면 '할아버지께서 꾸준히 노력하면 반드시 좋은 결과를 얻을 수 있다고 하셨어요.'이다.

03 ①은 설명문에 대한 설명이므로 올바르게 짝지어지지 않았다.

TIP 다양한 종류의 글쓰기

- **설명문** : 어떤 대상에 대해 글쓴이가 알고 있는 지식, 정보 등을 전달하는 글
- **안내문** : 어떤 내용을 소개하여 알리는 글
- **공고문** : 널리 알리려는 의도로 쓴 글
- **보고서** : 어떤 사건이나 현상 등에 대하여 직접 경험하였거나, 관찰 · 실험 등을 통해 알게 된 정보를 체계적으로 알리는 글
- **기사문** : 육하원칙에 따라 사실을 보고 들은 대로 적은 글
- **논설문** : 설득을 목적으로 주장과 근거를 드러낸 글
- **건의문** : 어떤 문제 상황에 대한 개인 · 집단의 요구 사항이나 해결 방안을 담은 글

04 보고서는 어떤 목적을 가지고 실시한 관찰, 조사, 실험의 결과를 정리하여 쓴 글이므로 이를 정확하게 제시해야 한다.

TIP 보고서의 요건

- **객관성** : 주관적이거나 한쪽에 치우치지 않고 사실과 일치해야 한다.
- **정확성** : 조사, 관찰, 실험의 결과를 정확하게 반영해야 한다.
- **신뢰성** : 사실적 정보 또는 자료 등을 제시하거나 해당 분야 전문가의 의견을 제시해야 한다.

05 개요는 글을 쓰기 전 글의 구조를 미리 작성하는 것으로 중학교의 행사에 들어갈 세부 내용으로는 중학교의 학교 축제가 가장 적절하다.

06 '할아버지가 할머니에게 손녀를 업혔다.'는 주어(할아버지)가 대상(할머니)에게 손녀를 업도록 하였으므로 사동문에 해당한다.

07 ①의 '높다'는 형용사인데, 주어진 문장의 밑줄 친 부분과 ②, ③, ④는 모두 동사이다.

08 '바다', '책상', '행복', '홍길동'은 모두 '명사'로 사람이나 사물의 이름을 나타내는 단어이다.
① 동사에 해당한다.
③ 형용사에 해당한다.
④ 대명사에 해당한다.

09 '헛웃음'은 받침 뒤에 모음 'ㅏ, ㅓ, ㅗ, ㅜ, ㅟ'로 시작되는 실질 형태소가 연결되는 경우로, 대표음으로 바꾸어서 뒤 음절 첫소리로 옮겨 발음하여 [허두슴]으로 발음된다.
② 앞으로[아프로]
③ 덮이다[더피다]
④ 꽃을[꼬츨]

[10~13]

(가) 박목월, 「가정」
- **갈래** : 자유시, 서정시
- **성격** : 상징적, 독백적, 의지적
- **운율** : 내재율
- **제재** : 신발(시인의 가난한 삶)

- **주제** : 가장으로서 아버지의 삶
- **특징**
  - 일상적이고 평범한 시어로 가장의 책임감과 가족에 대한 사랑을 표현
  - 시인이자 가장으로서 살아가는 고된 현실을 상징적 시어로 표현
  - 가장으로서의 책임감과 자식에 대한 사랑을 신발의 문수(치수)를 통해 시각적으로 표현

(나) 김상옥, 「봉선화」
- **갈래** : 정형시, 서정시
- **성격** : 회상적, 독백적, 향토적
- **운율** : 외형률
- **제재** : 봉선화
- **주제** : 누님과 어린 시절에 대한 그리움
- **특징**
  - 섬세한 관찰을 통해 평범한 경험을 아름답게 표현
  - 과거 지향의 회상적 분위기와 향토적 어조

(다) 작자미상, 「가시리」
- **갈래** : 고려가요
- **성격** : 민요적, 애상적, 서정적
- **운율** : 외형률
- **제재** : 임과의 이별
- **주제** : 이별의 정한
- **특징** : 간결한 형식과 소박한 시어를 사용하여 이별의 감정을 절묘하게 표현

(라) 김소월, 「가는 길」
- **갈래** : 자유시, 서정시
- **성격** : 민요적, 전통적, 여성적
- **운율** : 내재율
- **제재** : 임과의 이별
- **주제** : 이별의 아쉬움
- **특징**
  - 3음보의 율격이 나타남
  - 유음 · 비음 등을 사용하여 음악적 효과를 나타냄
  - 시행의 길이와 속도, 어조를 통해 화자의 심리를 효과적으로 표현

10 김상옥의 「봉선화」는 4음보의 외형률인 현대 시조(정형시)로, 고전 시가의 전통을 계승한 작품이라고 할 수 있으며 3장 6구의 구성과 3글자로 맞춰진 종장의 첫 글자 수를 확인할 수 있다.

11 (라)는 이별의 아쉬움과 임에 대한 그리움을 드러내고 있다.

12 시가에서 간격을 두고 일정하게 되풀이되는 음성을 후렴이라 한다. 행과 행 사이에 들어가 주로 흥을 돋우는 역할을 한다. 즉, 내용 및 의미 등과 관련 없이 운율을 형성하는 것 외에 다른 기능을 하지 않는다.

TIP 후렴의 예
- **의미 없이 음성 효과만 지닌 경우** : '옹해야(보리타작노래)'
- **의미 없는 음성에 의미 있는 말이 들어 있는 경우** : '우아후 저루(잘) 한다(논매기노래)', '위 증즐가 대평성대(가시리)'
- **의미 있는 말로만 구성된 경우** : '긔엇더ᄒᆞ니잇고(한림별곡)'

13 '지저귑니다.'는 청각적 심상을 지니며, '알전등이 켜질', '손톱에 꽃물', '하얀 손가락'은 시각적 심상을 지닌다.

[14~17]

안도현, 「우리가 눈발이라면」
- **갈래** : 자유시, 서정시
- **성격** : 현실 참여적, 의지적, 비유적, 상징적
- **운율** : 내재율
- **제재** : 눈발(함박눈)
- **주제** : 상처받고 소외된 이웃을 따뜻한 사랑으로 감싸고자 하는 소망
- **특징**
  - 함축적 시어의 대조를 통한 의미 강조(진눈깨비 ↔ 함박눈, 상처 ↔ 새살)
  - '–자'의 청유형 어미를 통해 읽는 이의 참여를 호소하고 화자의 의지를 나타냄
  - 상징적인 표현들을 통해 이웃에 대한 화자의 따뜻한 마음을 드러냄

14 ㉠은 시각적 심상에 해당하므로 별들이 많이 떴다는 시각적 모습을 표현하고 있는 ③의 심상과 동일하다.
① 청각적 심상
② 미각적 심상
④ 촉각적 심상

15 '가장 낮은 곳'은 어려운 이웃이 있는 곳을 의미하는 시어이다.

16 윗글에서 '진눈깨비'와 대조를 이루는 시어로는 '함박눈', '편지', '새살' 등이 있다.

17 '진눈깨비는 되지 말자.', '따뜻한 함박눈이 되어 내리자.', '새살이 되자' 등의 표현을 통해 '~자' 형태의 청유형 문장을 반복하여 운율을 형성하고 있다는 사실을 알 수가 있다.

[18~20]

(가) 「아버지의 유물」
- **갈래** : 민담
- **성격** : 비현실적, 우연적
- **주제** : 보잘 것 없는 것이라도 가치 있게 활용하는 지혜를 갖자.

(나) 오정희, 「소음 공해」
- **갈래** : 단편 소설, 현대 소설
- **성격** : 고백적, 비판적, 교훈적
- **배경** : 1990년대(시간적), 도시의 아파트(공간적)
- **시점** : 1인칭 주인공 시점
- **주제** : 이웃에 무관심한 현대인들의 삶에 대한 비판

(다) 양귀자, 원미동 사람들
- **갈래** : 연작 소설, 현대 소설, 단편 소설
- **성격** : 비판적, 풍자적, 사실적, 일상적
- **배경** : 1980년대(시간적), 경기도 부천시 원미동(공간적)
- **시점** : 3인칭 전지적 작가 시점
- **주제** : 먹고사는 일이 힘겨운 도시 서민들의 삶과 애환

18 서술자가 글 속에 등장한다는 것은 작품 안에 '나'가 존재하여 직접 서술하는 것을 말한다. '나'가 서술하는 작품은 1인칭 시점을 취하므로 (가)~(다) 중 1인칭 시점인 것은 (나)이다.

19 주어진 글에서 가난한 아버지의 상황을 설명하였고, 아들들에게 남겨 줄 것이라고는 맷돌과 표주박과 대나무 지팡이와 장구'뿐'이라고 하였다. 땅이나 돈, 값나가는 재산이 없고 주변에서 흔히 볼 수 있는 것들뿐이라는 데서 '하찮은 것'을 의미하고 있음을 알 수 있다.

20 이 작품은 1980년대에 부천시 원미동에서 살아가고 있는 소시민들의 삶을 그린 이야기로 '유행처럼 번지기 시작한 유선방송'이란 부분을 통해서 이 작품이 유선방송이 활성화되기 시작했던 1980년대의 시대적 · 사회적 배경을 담고 있다는 것을 알 수 있다.

21 이 글은 논설문으로, 논설문을 읽는 방법으로 적절하지 않은 것을 묻고 있다. 인물 간의 갈등 해결에 초점을 맞추어 읽는 것은 소설이나 희곡 등을 읽는 방법이다.

TIP 논설문을 읽는 방법
- 글의 내용을 사실과 의견으로 구분하여 읽는다.
- 글쓴이가 자신의 주장을 뒷받침하기 위해 제시한 근거가 타당한지 판단한다.
- 글이 논리적으로 전개되었는지 판단한다.

22 (가)와 (나)에서는 윤 의사의 의거 활동과 관련하여 정확한 보도는 훌륭한 의미에서의 주관성을 가져야 한다고 이야기하고 있다. 그리고 이를 포함한 전체적인 결론 '진실 보도를 위해 언론이 나아갈 길'을 (다)에서 제시하고 있다.

23 ⓒ **근거(根據)** : 어떤 일이나 의논, 의견에 그 근본이 됨. 또는 그런 까닭.

24 윗글의 3문단에서 한지의 장점을 양지와의 비교를 통해 제시하고 있다.

25 (라)에 직접적으로 언급되었다.

제2교시

수 학

정답

01 ④	02 ④	03 ④	04 ①	05 ②
06 ③	07 ④	08 ②	09 ④	10 ②
11 ③	12 ③	13 ②	14 ④	15 ③
16 ①	17 ④	18 ③	19 ④	20 ③

해설

01 60을 소인수분해하는 과정을 나타내면

$$\begin{array}{r|l} 3 & 60 \\ 2 & 20 \\ 2 & 10 \\ & 5 \end{array}$$

$\therefore\ 60=3\times2^2\times5$

02 오리 수를 x, 돼지 수를 y라 하면

$$\begin{cases} x+y=26 & \cdots ㉠ \\ 2x+4y=74 & \cdots ㉡ \end{cases}$$

㉠과 ㉡의 식을 연립하여 구하면

$x=15,\ y=11$

따라서 오리는 15마리이다.

03 정비례관계는 x의 값이 2배, 3배, 4배가 되면 y의 값 역시 2배, 3배, 4배가 되는 관계이므로, 'ㄴ. $y=\frac{1}{4}x$', 'ㄹ. $y=2x$'가 정비례관계이다.

04 좌표평면 위의 점 P의 x좌표는 3, y좌표는 1이므로 P(3, 1)이다. 또한 점 Q의 x좌표는 -2, y좌표는 -3이므로 Q(-2, -3)이다.

05 5번째로 통학 시간이 긴 학생의 시간을 알아보기 위해 줄기가 큰 수부터 세어보면

줄기가 3인 부분 : 38, 35, 32, 31

줄기가 2인 부분 : 28, 27, 24, 23, 21, 20

⋮

줄기가 0인 부분 : 9, 8, 7, 5

따라서 5번째로 통학시간이 긴 학생은 28분 걸린다.

06 주사위를 한 번 던질 때, 나올 수 있는 수는 '1, 2, 3, 4, 5, 6'으로 6가지이다. 이때, 5보다 작은 수의 눈이 나오는 경우의 수는 '1, 2, 3, 4'이다.

$\therefore\ \frac{4}{6}=\frac{2}{3}$

07 $x+y=5\cdots$ ㉠

$-x+2y=1\cdots$ ㉡

㉠과 ㉡의 식을 더하면

$3y=6,\ y=2$

$y=2$를 ㉠에 대입하면

$x+2=5,\ x=5-2$

$x=3$

$\therefore\ x=3,\ y=2$

08 순환소수 숫자의 배열이 되풀이되는 한 부분을 순환마디라고 한다. 0.04040404⋯에서 04가 반복되고 있다.

09 나눗셈과 곱셈을 차례대로 계산하면

$x^8\div x^4=x^8\times\frac{1}{x^4}=x^4$

$x^4\times x^2=x^6$

10 두 사각형은 닮음으로 $4:6=2:3$의 닮음비를 갖는다.

$2:3=3:\overline{FG}$

$2\overline{FG}=9$

$\overline{FG}=\frac{9}{2}$cm

11 직각삼각형은 피타고라스의 정리에 의하여

$(밑변)^2+(높이)^2=(빗변)^2$

만족하는 길이를 가진 삼각형은 'ㄴ. 3cm, 4cm, 5cm', 'ㄷ. 6cm, 8cm, 10cm'이다.

12 넓이가 $2x^2-x-3$인 직사각형에서 가로가 $2x-3$이므로 인수분해를 해보면 $2x^2-x-3=(2x-3)(x+1)$이다. 따라서 세로의 길이는 $x+1$이다.

13 $3\sqrt{5\times6}\div\sqrt{3}=3\sqrt{30}\div\sqrt{3}$

$=3\sqrt{\frac{30}{3}}$

$=3\sqrt{10}$

14 $(x+5)(x-5)=x^2+5x-5x-25$

$=x^2-25$

15 점 (0, 5)를 지난다.

① 아래로 볼록하다.

② 직선 $x=2$를 축으로 한다.

④ 꼭짓점의 좌표는 (2, 1)이다.

16 △ABE에서

$\overline{BE}=\sqrt{(\overline{AB})^2-(\overline{AE})^2}=\sqrt{13^2-12^2}=\sqrt{25}=5$

(□ABCD의 넓이)

$=4\times$(△ABE의 넓이)+(□EFGH의 넓이)

$13^2=4\times\left(\frac{1}{2}\times5\times12\right)+$(□EFGH의 넓이)

$=120+$(□EFGH의 넓이)

∴ (□EFGH의 넓이)$=169-120=49$

17 직각삼각형 ABC에서 $\tan B=\frac{3}{4}$이고, $\sin B=\frac{3}{5}$이다.

∴ $\tan B\times\sin B=\frac{3}{4}\times\frac{3}{5}=\frac{9}{20}$

18 선분 AB의 지름이므로 ∠APB는 90°이다.

따라서 삼각형 ABP에서 $90°+50°+\angle x=180°$

∴ $\angle x=40°$

19 $\overline{AD}=\overline{AF}=2$, $\overline{CF}=\overline{CE}=3$, $\overline{BE}=\overline{BD}=5$

삼각형 ABC의 둘레의 길이는

$\overline{AD}+\overline{AF}+\overline{CF}+\overline{CE}+\overline{BE}+\overline{BD}$

$=2+2+3+3+5+5$

$=20$

20 수학 성적이 영어 성적보다 높게 나온 학생은 총 4명이다. 수학 성적과 영어 성적을 각각 (50, 30), (60, 40), (70, 50), (80, 70)을 받은 학생이다.

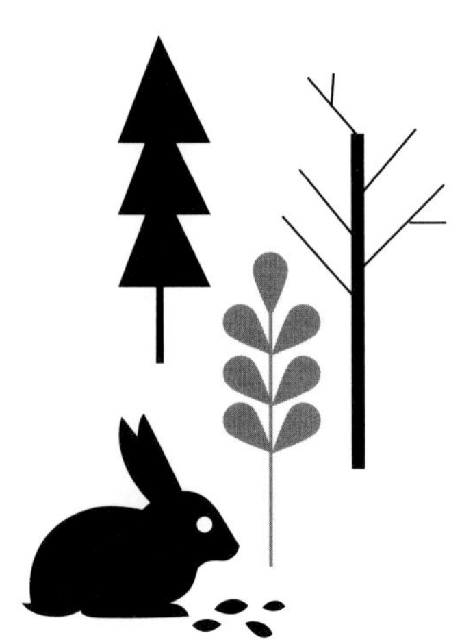

제3교시

영 어

정답

01 ②	02 ③	03 ①	04 ③	05 ②
06 ④	07 ②	08 ②	09 ③	10 ②
11 ④	12 ③	13 ①	14 ③	15 ①
16 ②	17 ④	18 ③	19 ②	20 ③
21 ④	22 ①	23 ①	24 ③	25 ④

해설

01 **해설** 제시된 단어들은 '의사, 교사, 변호사, 경찰'로 모두 job(직업)에 포함되는 것이다.

① 과목

③ 운동

④ 취미

02 **해설** ①·②·④는 모두 반의 관계에 있지만 ③은 그렇지 않다.

TIP 단어의 관계

- **유의어** : 뜻이 서로 비슷한 말
  예 move(옮기다) – shift(옮기다)
- **반의어** : 서로 반대되는 뜻을 가진 말
  예 give(주다) – receive(받다)
- **상·하위어** : 한 단어의 의미가 다른 단어의 의미에 포함되는 경우
  예 flower(꽃) – rose(장미)

03 **해설** A가 무슨 음식을 주문할지 묻고 있으므로 음식을 주문할 때는 음식의 이름 뒤에 'please'를 붙여서 답해야 한다.

해석 A : 주문하시겠습니까?

B : 네. 피자 한 판 주세요.

04 **해설** B는 꽃이 있는 모자를 사고 싶어 하므로 ③이 적절하다.

해석 A : 도와드릴까요?

B : 네, 저는 꽃이 있는 모자를 사고 싶어요.

어휘 cap 모자

flower 꽃

05 **해설** 20개의 짐을 옮기느라 다리가 매우 아프다는 말에 위로의 말을 전해야 하는 상황이므로 'That's too bad(그것 참 안됐다.)'가 오는 것이 적절하다.

① 듣던 중 반가운 소리야.

③ 그것 참 재미있다.

④ 잘됐구나.

해석 A : 너 피곤해 보여. 무슨 문제 있니?

B : 난 짐을 20개나 옮겼어. 그래서 내 다리가 매우 아파.

A : 그것 참 안됐다.

06 **해설** kind는 '친절한, 다정한'이라는 의미를 가진 단어이다.

해석 그녀는 마을 내에서 친절한 이웃이다.

어휘 neighbor 이웃

village 마을, 촌락

07 **해설** specialize in은 '~을 전문, 전업으로 하다'라는 의미를 가진 숙어이다.

해석 우리는 옷을 전문적으로 판매한다.

어휘 sell 판매하다

08 **해설** 대답에 인원수가 나왔으므로 수량을 묻는 표현인 'How many~'가 되어야 한다.

해석 A : 인원이 몇 명이나 되나요?

B : 6명이요.

TIP 관계부사

관계부사	선행사
when	시간(the time, the day)
where	장소(the place)
why	이유(the reason)
how	방법(the way)

09 **해설** ①은 대상이 복수일 때 사용하는 단어이고 ②는 '그것'을 나타내는 대명사이며, ④는 과거시제일 때 사용하는 be동사이므로 ③이 가장 적절하다.

해석 A : 왜 이 카메라는 작동하지 않는 거지?

B : 이것은 고장 났어.

어휘 broken 부서진, 고장난

10 **해설** 상대방의 주말 계획을 묻는 질문이므로 '너의'라는 뜻을 가진 your이 오는 것이 적절하다.

해석 A : 너의 주말 계획은 뭐야?

B : 난 해변으로 놀러 갈 거야.

11 **해설** 첫 번째 문장에서는 '많은'이라는 뜻의 'a lot of'가, 두 번째 문장에서는 '~을 돌보다'는 뜻의 'take care of'가 사용되었다. 따라서 빈칸에는 of가 오는 것이 적절하다.

해석 • 탁자 위에 많은 꽃병들이 있다.

• 나는 내 여동생을 돌본다.

어휘 vase 꽃병

12 **해설** Susan만이 보기 내용과 일치하는 행동을 하고 있다.

해석 ③ Alice는 전화하고 있다.

① Tom은 소파에서 자고 있다.

② Bill은 샌드위치를 먹고 있다.

④ Susan은 책을 읽고 있다.

13 **해설** 가장 좋아하는 운동이 무엇인지 묻자 테니스라는 대답을 하였고 다시 되묻는 질문에 농구를 좋아한다는 내용이므로 ①이 가장 적절하다.

해석 A : 너의 가장 좋아하는 운동은 무엇이니?

B : 난 테니스를 좋아해. 너는 어떠니?

A : 난 농구를 좋아해.

어휘 favorite 가장 좋아하는

14 **해설** 대화의 마지막 B의 말에서 지하철에 탔을 때 출발시간이 지연되었다고 말하고 있음을 알 수 있다.

해석 A : 어제 너는 왜 콘서트에 오지 않았니?

B : 내가 지하철을 탔을 때, 출발시간이 지연되었어.

어휘 subway 지하철

time of departure 출발시간

delay 지연, 연기

15 **해설** 담배를 피우지 말고 변기에 쓰레기를 넣으면 안 되며 사용 후에는 손을 씻으라는 내용은 화장실의 안내문에서 볼 수 있다.

해석 • 담배를 피우지 마세요.

• 변기 안에 쓰레기를 밀어 넣지 마세요.

• 사용 후에는 손을 씻어주세요.

어휘 smoke 연기, 담배

trash 쓰레기

toilet 변기, 화장실

16 **해설** 자기 사무실에 들러서 열쇠를 가져와 달라는 A의 요청에 B가 승낙하면서 사무실의 주소를 핸드폰으로 보내달라고 했으므로 대화 직후에 B는 주소를 확인할 것이다.

해석 A : 미안한데, 제 집 열쇠가 사무실 안에 있어요. 제 사무실에 들려줄 수 있나요?

B : 그럼요. 걱정 말아요. 내게 핸드폰으로 당신의 사무실 주소를 보내주세요.

어휘 drop by 잠깐 들르다

address 주소

17 **해설** 같이 공원에 놀러 가자는 A의 말에 B가 고맙지만 오늘은 바쁘다고 대답하고 있으므로 B의 의도는 '거절하기'이다.

해석 A : 우리와 함께 공원에 놀러가자.

B : 고마워. 하지만 오늘 난 바빠.

18 **해설** B가 내일은 비가 올 것이니 우산을 챙겨야 한다고 대답하고 있으므로 A의 질문은 내일 날씨를 알고 있냐는 내용의 ③이 적절하다.

해석 A : 내일 날씨가 어떨지 알고 있니?

B : 내일은 비가 올 것이니 너는 우산을 챙겨야 해.

19 **해설** 7월 15일 금요일에 친구와 함께 제주도로 가서 해변에서 물놀이를 했다고 하였으므로 ②만이 글의 내용과 일치한다.

해석 7월 15일 금요일

오늘은 휴일이었다. 난 친구와 함께 제주도에 갔다. 난 해변에서 물놀이를 하였다. 그것은 재미있었다.

20 **해설** 내 가방을 혹시 보았냐는 질문에 대하여 (B)-(C)-(A)의 순서로 이어지는 게 적절하다.

해석 너 혹시 내 가방 보았니?

(B) 우리 교실에서 봤어.

(C) 알았어, 고마워.

(A) 천만의 말씀.

21 **해설** 'He has a one younger sister(그는 여동생이 한 명 있다.)'라고 하였으므로 남동생이 한 명 있다는 내용은 옳지 않다.

해석 Tom은 15세이다. 그는 자전거 타는 것을 좋아한다. 그는 우리 반에서 키가 가장 크다. 그는 여동생이 한 명 있다.

어휘 tallest 가장 키가 큰

22 **해설** 책을 읽는 사람들을 위해 실내에서 조용히 해달라는 부탁이므로 도서관에서 볼 수 있는 문구이다.

해석 책을 읽는 사람들을 위해 실내에서는 조용해주십시오.

어휘 indoor 실내의

23 **해설** Sam은 65kg으로 Jimmy보다 무겁다.

① Sam은 Jimmy보다 무겁다.

② Jimmy는 몸무게가 가장 많이 나간다.

③ Mike는 Robert보다 무겁다.

④ Robert는 몸무게가 가장 가볍다.

24 **해설** Sam이 눈 오는 날에 하는 운동이므로 운동 계획표에서 눈 오는 날 부분만 확인해 보면 ③이다.

해석

날씨	비 오는 날	해 뜨는 날	구름 낀 날	눈 오는 날
운동	볼링	수영	농구	스키

25 **해설** 화요일부터 금요일까지는 오전 9시~오후 9시 30분까지, 주말엔 오전 10시 30분~오후 5시까지 입장이 가능하며 월요일엔 문을 열지 않는다.

해석

수영장
- 화요일~금요일 오전 9시~오후 9시 30분
- 토요일, 일요일 오전 10시 30분~오후 5시
- 월요일 폐장

제4교시

사 회

정답

01 ②	02 ③	03 ④	04 ④	05 ①
06 ②	07 ②	08 ③	09 ④	10 ①
11 ②	12 ②	13 ④	14 ③	15 ②
16 ①	17 ④	18 ④	19 ④	20 ①
21 ②	22 ③	23 ④	24 ②	25 ④

해설

01 주어진 제시문은 사막화에 대해 설명하고 있다. 사막화는 사막 주변의 초원지역이 점차 사막처럼 변하는 현상으로 오랜 가뭄, 과도한 농경지 개간 및 목축 등이 원인이 돼서 발생한다. 이렇게 발생한 사막화는 생활공간을 감소시키고 황사 등을 야기한다.

① **산성비** : 대기오염물질이 대기 중의 수증기와 만나 황산이나 질산으로 변하면서 비에 흡수된 것

③ **태풍** : 북태평양의 열대 해상에서 발생하는 저기압으로, 강한 바람과 많은 비를 동반

④ **지구 온난화** : 화석연료 사용에 따른 이산화탄소 농도 증가로 지구의 연평균 기온이 상승하는 현상

02 제시된 내용은 툰드라 기후의 생활 모습이다. 툰드라 기후는 여름이 짧고 겨울이 길며, 북극해 연안과 그린란드 해안 지역에 분포한다.

① **스텝 기후** : 연강수량 250~500mm 미만의 스텝 지역에서 나타나는 기후. 사막 기후 다음으로 건조한 기후이며, 초원 기후라고도 한다.

② **사막 기후** : 주로 내륙의 아열대고기압에서 발달하는 건조한 기후로, 식물이 거의 자라지 못한다.

④ **열대 우림 기후** : 일 년 내내 기온이 높고 강수량이 많아 후덥지근한 날씨가 지속되는 기후로, 밀림이 발달한다.

03 관광은 경제적 행동으로서 소비와 지출이 발생한다. 지역경제를 활성화시키는 긍정적 영향 뿐 아니라 성수기의 교통 체증과 혼잡, 식생 파괴 및 야생 동식물의 감소, 생태계 변화, 산림 파괴로 인한 산사태, 토양 침식 등의 부정적 영향도 미친다.

04 밑줄 친 (가)에 들어갈 단어는 위성도시이다. 우리나라의 위성도시는 성남(주거 분담), 과천(행정 분담), 안산(공업) 등이 있으며 부산은 위성도시에 해당하지 않는다.

05 독도는 우리나라 가장 동쪽에 위치하는 화산섬으로 동도와 서도 등 89개 부속 도서로 구성되며, 한류와 난류의 교차로 조경수역이 형성되는 황금어장이자 자원의 보고(심층수, 메탄 하이드레이트 매장 등)이다.

06 자원의 가치는 시대와 장소, 경제 상황, 기술 발달 등에 따라 달라지는데, 이는 자원의 특성 중 하나인 가변성에 해당한다.

① 태양열, 지열, 풍력과 같은 천연 자원은 재생이 가능하지만, 석탄, 석유, 천연가스와 같은 천연 자원은 재생이 불가능하다.

③ 노동력, 기술 등의 인적 자원은 넓은 의미의 자원에 포함된다.

④ 최근 인구의 증가와 개발도상국의 산업화, 생활수준의 향상 등으로 에너지 자원의 소비량이 증가하고 있다.

07 서남아시아와 러시아, 베네수엘라가 주요 수출국이며, 우리나라와 일본, 미국이 주요 수입국인 자원은 석유이다.

08 신재생에너지는 태양, 바람, 물, 지열, 생물 유기체 등을 이용한 친환경적이고 재생 가능한 에너지를 의미한다. 신재생에너지는 석유와 석탄과 같은 화석 연료의 사용으로 인해 나타난 환경문제들을 해결할 수 있는 대체 자원으로서 관심을 받고 있다.

09 주어진 그림은 의원내각제의 정부형태에 관한 그림이다. 의원내각제는 의회 다수당이 행정부(내각)을 구성하여 정책을 수행하는 정부형태로 권력 융합적 정부 형태이며, 행정부가 이원적으로 구성(총리/대통령)된다는 특징이 있다. 또한 의원과 각료 겸직이 가능하다.

① 의원내각제는 권력 융합적 정부형태이다.

② 의원내각제는 의회뿐 아니라 정부도 법률안 제출권을 갖는다는 점에서 대통령제와 차이가 있다.

③ 의원내각제는 입법부가 행정부를 상대로 내각 불신임권을, 행정부는 입법부를 상대로 의회 해산권을 행사할 수 있다.

TIP 대통령제

입법부 · 행정부 · 사법부 상호간에 견제와 균형을 통해서 권력의 집중을 방지하고 국민의 자유와 권리를 최대한 보장하는 현대 민주국가의 정부형태로 의회와 대통령이 국민에 의해 선출되는 방식이다.

10 선거는 투표를 통해 의사를 결정하는 절차로 대표자를 뽑는다.

TIP 정치 참여의 방법

- **오프라인 참여 방법** : 선거, 국민 투표, 청원, 민원, 독자 투고, 시민 단체나 이익 집단 가입, 서명, 캠페인, 주민 회의, 집회 및 시위 등
- **온라인 참여 방법** : 전자 투표, 사이버 토론, 온라인 서명, 사이버 캠페인 등

11 주어진 제시문은 헌법재판소의 권한 중 탄핵 심판권에 해당하는 설명이다. 헌법재판소는 헌법의 해석과 관련된 정치적 사건과 국회에서 만든 법률 등을 사법적 절차에 따라 심판하는 헌법 재판 기관이다.

① **위헌 법률 심판권** : 법원의 위헌 심사 제청이 있는 경우 법률

③ **권한 쟁의 심판권** : 국가 기관 상호간이나 국가 기관과 지방자치단체 간에 권한과 의무에 관해 다툼이 있는 경우 헌법재판소가 이를 조정하기 위해 행하는 심판

④ **정당 해산 심판권** : 정당의 목적과 활동이 민주적 기본 질서에 위배될 때 정부는 헌법재판소에 그 정당의 해산을 제소할 수 있다.

12 기회비용을 고려하여 소비하고, 수입의 범위 내에서 가계부를 정리하여 계획적인 소비를 하며, 수입보다 소비를 더 적게 해야 한다.

13 가격과 공급량은 서로 같은 방향으로 움직인다. 즉 가격이 하락하면 공급량은 감소하고, 가격이 상승하면 공급량은 증가한다.

TIP 수요와 공급의 변화 요인

- **수요의 변화**
  - 수요 변동의 의미 : 상품의 가격이 변동하지 않아도 수요의 크기가 변화하는 현상
  - 수요 변동의 요인 : 소비자의 소득, 연관 상품(대체재, 보완재)의 가격, 소비자의 기호나 수, 미래에 대한 예상 등
- **공급의 변화**
  - 공급 변동의 의미 : 상품의 가격이 변동하지 않아도 공급의 크기가 변화하는 현상
  - 공급 변동의 요인 : 생산 비용의 변화, 기술 혁신, 세금이나 보조금 혜택, 미래에 대한 예상 등

14 ① **국민 주권** : 국가의 의사를 결정하는 주권이 국민에게 있다는 원리이다.

② **국민 자치** : 국민 주권의 원리에 따라 국민이 스스로 다스려야 한다는 원칙이다.

④ **권력 분립** : 국가의 기능을 분리하여 권력 기관 상호 간에 견제와 균형을 이루려는 원리이다.

15 ① **대체재** : 서로 다른 재화에서 같은 효용을 얻을 수 있는 재화이다.

③ **보완재** : 함께 사용하면 더 큰 효용을 얻을 수 있는 재화이다.

④ **외부효과** : 어떤 경제활동과 관련하여 다른 사람에게 의도하지 않은 혜택이나 손해를 가져다주면서도 이에 대한 대가를 받지 않고 비용도 지불하지 않은 상태를 말한다.

16 가격이 상승하게 되면 소비자는 수요를 줄이고, 판매자는 공급을 늘리게 된다. 따라서 수요량은 감소하고 공급량은 증가한다.

17 구성원들이 얼굴을 마주하며 친밀감을 느끼는 집단은 1차 집단에 해당한다.

18 제시된 그림은 각각 움집과 빗살무늬 토기이다. 농경 생활을 시작한 신석기 시대부터는 정착 생활이 이루어졌고, 토기를 이용하여 음식을 조리 · 저장하였다.

19 삼한은 신지, 읍차 등으로 불리는 군장들이 정치를 맡았으며, 제사장은 소도라는 특별 구역에 머무르면서 제천 행사를 담당하는 제정 분리 사회였다.

20 골품제에 대한 설명이다. 혈통에 따라 등급으로 구분하고 이에 따라 관직 및 혼인, 재산 등의 사회생활 범위가 죽을 때까지 결정되던 신라시대의 신분제도로 오로지 왕족이었던 성골과 진골만이 최고관직과 왕위에 오를 수 있었으며 이에 반발한 6두품 지식인들이 신라 말기의 사회 변혁을 주도하였다.

② **호포제** : 조선 때 호구를 단위로 군포를 징수하던 방법으로 농민 장정에게 부과한 군역의 의무를 양반에게까지 확대하였다.

③ **진대법** : 흉년에 국가가 농민에게 곡식을 빌려주고 수확기에 갚도록 한 고구려의 제도이다.

④ **균역법** : 조선 영조 때 백성의 세금 부담을 줄이기 위해 종래의 군포를 두 필에서 한 필로 줄인 제도이다.

21 무왕은 발해의 제2대 왕으로 흑수말갈을 비롯한 다수의 말갈족을 정벌하여 영토를 크게 확장하였으며 당나라와의 전쟁 과정에서 산동 지역의 등주를 공격에 큰 승리를 거두는 등 발해의 국력을 크게 성장시켰다.

TIP 발해의 발전

- **1대 고왕(대조영)** : 당나라 영토 안에 있던 고구려 유민들을 규합하여 옛 고구려의 땅에서 발해 건국
- **2대 무왕** : 주변의 민족들을 정벌하여 영토를 크게 확장하고 당나라와의 전쟁에서 승리
- **3대 문왕** : 관직제도 제정 및 국립교육기관 설립, 당나라와의 화친 후 교류
- **10대 선왕** : 행정구역 완비 및 발해의 전성기를 이루어 '해동성국'으로 불림

22 기인 · 사심관제도는 고려 태조가 지방 호족들을 견제하기 위해 실시한 제도로 지방자치를 허락하고 자제를 인질로서 개경에 머물도록 하며 연고가 있는 지방을 다스리도록 하였다.

23 대동법은 조선시대에 특산물로 바치게 했던 공물제도를 토지 1결당 12두씩 쌀로만 징수하게 한 토지제도로 이렇게 거둬들인 쌀로 관청에서 필요한 공물을 어용상인인 공인들로부터 구매하여 진상함으로써 백성의 부담을 줄이고 상업을 증진시키는 효과를 만들었다.

① **영정법** : 조선 후기에 시행된 전세 징수법으로 풍흉에 관계없이 농지의 비옥도에 따라 쌀을 징수하도록 하였다.

② **과전법** : 고려 시대 이성계와 개혁파 사대부들이 토지제도를 개혁하여 토지의 세습을 금지하고 전 · 현직 관리에게 수조권을 준 제도이다.

③ **직전법** : 조선 세조 때 실시한 토지제도로 현직 관리에게만 수조지를 분급하였다.

24 숙종에 대한 설명으로 조선의 제19대 왕으로서 경신환국, 기사환국, 갑술환국을 통해 붕당을 제이히는 데 성공하여 왕권을 강화하였으며 상평통보를 발행하여 조선의 화폐경제 발전에 기여했고 백두산정계비를 세워 청나라와의 국경문제를 확정지었다.

25 3.1운동은 조선의 국권이 일본에게 강탈된 후 총독부의 강압적인 무력통치에 저항하기 위해 일어난 최대 규모의 민족운동이었으며 1차 대전 종결 이후 제창된 민족자결주의의 영향을 계기로 삼았으므로 ㄴ과 ㄹ이 발생배경이다.

제5교시

과 학

정답

01 ①	02 ④	03 ②	04 ④	05 ②
06 ②	07 ③	08 ③	09 ④	10 ④
11 ②	12 ②	13 ②	14 ②	15 ③
16 ④	17 ①	18 ③	19 ①	20 ②
21 ④	22 ②	23 ③	24 ④	25 ③

해설

01 제시문에서 설명하는 힘은 마찰력이다. 마찰력은 물체와 접촉면 사이에서 물체의 운동을 방해하며, 물체의 운동 방향과 반대로 작용한다. 또한 물체의 무게가 무거울수록, 접촉면이 거칠수록 크다.

02 빗면은 '일의 도구' 중의 하나이다. 일의 도구를 사용해도 일의 양은 같다.
일(J)=힘(N)×이동거리(m)를 이용하여 힘의 크기가 크려면 이동거리가 짧아야 함을 알 수 있으므로 이동 거리가 가장 짧은 것은 ④다.

TIP 일의 양

일의 양은 물체에 작용한 힘의 크기(F)와 방향으로 이동한 거리(s)에 각각 비례한다.
일의 양(W)=힘의 크기(F)×이동한 거리(s)

03 역학적 에너지 보존 법칙=위치 에너지+운동 에너지
=일정
A지점 역학적 에너지=B지점 역학적 에너지
=C지점 역학적 에너지
60J+0J=( )+20J=20J+40J=60J
∴ ( )=40J

TIP 운동 에너지, 위치 에너지

- **운동 에너지** : 운동하는 물체가 가지는 에너지로 속력이 일정할 때, 운동에너지는 물체의 질량에 비례하고, 물체의 질량이 일정할 때 속력의 제곱에 위치한다.
- **위치 에너지** : 어떤 위치가 있는 물체가 가지는 에너지로 중력에 의한 것과 탄성력에 의한 것이 있다. 물체의 높이가 일정할 때 질량에 비례하고, 물체의 질량에 일정할 때 높이에 비례한다.

04 운동에너지=$\frac{1}{2}mv^2$(m=질량, v=속도)
3kg×3m/s=9J

05 전압은 전기 회로에 전류를 흐르게 하는 능력으로 전기 회로에 흐르는 전류의 양은 전압의 크기에 비례하고, 저항의 크기에 반비례한다.

06 두 극 사이의 전위 차이를 '전위차' 또는 '전압'이라고 한다.

07 전력량=200W×4h=800Wh

TIP 전력량의 크기

- **전력량** : 일정 시간 동안 사용한 전기 에너지의 양
- 전력량(Wh)=전력(W)×시간(h)
=전압(V)×전류(A)×시간(h)

08 거울이나 수면 위에 물체가 비쳐 보이는 것은 빛의 반사에 해당한다. 빛의 반사란 직진하던 빛이 물체의 표면에 부딪친 후 되돌아 나오는 현상을 말한다.

09 진폭이란 진동 중심에서 마루나 골까지의 높이를 말한다. 진폭이 가장 작은 파동은 ④이다.

TIP 파동

- **파동** : 한 곳에서 생긴 진동이 주위로 퍼져 나가는 현상
- **파동의 표시** : 마루, 골, 파장, 진폭, 주기(초), 진동수(Hz), 주기와 진동수
- **파동의 종류** : 파동의 진행 방향과 매질의 진동 방향의 관계로 횡파와 종파로 구분
- **파동의 성질** : 파동의 반사와 파동의 굴절

10 A : 마루, B : 파장, C : 골, D : 진폭

TIP 파동

- **골** : 잔잔한 '평형 상태'에서 가장 낮은 지점
- **진폭** : 평형점 0에서 마루나 골까지 높이
- **파장** : 마루와 마루 또는 골에서 골까지의 거리
- **주기** : 마루에서 다음 마루가 생길 때까지 1회 진동 시간
- **진동수** : 1초 동안 진동한 횟수

11 나무가 쪼개지는 것은 '모양 변화'로 물리적 성분의 변화가 일어나는 것이다. 이는 물질의 고유한 성질은 변하지 않는 것이므로 물리 변화로 볼 수 있다.

TIP 물리 변화와 화학 변화

- **물리 변화** : 물질의 고유한 성질은 변하지 않고 모양, 크기, 상태만 변하는 현상
  예 접시가 깨진다(모양 변화), 물이 끓어 수증기가 된다(상태 변화), 잉크가 물속으로 퍼져나간다(확산)
- **화학 변화** : 물질이 본래의 성질과는 전혀 다른 새로운 물질로 변하는 현상
  예 나무가 탄다(연소), 철이 녹슨다(산화), 음식이 썩는다(부패)

12 순물질이란 한 가지 물질로 이루어진 것이다.
ㄴ. **공기** : 질소, 산소, 이산화탄소 등으로 이루어져 있다.
ㄷ. **설탕물** : 설탕과 물로 이루어져 있다.

13 **울타리 조직** : 세포들이 울타리를 세워 놓은 것처럼 나란히 배열되어 있으며, 엽록체가 많아 광합성이 가장 활발하다.
① **표피 조직** : 잎을 감싸고 있는 한 겹의 세포층으로 잎을 보호하며 엽록체가 없어 광합성이 일어나지 않는다.
③ **관다발 조직** : 물과 무기양분이 이동하는 물관과 유기양분(포도당)이 이동하는 체관이 있어 둘이 이동하는 통로 역할을 한다.
④ **해면 조직** : 엽록체를 가진 세포들이 엉성하게 배열되어 있고 빈 공간이 많아 기체의 이동 통로를 형성한다.

14 ① **체관** : 잎에서 광합성을 통해 만들어진 유기 양분이 이동하는 통로이다.
③ **표피** : 줄기 가장 바깥쪽의 한 층의 세포질이다.
④ **형성층** : 세포 분열이 활발하여 줄기의 부피 생장이 일어나는 부분이다.

15 (가)에 들어갈 알맞은 말은 산소이다. 산소는 광합성 이후 생성되는 물질로 식물 자신의 호흡에 이용되며, 나머지는 기공을 통해 방출한다.

16 ① 체세포 분열이다.
② 식물 세포와 동물 세포에서 모두 일어난다.
③ 세포 한 개가 분열하여 네 개가 된다.

17 **고막** : 외이와 중이의 경계에 위치하는 얇고 투명한 막으로, 전달된 음파를 진동시키는 역할을 한다.
② **귓속뼈** : 가운데 귀에 있는 소리를 전달하는 세 개의 작은 뼈
③ **반고리관** : 귀의 가장 안쪽인 내이에 위치하며 몸이 얼마나 회전하는지를 감지하는 평형기관이다.
④ **귀인두관** : 인두와 중이를 연결하는 관이다.

18 **부신** : 좌우 신장 위에 한 쌍씩 있는 내분비기관으로 아드레날린을 분비하여 혈당량을 증가시키고 여러 기관을 자극한다.
A : 뇌하수체
B : 갑상샘
D : 이자

TIP 내분비샘의 종류

- **뇌하수체** : 생장 호르몬을 분비하며 생장 촉진, 단백질 합성 촉진 가능
- **갑상샘** : 티록신을 분비하며 대사 작용 촉진, 체온 조절 가능
- **부신** : 아드레날린을 분비하며 혈당량 증가, 여러 기관 자극
- **이자** : 인슐린과 글루카곤을 분비하며 혈당량의 증가와 감소의 기능

19 마그마나 용암이 식어서 굳어져 형성되는 것은 화성암이다. 화성암은 마그마가 식는 위치와 속도에 따라 심성암과 화산암으로 구분된다.

20 설명에 해당하는 계절은 여름이다. 봄, 가을에는 온난건조한 양자강 기단이 영향을 주고, 한랭건조한 시베리아 기단은 겨울에 영향을 준다.

21 오호츠크해 기단은 늦은 봄부터 초여름에 걸쳐 우리나라에 영향을 주는 저온다습한 기단으로, 북태평양 기단과 만나 장마전선을 형성한다. 따라서 만족하는 위치는 D이다.

22 구름은 수증기가 응결하여 생긴 작은 물방울이나 얼음 알갱이가 공중에 높이 떠 있는 것으로 생성과정은 공기 상승 → 단열 팽창(부피 팽창) → 기온 하강 → 이슬점 도달 → 구름 생성의 순으로 이루어진다. 따라서 A는 기온 하강이다.

23 성층권에 대한 내용이다. 성층권은 오존층에서 자외선을 흡수하기 때문에 높이가 높아질수록 기온이 높아지며, 대기가 안정하여 비행기의 항로로 이용하고 있다.

24 목성은 태양계에서 가장 큰 행성으로 많은 위성을 가지고 있고, 희미한 고리를 가지고 있다. 빠른 자전으로 인한 가로줄 무늬와 대기의 소용돌이에 의한 붉은 점(대적점)이 관측된다.

25 소행성은 화성과 목성의 궤도 사이에서 태양을 중심으로 공전하는 작은 천체들이다.

제6교시 도 덕

정답

01 ④	02 ③	03 ②	04 ③	05 ④
06 ②	07 ②	08 ③	09 ①	10 ④
11 ①	12 ①	13 ①	14 ②	15 ④
16 ②	17 ①	18 ②	19 ②	20 ②
21 ①	22 ③	23 ③	24 ②	25 ②

해설

01 인격은 한 개인이 사람으로서의 가치를 지니기 위해 필요한 정신적 자격, 품격, 인품 등을 의미한다. 따라서 책임감, 예의 범절, 겸손함 등이 필요하다.

02 예절은 사람들의 생활 방식 속에서 오랫동안 지켜져 내려온 습관적인 규범으로 원만한 인간관계를 유지하기 위한 규범이다. 예절의 형식은 시대나 지역, 상대방에 따라 다르게 나타난다.

03 합리적 소비란 비용과 편익을 고려한 소비이고, 윤리적 소비란 자신의 소비행위가 사회적으로 미치는 영향을 고려한 소비이다. 따라서 올바른 소비생활로 볼 수 있다.

04 사회가 복잡해지고 고도의 경쟁과 개인주의로 인한 불안감이 증가하면서 가정에서 이루어지는 애정의 기능, 정서적 안정 및 휴식의 기능은 전통적 사회보다 현대 사회에서 그 중요성이 더욱 커지고 있다.

05 사이버 공간에서 타인의 저작물을 창작자의 승낙 없이 복제하거나 사용할 경우 손해배상 혹은 형사처벌 등의 책임을 질 수 있다.

06 사회 · 문화적 동질성 회복을 위해서 통일이 이루어져야 한다. 따라서 ②는 옳지 않다.

07 사람은 일을 함으로써 개인적으로는 생계를 유지하고 자신의 능력을 확인하며, 자아실현을 할 수 있다. 또한 사회적으로는 사회를 유지하고 발전시키며 사회구성원으로서의 역할을 수행한다.

08 주어진 제시문은 '경청'에 관해 설명하고 있다.
① **관용** : 자신의 주장만 내세우지 않고 나와 다른 의견일지라도 상대방의 생각과 가치를 존중
② **예의** : 타인에 대한 존중의 마음을 상황에 맞게 일정 형식으로 표현
④ **인내** : 상대방의 잘못이나 실수를 참고 이해해주는 것

09 제시문과 같이 주장하고 있는 사상가는 '칸트'이다. 칸트는 인간을 언제나 수단이 아닌 목적으로 대우해야 한다고 주장하였다. 또한 이성적이고 자율적인 인간은 보편적인 도덕 법칙을 의식할 수 있음을 강조하였다.

10 제시문은 '청소년 문화'를 저항문화의 관점에서 바라보고 있다.
① **미성숙한 문화** : 청소년 문화는 성인문화를 모방한 것에 불과한 미성숙한 문화이다.
② **기성 문화** : 기성세대(어른들)의 문화
③ **대안 문화** : 새롭고 독립적인 영역을 창출함으로써 기존의 잘못된 문화의 대안이 된다.

11 제시된 글에서 태섭이는 은영이의 입장을 생각해 보지 않고 이야기를 하였다. 따라서 태섭이에게는 상대방의 입장을 생각해 보는 태도가 필요하다.

12 최대 다수의 최대 행복이라는 말은 공리주의를 대표하는 명언이다. 공리주의자에게는 최대 다수가 최대 행복을 느끼게 하는 행동이 선하고 정의로운 행동이라고 본다. 그러나 사익을 우선시하는 견해를 가진 사람들은 기본적으로 삶을 살아가는 이유가 개인의 행복을 위해서라고 본다.

13 마음을 다스리지 못하면 충동적으로 행동하게 되고 다른 사람과 갈등을 일으키기 쉽다. 따라서 긍정적인 마음을 가지고 다른 사람을 존중하고 배려하며 인격을 수양해야 한다.

14 플라톤의 이상 국가와 유학의 대동 사회는 공통적으로 지도

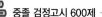

자의 도덕성을 중시하였다. 또한 그리스도교의 천국이나 불교의 극락은 죽음과 고통으로부터의 해방을 주었다.

TIP 플라톤의 이상 국가

- **의미** : 이성과 지혜를 갖춘 철학자가 통치하는 철인(哲人) 통치 국가
- **목표** : 통치, 방위, 생산을 담당하는 각 계급이 자기에게 주어진 계급의 역할에 최선을 다하고, 지혜 · 용기 · 절제의 덕이 서로 조화를 이루어 '정의의 덕'이 실현된 정의로운 국가

15 욕구를 지나치게 추구하면 잘못된 선택과 행동을 할 수 있다. 따라서 보다 행복한 삶을 영위하기 위해서는 욕구를 추구하면서 억제하고 스스로 절제할 수 있어야 한다.

① 개인 간의 욕구 갈등을 해결하기 위해서는 당위가 필요하다.

② 욕구와 당위가 항상 일치되는 것은 아니지만 욕구와 당위를 조화시키려는 노력이 필요하다.

③ 인간은 기본적인 욕구가 충족될 때 만족감과 행복감을 느끼기 때문에 욕구의 추구는 자연스러운 일이다.

16 도덕적 성찰이란 도덕적인 관점에서 자신의 삶을 반성하고 살피는 것으로, 도덕적 성찰을 통해 자신의 잘못을 깨닫고 바로 잡을 수 있다.

17 인간의 본성은 원래부터 선하며, 끊임없는 수양을 통해 선한 본성을 지키고 가꾸어야 한다는 '성선설'에 관한 설명으로 맹자가 주장하였다.

② **성무선악설** : 인간의 본성은 선천적으로 착하거나 나쁘지도 않으며, 오직 환경에 의하여 성격이 결정된다고 보는 학설로 고자가 주장하였다.

③ **성악설** : 인간의 본성은 본래 이기적이고 악하며, 악한 본성을 선하게 하기 위해 끊임없이 자신을 다그치고 예를 지켜야 한다는 학설로 순자가 주장하였다.

④ **성선악혼설** : 인간의 본성은 선하기도 하고 악하기도 해서 선한 본성을 기르면 선이 자라고 악한 본성을 기르면 악이 자란다는 학설로 왕충이 주장하였다.

18 상부상조의 전통 중 두레에 대한 설명으로 농번기에 일손을 돕기 위해 농사일에 많은 일손이 필요할 때 한 집에서 한 사람씩 동원되었다.

① **계** : 예로부터 내려오는 독특한 민간 협동 자치 단체로, 친목과 공제를 목적으로 하고 있지만 도로보수나 서당운영 등 마을 전체를 위한 공공사업도 시행한다.

③ **향약** : 유교적인 예속을 보급하고, 농민들의 공동체적 결속을 목적으로 한 양반들이 만든 조선시대 향촌사회의 자치 규약이다.

④ **품앗이** : 일손이 모자랄 때 이웃 간에 서로 도와가며 일을 해주고 일로서 갚은 노동 교환을 내용으로 하는 공동 작업을 말한다.

19 청소년기를 가치 있게 보내기 위한 방안으로는 바람직한 문화를 주체적으로 선택하기, 창조적인 문화 생산을 위해 노력하기가 있다.

20

- **장유유서(長幼有序)** : 어른과 아이 사이에는 차례와 질서가 있어야 한다.
- **부자유친(父子有親)** : 부모는 자식에게 인자하고 자녀는 부모에게 존경과 섬김을 해야 한다. → 부모와 자식과의 관계를 나타내는 오륜의 도리이다.

21

- **도덕 원리** : 인간이라면 누구나 마땅히 의무적으로 지켜야 하는 원칙 및 법칙
- **사실 판단** : 참과 거짓을 객관적으로 확인할 수 있는 판단
- **도덕 판단** : 특정 대상에 대해 개인의 도덕적 가치관이 개입된 판단

22 민족정신을 보존하고 계승하는 것은 국가의 필요성에 포함되지 않는다.

23 진정한 아름다움을 갖추는 방법

- **내면적인 가치 추구**
  - 아름다운 외모는 세월이 가면 늙고 볼품없어지지만, 내면적 아름다움은 시간이 갈수록 빛을 발함
  - 올바른 가치를 찾아 그것을 실현하는 데 자신의 열정을 다해야 함
- **개성 있는 아름다움 추구**
  - 오늘날 널리 퍼져 있는 외모 지상주의에서 추구하는 아름다움은 획일적이고 상업화된 아름다움
  - 인위적인 미적 기준에서 벗어나 자신의 개성을 잘 드러낼 수 있는 자신만의 독특한 아름다움을 찾아야 함

24 자율적 인간이 되려면 이성적인 사고와 성찰을 하고 반복적인 도덕적 행동으로 도덕적인 습관을 양성하며 자신의 선택에 따른 결과에 책임을 져야 한다.

25 성인(聖人)이란 유교에서 인격 완성의 최고 경지에 이른 완전한 인간을 뜻하는 이상적인 인간상이다.